Vocabulary for the
Entrance Exam of · · · · · · ·

Graduate School

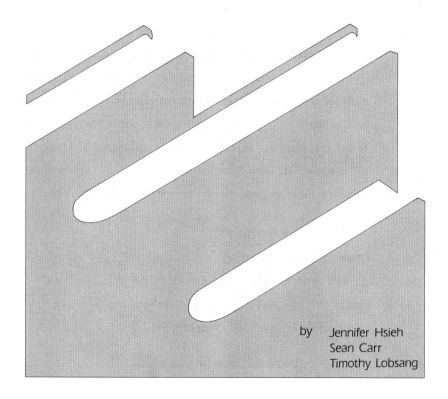

by   Jennifer Hsieh
      Sean Carr
      Timothy Lobsang

編者的話

　　研究所英文涵蓋範圍甚廣，許多考生都不知該從何著手。為了幫助您能在短期內精通研究所英文字彙，我們特別收集各研究所歷屆英文試題，以電腦統計最常出現的 **2200** 個單字，彙編成「**研究所英文字彙**」（*Vocabulary for the Entrance Exam of Graduate School*）。

　　本書內容特色如下：

◇ **真正電腦統計高頻率單字**——由歷屆試題中圈選出重要單字，輸入電腦分析整理，如：

＜80年台大：Ⅶ第一段＞

...of his friend and (contemporary) Alfred de Vigny. De Vigny had led an active life, but he was (reserved) and fastidious, rather (disdainful), (prone) to (mysticism), and when he ___37___ writing he (tended) to (withdraw) from the hurry, noisiness, (muddle), and littleness of the world, and (contemplate) ___38___ from the heights like a god, or from within a (fortress)....

＜79年政大：Ⅲ閱測第一段＞

Over the past (decade), environmental (activism) has gained (enormous) (momentum). One housewives' (cooperative) owns (organic) (dairies) and (manufactures) soap from (recycled) cooking oil.

＜ 78年台大 ： Ⅵ 第一段 ＞

... the (thickets), and the trees grow up with thire
backs ready-bent ___48___ the (flogging), and the
birds nest on (sheltered) (ledges), and the man's
house is (sturdy) and (squat), built with a (craftsman-
ship) that knows this old wind.

全書按字母序排列，每個單字均附精選例句，幫助您熟悉單
字用法，方便記憶；並補充重要衍生字，讓您舉一反三，收
事半功倍之效。每30個單字設計一回 Exercise，供您驗收
成果，加深印象。

◇ 附研究所最新考情資訊——

1. 各校研究所報名、考試及放榜日期表：方便您規劃讀書進
   度，從容赴考。

2. 新聞／傳播研究所考試科目・錄取人數一覽表：讓您鑑往
   知來，提升應考的信心！

3. 各校英文題型分析：使您熟知出題動向，臨場不亂，各種
   題型您都能應付裕如，輕鬆得高分！

審慎的編校是我們一貫堅持的原則，倘有疏漏之處，誠盼各
界先進不吝批評指教，使本書更臻於盡善盡美之境。

• CONTENTS •

── • 全國公私立大學研究所 • ──
報名・考試・放榜日期表

校　　　名	報 名 日 期	考試日期	複試日期	初試放榜	放榜
台 灣 大 學	網路：1/14～1/22	3/1～3/2	3/23～3/30	無口試 3/21 有口試 3/20	4/9
政 治 大 學	網路：1/8～1/15	3/15～3/16	4/18～4/28	4/11	5/6
中 央 大 學		3/16			
清 華 大 學	網路：1/13～1/20	3/11～3/12	4/14	3/23	4/20
交 通 大 學		3/8～3/9			
中 興 大 學	通訊：1/17～1/24	3/19～3/20	4/17 前	專函通知	5/2
中 正 大 學	1/10～1/15	3/29	5/9～5/11	4/24	5/22
成 功 大 學	網路：1/2～1/9	3/1～3/2	3/30	3/21	4/14
中 山 大 學	網路：3/1～3/9	4/6		5/3	5/22
東 華 大 學	網路：3/8～3/15	5/6	5/20～5/21	5/15	5/29
暨南國際大學	網路：2/13～2/17	4/6			
台灣科技大學	網路：3/6～3/15	4/15～4/16	＊	＊	5/4
台北科技大學	網路：3/30～4/6	4/22 或 5/7	5/7	4/28	6/2
雲林科技大學	網路：2/8～2/13	3/25～3/26	4/16	掛號通知	未公佈
屏東科技大學	網路：2/27～3/6	4/2	＊	＊	未公佈
朝陽科技大學	通訊：2/27～3/13 現場：3/13～3/15	4/9	5/6	4/28	5/19
東 吳 大 學		4/14			
文 化 大 學	網路：4/10～4/13 (網路+通訊或現場) 通訊：3/10～3/17 現場：3/24～3/25	4/28～4/29	＊	＊	5/18
輔 仁 大 學		4/11			
淡 江 大 學	網路：3/3～3/1	4/5～4/6	4/26		
海 洋 大 學	網路：3/1～3/13	4/1	＊	＊	4/26
東 海 大 學		4/7			
中 原 大 學	網路：3/4～3/12	4/13	5/18 前	4/25	5/30
逢 甲 大 學	網路：2/20～3/6	4/2 建築系加考 4/1	4/29～5/5	4/24	5/12
靜 宜 大 學	網路：4/14～4/21 郵寄：2/22 以前	3/13	4/15	3/27	4/25
陽 明 大 學	網路：1/13～1/20 通訊：1/13～1/24	3/25～3/26	4/20～4/24	4/13	5/9
大 同 大 學	3/1～3/15	4/20	5/18	5/4	5/26

校　　　名	報　名　日　期	考試日期	複試日期	初試放榜	放榜
元 智 大 學	網路：1/21～2/5	3/24	4/30～5/4	4/22	5/13
中 華 大 學	通訊：3/1～3/9 現場：3/9	4/14	5/19	5/5	6/5
大 葉 大 學	通訊：3/1～3/10	4/23	6/8	5/19	6/28
銘 傳 大 學	網路：2/26～3/6	4/8	5/3		
義 守 大 學	網路：3/1～3/10 通訊：3/1～3/10 現場：3/14～3/17	4/15	5/6	4/28	5/12
世 新 大 學	通訊：2/22～2/29	4/9	5/2～5/11	4/25	5/16
中 國 醫 藥 大 學		4/6			
實 踐 大 學	網路：3/7～3/17	4/27	5/24	5/13	6/6
國 防 大 學	通訊：3/20～3/24 現場：3/28～3/29	4/29	5/1～5/5	*	6/1
長 庚 大 學	網路：3/2～3/10 郵寄：3/10 截止	4/16	5/13～5/14	5/3	5/24
台 灣 師 範 大 學		4/19			
台北市立教育大學	通訊：2/29～3/7 網路：2/29～3/7	4/6	5/3		
國立台北教育大學	通訊：2/29～3/7 網路：2/29～3/7	4/6	5/3		
彰 化 師 範 大 學	網路：3/3～3/11	4/20	5/20～5/27	5/20	6/13
高 雄 師 範 大 學	網路：2/13～2/17 通訊：2/17 以前 現場：2/13～2/17	3/19	4/2～4/30	4/14	5/10
新 竹 教 育 大 學	1/22～1/28	4/26			
台 中 教 育 大 學		4/12～4/13			
嘉 義 大 學		3/20	4/28～4/30	3/31 前	5/5
台 東 大 學	通訊：2/6～2/15	3/19	*	*	4/7
花 蓮 教 育 大 學	網路：3/15～3/31 郵寄：4/3 截止	4/23	*	*	五月中旬
屏 東 教 育 大 學	網路：2/24～3/3	3/25～3/26	4/14	*	4/22
華 梵 大 學	網路：3/13～3/22 現場：2/22	5/7	6/4	5/24	6/13
台 南 大 學	3/1～3/13	4/2	*	*	4/25
南 華 大 學	通訊：2/22～3/11 現場：3/12～3/13	3/25	4/22	4/7	4/28
高雄應用科技大學	網路：2/20～3/4	4/20	*	*	5/17
長 榮 大 學	網路：2/6～3/7	3/25	4/18	*	5/4
慈 濟 大 學	通訊：1/26～2/22	4/2	4/29	*	5/16

　＊每年各校研究所報名、考試日期變動不大。如欲確定考試日期，可向各校研究所查詢。

　（本書姊妹作「研究所英文試題詳解」中附有各大學研究所查詢電話）

各校新聞/傳播研究所
考試科目・錄取人數一覽表

❖ 各校之共同科目為國文、英文

所名	校名	考　試　專　業　科　目	預定錄取一般生名額
新聞研究所	台大	1. 中文能力 2. 新聞學　3. 專業英文 4. (1)資訊科學與新聞　(2)自然科學與新聞 　　(3)法學與新聞　(4)社會學與新聞　(5)經濟學與新聞 　　(6)政治學與新聞（擇一）	未公佈
	政大	一般生：1. 大眾傳播概論（含新聞學） 　　　　2. 社會問題分析 　　　　3. 口試 在職生：1. 社會問題分析　2. 口試 ※在職生需有傳播相關工作二年以上工作經驗（不含義務 　　役年資），並取得服務機關同意報考證明之在職人員	一般：16名 在職：2名
	文化	一般生：1. 傳播理論　2. 當代新聞傳播問題研究 　　　　3. 口試 在職生：1. 資訊傳播概論 　　　　2. (1)網路與資料庫系統 　　　　　　(2)色彩與視覺傳播　（二選一） 　　　　3. 口試 ※以同等學力或非相關新聞或大眾傳播科系畢業錄取者， 　視其個別學歷背景，由本所酌定自大學基礎專業科目補 　修2學分	一般：15名 在職：5名 甄試：2名
	政戰	1. 國父思想　　2. 傳播理論 3. 新聞學　　　4. 傳播研究方法	8名
出版學研究所	南華	1. (1)出版與管理研究 　　(2)應用藝術與創作研究　（二選一） 2. 口試	一般：15名
傳播研究所	交大	1. 傳播理論　2. 傳播科技概論　3. 傳播英文 4. (1)社會學　(2)心理學 　　(3)管理學　(4)資訊概論　（四選一）	一般：12名 在職：2名
	師大	1. 大眾傳播理論 2. 社會現象分析 3. 社會科學研究法	22名

所名	校名	考 試 專 業 科 目	預定錄取 一般生名額
傳播研究所	世新	一般生：1. 傳播理論　2. 管理學（二選一）　3. 口試（35％） 在職生：1. 管理學（30％）　2. 口試（40％） ※累計從事傳播或管理相關工作經驗二年以上之曾在職人員 　　（兵役年資不可計入工作年資）	一般：7名 在職：30名
	淡江	1. 英文　　2. 傳播理論與問題分析 3. (1)政治學　(2)經濟學　(3)社會學　(4)心理學（四選一） 4. 面試（25％）	一般：13名
大眾傳播研究所	輔大	1. 大眾傳播理論　2. 當代傳播問題 3. (1)心理學　(2)社會學　(3)政治學（三選一） 4. 專業英文	未公佈
傳播管理研究所	中山	甲組：1. 大眾傳播理論　2. 當代傳播問題 　　　3. 專業語文（中文與英文） 乙組：1. 經濟學　2. 管理學　3. 專業語文（中文與英文）	甲組：13名 乙組：6名
	銘傳	甲組：1. 當代理論　　2. 當代傳播問題　3. 口試（15％） 乙組：1. 經濟學　　2. 管理學　3. 口試（15％） 丙組：1. 計算機概論　2. 資料結構　3. 口試（15％） ※依各組報名人數與本所總報名人數之比率，決定各組錄取 　名額。	一般：25名
資訊研究所	元智	網路傳播組： 1. 網路傳播概論（含網路傳播相關理論、產業發展及網路科 　技應用） 2. 英文　3.資料審查　4. 口試（40％） 數位媒體設計組： 1. 設計概論與網路應用　2.英文　3.資料審查　4. 實做展示 5. 口試 互動科技組： 1. 計算機概論　2. 英文　3. 資料審查　4. 實做展示　5. 口試	網路傳播組 一般：7名 甄試：2名 數位媒體設計 一般：7名 甄試：3名 互動科技組 一般：5名 甄試：3名
廣電研究所	政大	一般生：1. 當代電子媒介概論 　　　　2. 傳播理論　3. 口試（40％） 在職生：1. 當代電子媒介問題　2. 口試（40％） ※在職生需有傳播相關工作經驗累計四年以上（義務役如從 　事傳播相關工作並出示證明，年資可併入計算），並取得 　服務機關同意報考證明書之在職人員	一般：9名 在職：2名
廣告所	政大	一般生：1. 廣告與公關原理（25％）　2. 傳播理論（25％） 　　　　3. 口試（20％） 在職生：1. 廣告與公關原理（30％）　2. 傳播理論（25％） 　　　　3. 口試（20％） ※限在職生任職於傳播、廣告、公關、行銷相關部門，累計 　三年以上相關工作經驗（不含義務役年資），並取得服務 　機關同意報考證明書之在職人員	一般：12名 在職：4名

*本表僅供參考，確實資料以各校研究所公布為準。

各校研究所英文題型分析

學　　校	題　　　　　　　型
台灣大學	字彙選擇、文法選擇、克漏字、閱讀測驗
師範大學	字彙選擇、克漏字、填充、閱讀測驗、作文
政治大學	字彙選擇、文法選擇、閱讀測驗、克漏字、翻譯
清華大學	字彙選擇、文法選擇、閱讀測驗、克漏字、翻譯、作文
交通大學	文意字彙、克漏字、文法選擇、閱讀測驗
中山大學	字彙選擇、慣用語、文法結構、填充、閱讀測驗
中正大學	字彙選擇、閱讀測驗、作文
成功大學	字彙選擇、文法選擇、克漏字、翻譯、作文
中興大學	字彙選擇、文法與修辭、閱讀測驗、作文
輔仁大學	字彙選擇、文法改錯、克漏字、是非題、同義字
東海大學	閱讀測驗、翻譯、作文
淡江大學	字彙選擇、文法選擇、閱讀測驗、翻譯、作文
東吳大學	字彙選擇、作文
文化大學	字彙選擇、克漏字、類比、文法改錯、翻譯
逢甲大學	字彙選擇、文法選擇、閱讀測驗、作文
靜宜大學	圖表解釋、克漏字、簡答題、文法選擇、修改短句

本書採用米色宏康護眼印書紙，版面清晰自然，
不傷眼睛。

☑ **abandon** 〔 ə'bændən 〕 ☞ abandoned *adj.*
　　v. 拋棄
The fickle young woman ***abandoned*** her poor boyfriend and moved into the rich man's house.
那善變的年輕女子拋棄了窮男友，搬進有錢人家裡。
　　＊ fickle〔'fɪkl̩〕*adj.* 多變的；不專的

☑ **abate** 〔 ə'bet 〕 ☞ abatement *n.*
　　v. 減弱
How can we ***abate*** the noise coming from the elementary school in the morning？
我們要如何減少清晨自小學傳來的噪音？

☑ **abbreviate** 〔 ə'brivɪ,et 〕 ☞ abbreviation *n.*
　　v. 縮寫
Don't ***abbreviate*** too many words when you write a formal report.
不要在正式報告裡寫太多縮寫字。

☑ **abdicate** 〔 'æbdə,ket 〕 ☞ abdication *n.*
　　v. 辭去
Because of the scandal he was forced to ***abdicate*** his position in the Police Department.
由於這件醜聞，他被迫辭掉在警政署的職位。
　　＊ scandal〔'skændl̩〕*n.* 醜聞

☑ **abhor** 〔 əb'hɔr 〕　☞ abhorrence *n*.

　　v. 嫌惡

There is nothing that she *abhors* more than
a drunken lout.
她最痛恨的就是醉漢。

　　* lout 〔 laʊt 〕 *n*. 粗鄙的人

☑ **abide** 〔 ə'baɪd 〕　☞ abiding *adj*. 不變的

　　v. 忍受

A commanding officer can't *abide* such
flippant behavior from enlisted men.
部隊的指揮官不能忍受士兵有這種輕率的行爲。

　　* flippant 〔'flɪpənt 〕 *adj*. 輕率的

☑ **ablaze** 〔 ə'blez 〕

　　adj. 著火的

The arsonist set the entire building *ablaze*.
那個縱火的人使得整棟大樓著火燃燒。

　　* arsonist 〔'ɑrsnɪst 〕 *n*. 縱火犯

☑ **abolish** 〔 ə'bɑlɪʃ 〕　☞ abolition *n*.

　　v. 廢除

The students want to *abolish* the regulation
against long hair.
學生想要廢除不准留長髮的規定。

☑ **abound** 〔 ə'baʊnd 〕　☞ abundant *adj*.

　　v. 富有

The tropical island *abounds* with palm trees.
這熱帶的島嶼有很多棕櫚樹。

☑ **abridge** 〔 ə'brɪdʒ 〕　☞ abridged *adj*.

　　v. 刪減

He had to *abridge* his response to fit in the
time alloted.
他必須刪減回答內容，以配合既定的時間。

　　* allot 〔 ə'lɑt 〕 *v*. 分配

☑ **absorb** 〔 əbˈsɔrb 〕　☞ absorption *n*.

　　v. 吸收

Students in Taiwan must **absorb** much information taught in class.

台灣的學生必須吸收許多課堂上所教的知識。

☑ **abstract** 〔ˈæbstrækt 〕

　　adj. 抽象的

My art teacher says she doesn't like **abstract** art.

我的美術老師說她不喜歡抽象藝術。

☑ **abundance** 〔 əˈbʌndəns 〕

　　n. 大量

In Taipei city imported cars are in **abundance**.

台北有很多進口車。

☑ **abuse** 〔 əˈbjuz 〕　☞〔 əˈbjus 〕 *n*.

　　v. 濫用

The corrupt policeman **abused** his authority.

那名貪污的警察濫用他的職權。

　　＊ corrupt 〔 kəˈrʌpt 〕 *adj*. 貪污的

☑ **academic** 〔ˌækəˈdɛmɪk 〕　☞ academy 〔 əˈkædəmɪ 〕 *n*. 學院

　　adj. 學術的

Harvard University has high **academic** standards.

哈佛大學有很高的學術水準。

☑ **accelerate** 〔 ækˈsɛləˌret 〕　☞ accelerator *n*. 加速器

　　v. 加速

The cold weather will **accelerate** the spread of the disease.

寒冷的天氣會加速疾病的蔓延。

☑ **accentuate** 〔 æk'sɛntʃʊ,et 〕 ☞ accentuation *n*.

   v. 強調

He tries to **accentuate** his accomplishments and downplay his failures.

他試圖強調他的成就，對他的失敗卻避而不談 。

    * downplay 〔'daʊn,ple 〕 *v*. 不予重視

☑ **access** 〔'æksɛs 〕 ☞ accessible *adj*. 可接近的

   n. 接近…的 權利

Unauthorized personnel are not allowed to have **access** to top secret information.

未經授權的職員不能與知最高機密 。

    * personnel 〔,pɝsn'ɛl 〕 *n*. 人員

☑ **acclaim** 〔 ə'klem 〕 ☞ acclamation *n*.

   v. 歡呼（某 人）為…

The dance critics **acclaim** her as a ballet virtuoso.

舞蹈評論家以歡呼聲擁她為芭蕾舞的大師 。

    * virtuoso 〔,vɝtʃʊ'oso 〕 *n*. 藝術的巨匠

☑ **accommodate** 〔 ə'kɑmə,det 〕 ☞ accommodation *n*. 住宿

   v. 容納

The theatre can only **accommodate** 200 people.

這家戲院只能容納兩百人 。

☑ **accompany** 〔 ə'kʌmpənɪ 〕

   v. 伴隨

Her father will **accompany** her to the dance this Friday night.

她父親會陪她參加星期五晚上的舞會 。

☑ **account** 〔 ə'kaʊnt 〕

   n. 帳戶

I opened a checking **account** at the First Bank yesterday.

我昨天在第一銀行開了一個活期存款的帳戶 。

☑ **accredit** 〔 ə'krɛdɪt 〕
v. 譽～爲…

The latest model was *accredited* as the best value.
這台最新型的機種被譽爲最有價值的產品。

☑ **accumulate** 〔 ə'kjumjə,let 〕   ☞ accumulation *n.*
v. 累積

Look at all the junk you've *accumulated* in this attic!
看看你在這間閣樓所堆的垃圾!
* attic 〔'ætɪk〕 *n.* 閣樓

☑ **accuse** 〔 ə'kjuz 〕   ☞ accusation 〔,ækjə'zeʃən 〕 *n.*
v. 控告

The governor was *accused* of taking a bribe.
那位州長被指控收受賄賂。
* bribe 〔 braɪb 〕 *n.* 賄賂

☑ **accustom** 〔 ə'kʌstəm 〕
v. 習慣於

He couldn't *accustom* himself to military life.
他不習慣軍中的生活。

☑ **acid** 〔'æsɪd〕   ☞ acidity 〔 ə'sidətɪ 〕 *n.*
adj. 酸性的

Acid rain is a serious problem in many industrialized countries.
在許多工業化的國家裡,酸雨的問題相當嚴重。

☑ **acknowledge** 〔 ək'nɑlɪdʒ 〕   ☞ acknowledgment *n.*
v. 承認

The stubborn boss refused to *acknowledge* making a mistake.
那個頑固的老闆不肯認錯。

☑ **acme** 〔 'ækmɪ , 'ækmi 〕

　　n. 頂點

She reached the **acme** of her athletic ability at the age of 26.

她在二十六歲時達到運動技能的極限。

☆ EXERCISE 1 ☆

1. They＿＿＿＿＿the useless car on the highway. (台大,政大,中興)
   (A) carried　(B) absorbed　(C) expelled　(D) abandoned

2. Slavery was＿＿＿＿＿after the Civil War.　　(師大,成大)
   (A) abounded　(B) abolished　(C) established　(D) ablazed

3. Students have ＿＿＿＿＿to the school library.　(台大,政大,中正)
   (A) access　(B) academy　(C) abuse　(D) acclaim

4. She＿＿＿＿＿him to the play.　　　(台大,文化,靜宜)
   (A) cherished　(B) accompanied　(C) accelerated　(D) ensured

5. This book is illustrated with an＿＿＿＿of examples.
   (A) essence　(B) innovation　(C) abundance　(D) academic
   　　　　　(台大,政大,中興,淡江,中山)

6. To＿＿＿＿things is to collect as much as possible.
   (A) uphold　(B) resign　(C) scatter　(D) accumulate
   　　　　　(台大,淡江,中正)

7. We are gradually becoming＿＿＿＿to this weather. (台大,政大)
   (A) accurate　(B) enthusiastic　(C) disoriented　(D) accustomed

8. ＿＿＿＿your faults requires courage.　　(台大,師大,東海)
   (A) Issuing　(B) Acquainting　(C) Acknowledging　(D) Expressing

☑ **acquaint** 〔 ə'kwent 〕　☞ acquaintance *n.*

v. 熟悉

They quickly *acquainted* themselves with the new computer systems.

他們很快地就熟悉這新的電腦系統。

☑ **acquire** 〔 ə'kwaɪr 〕

v. 獲得

He has *acquired* quite a reputation as a playboy.

他得到一個花花公子的名號。

☑ **acrimonious** 〔 ˌækrə'monɪəs 〕　☞ acrimony *n.*

adj. 劇烈的

The dispute between the union and management has turned *acrimonious*.

工會和資方的爭論變得非常激烈。

　　　＊ dispute 〔 dɪ'spjut 〕 *n.* 爭論

☑ **acronym** 〔 'ækrənɪm 〕

n. 頭字語

"AIDS" is an example of an *acronym*.

AIDS 是一個頭字語。

　　　＊ AIDS 〔 edz 〕 *n.* 愛滋病（後天性免疫不全徵候群）
　　　（ acquired immune deficiency syndrome ）

☑ **activist** 〔 'æktɪvɪst 〕　☞ activism *n.* 實踐主義

n. 實踐主
義者

Environmental *activists* aren't welcome in that country.

環保人士在那個國家裡並不受歡迎。

☑ **acute** 〔 ə'kjut 〕　☞ acuteness *n.*

adj. 敏銳的

The boss has an *acute* sense of hearing, so be careful what you say in the office.

老闆的耳朵很尖，所以你在辦公室裡說話要小心。

☑ **adapt** 〔 ə'dæpt 〕　☞ adaptable *adj*.

v. 使適應

When living in another country you have to
adapt to the local customs.
住在另一個國家時，你必須適應當地的風俗習慣。

☑ **addicted** 〔 ə'dɪktɪd 〕　☞ addict *v*.

adj. 耽溺於

He lost his job because of his being *addicted*
to alcohol.
酗酒使他失去工作。

☑ **adept** 〔 ə'dɛpt 〕　☞ adeptness *n*.

adj. 熟練的

She is *adept* at making new friends wherever
she goes.
無論在哪裏，她都能很容易就交到新朋友。

☑ **adequate** 〔 'ædəkwɪt 〕　☞ adequacy *n*.

adj. 足夠的

His salary is not *adequate* to support a wife
and children.
他的薪水不足以養家。

☑ **adhere** 〔 əd'hɪr 〕　☞ adherence *n*.

v. 黏著

I'm afraid that the label won't *adhere* to
this suitcase.
恐怕這標籤無法黏在皮箱上。

☑ **adjacent** 〔 ə'dʒesn̩t 〕　☞ adjacency *n*.

adj. 鄰接的

His house is *adjacent* to an elementary
school.
他家在小學的附近。

☐ **adjourn** 〔 ə'dʒɜn 〕 ☞ adjournment *n*. 延期；休會
   v. 散會

   You can't see him until the meeting has
   been ***adjourned***.
   要等到散會的時候，你才能見到他。

☐ **adjust** 〔 ə'dʒʌst 〕 ☞ adjustment *n*.
   v. 調節

   I had a mechanic ***adjust*** the brakes on my
   BMW. 我叫技工調整一下我那台 BMW 的煞車。
   　　* brake〔 brek 〕*n*. 煞車

☐ **administer** 〔 əd'mɪnəstɚ 〕 ☞ administration *n*.
   v. 管理

   The incompetent earl was incapable of
   administering his fief.
   那個無能的伯爵無法管理他的采邑。
   　　* incompetent〔 ɪn'kɑmpətənt 〕*adj*. 無能的

☐ **admiral** 〔 'ædmərəl 〕
   n. 海軍上將

   An ***admiral*** in the navy is equivalent to a
   general in the army.
   海軍上將相當於陸軍一級上將。
   　　* equivalent〔 ɪ'kwɪvələnt 〕*adj*. 相當於

☐ **admit** 〔 əd'mɪt 〕 ☞ admission *n*.
   v. 承認

   It isn't easy to ***admit*** one's mistakes.
   要承認自己的錯誤，不是一件容易的事。

☐ **admonish** 〔 əd'mɑnɪʃ 〕 ☞ admonition〔 ,ædmə'nɪʃən 〕*n*.
   v. 警告

   Students caught sleeping in class will be
   admonished by the teacher.
   被捉到上課時打瞌睡的學生，會被老師警告。

☑ **adolescence** 〔͵ædl'ɛsns〕　☞ adolescent *n*. 青少年
　n. 青春期

　　She found ***adolescence*** to be a difficult time
　　in her life.
　　她覺得青春期是她一生中最難熬的時光。

☑ **adopt** 〔ə'dɑpt〕　☞ adoptable *adj*. 可採用的
　v. 採用

　　He has ***adopted*** golf as a new leisure time
　　activity. 打高爾夫球成為他新的休閒活動。

☑ **adoration** 〔ædə'reʃən〕　☞ adore *v*.
　n. 愛慕

　　Hard as he tried, the boy couldn't hide his
　　adoration for his math teacher.
　　雖然他努力壓抑自己，這男孩還是無法掩藏他對
　　數學老師的愛慕。

☑ **adultery** 〔ə'dʌltərɪ〕　☞ adulterous *adj*.
　n. 通姦

　　Adultery is a serious crime in the Middle
　　East. 通姦在中東是項嚴重的罪行。

☑ **advantageous** 〔͵ædvən'tedʒəs〕　☞ advantage *n*.
　adj. 有利的；
　　方便的
　　A computer is ***advantageous*** to a poor speller.
　　電腦對常拼錯字的人而言是很有幫助的。

☑ **adversary** 〔'ædvɚ͵sɛrɪ〕
　n. 對手

　　It is important to show respect to your
　　adversaries. 尊敬你的對手是很重要的。

☑ **advocate** 〔'ædvə͵ket〕　☞ advocacy *n*.
　v. 主張

　　That politician ***advocates*** equal rights for
　　women in the workplace.
　　那名政客主張女姓在工作崗位上應享有相等的權利。

☑ **aerial** 〔'ɛrɪəl 〕
  adj. 空中的
  Aerial photographs are useful in predicting the weather.
  空中照片對於預測天氣非常有用。

☑ **aerobic** 〔 ɛ'robɪk 〕
  adj. 有氧的
  Aerobic exercise is very popular in the USA now. 美國現在非常流行有氧運動。

☑ **aesthetic** 〔 ɛs'θɛtɪk 〕 ☞ aesthetics *n.* 美學
  adj. 美學的
  The painting is of great *aesthetic* value.
  那幅畫具有極高的美學價值。

☑ **affability** 〔,æfə'bɪlətɪ 〕 ☞ affable *adj.*
  n. 和藹可親
  Her *affability* is well known to everyone in her class.
  她班上每個人都知道她為人和藹可親。

☑ **affect** 〔 ə'fɛkt 〕 ☞ effect *n.*
  v. 影響
  You shouldn't let his taunts *affect* you; it will just encourage him to do it more.
  你不該讓他的辱罵影響你；這只會讓他更變本加厲。
  　　* taunt 〔 tɔnt 〕 *n.* 辱罵

☑ **affirm** 〔 ə'fɝm 〕 ☞ affirmative *adj.*
  v. 確定
  He *affirmed* that the information she gave was true. 他確定她所給的資料是真實的。

☆ EXERCISE 2 ☆

1. You should try to_____yourself with the facts before
   you form an opinion. （師大,政大,中正）
   (A) acquaint　(B) familiar　(C) acquire　(D) increase

2. The Human Rights_____argued that the government was
   unfair to it's political prisoners. （台大,政大）
   (A) Fraction　(B) Acronym　(C) Customers　(D) Activists

3. They were_____well to the new environment. （台大,政大,淡江,成大）
   (A) accustom　(B) adapted　(C) elaborates　(D) fostered

4. We don't have an_____ system of financial aid. （台大,政大,成大）
   (A) adequate　(B) additional　(C) conspicuous　(D) adjacent

5. She_____the volume on the television. （台大,中興,交大）
   (A) admonished　(B) exploited　(C) adjusted　(D) fascinated

6. The nurse_____the blood test. （台大,中興,淡江,成大）
   (A) need　(B) adjourned　(C) administered　(D) agreed

7. She had_____her looks from her mother. （師大,政大,中興,成大）
   (A) adored　(B) inherit　(C) symbolized　(D) acquired

8. He made_____comments on her maiden work. （台大,政大,中興）
   (A) stingy　(B) adverse　(C) rehearsal　(D) aerobic

9. He_____the abolition of the class system. （政大,靜宜,輔大）
   (A) advocated　(B) acclaimed　(C) nurtured　(D) concluded

☑ **affliction** 〔 əˈflɪkʃən 〕 ☞ afflictive *adj.*

　　n. 艱苦

The *afflictions* of living in the cold of the
arctic zone was something that he was
completely unprepared for.
他完全沒想到,生活在寒冷的北極圈是如此艱苦。
　　＊ *arctic zone* 北極圈

☑ **affluence** 〔ˈæflʊəns 〕 ☞ affluent *adj.*

　　n. 富裕

It is not good for a child to live in too much
affluence. 對小孩而言,生活得太富裕是不好的。

☑ **afford** 〔 əˈfɔrd 〕

　　v. 付得起

I can't *afford* to buy a Ferrari on my salary.
單靠薪水,我買不起一輛法拉利。

☑ **afloat** 〔 əˈflot 〕

　　adv. 漂浮地

They were able to stay *afloat* in the rough
seas using the life vests aboard the boat.
穿上船上的救生衣使他們能在洶湧的海面上漂浮。
　　＊ *life vest* 救生衣

☑ **aftermath** 〔ˈæftɚ,mæθ 〕

　　n.（戰爭,
　　　災害的）
　　　餘波

There was widespread panic in the *aftermath*
of the earthquake.
地震過後,引發了一陣普遍性的恐慌。
　　＊ panic 〔ˈpænɪk 〕 *n.* 恐慌

☑ **aggravate** 〔ˈægrə,vet 〕 ☞ aggravation *n.*

　　v. 激怒

The naughty student enjoyed nothing more
than *aggravating* the teacher.
那頑皮的學生最喜歡惹老師生氣。

☑ **aggression** 〔 ə'grɛʃən 〕 ☞ aggressive *adj*.
  n. 侵略

Dictators use *aggression* and fear to stay in power.
獨裁者以侵略他國及恐怖政治來鞏固權力。

☑ **aghast** 〔 ə'gæst 〕
  adj. 吃驚的

She was *aghast* at the young man's vulgar language. 她被那年輕男子粗鄙的言語嚇呆了。
  * vulgar 〔 'vʌlgɚ 〕 *adj*. 粗鄙的

☑ **agreeable** 〔 ə'griəbl 〕
  adj. 令人愉快的

The child has an *agreeable* disposition.
那小孩很討人喜歡。
  * disposition 〔 ,dɪspə'zɪʃən 〕 *n*. 性情

☑ **agricultural** 〔 ,ægrɪ'kʌltʃərəl 〕 ☞ agriculture *n*.
  adj. 農業的

Last year that country imported large quantities of *agricultural* products.
去年該國進口了很多農產品。

☑ **ailment** 〔 'elmənt 〕
  n. 疾病

The doctor couldn't diagnose her *ailment*.
醫生診斷不出她得的是什麼病。

☑ **alchemist** 〔 'ælkəmɪst 〕 ☞ alchemy *n*. 煉金術
  n. 煉金術士

The *alchemist* fleeced many gullible people by claiming he could change lead to gold.
那名煉金術士宣稱他能將鉛塊變成黃金,騙了許多愚夫愚婦的錢。
  * fleece 〔 flis 〕 *v*. 詐取　gullible 〔 'gʌləbl 〕 *adj*. 易受騙的

☐ **alcoholic** 〔 ˌælkə'hɔlɪk 〕　☞ alcohol *n.*
　　adj. 酒精的

　　The drinking of *alcoholic* beverages is not allowed on campus.
　　校園裡不准喝酒。

☐ **alienate** 〔 'eljən‚et 〕　☞ alienation *n.*
　　v. 疏遠

　　She was *alienated* from their games because of her family's religious beliefs.
　　因為她家人的宗教信仰，使得她無法加入他們的遊戲。

☐ **allege** 〔 ə'lɛdʒ 〕　☞ allegation *n.*
　　v. 堅稱

　　The undercover policeman *alleged* that he saw the politician accept a bribe.
　　秘密警察堅稱，他看到那名政客接受賄賂。
　　　　＊ undercover 〔 ˌʌndə'kʌvə 〕 *adj.* 秘密的

☐ **allergic** 〔 ə'lɜdʒɪk 〕　☞ allergy 〔'ælədʒɪ 〕 *n.*
　　adj. 過敏的

　　If you are *allergic* to Penicillin you should tell the doctor.
　　如果你對盤尼西林過敏，你應該要告訴醫生。

☐ **alleviation** 〔 ə‚livɪ'eʃən 〕　☞ alleviate *v.*
　　n. 緩和

　　Morphine is used for the *alleviation* of severe pain.
　　嗎啡被用來減輕劇烈的疼痛。

☐ **allot** 〔 ə'lɑt 〕　☞ allotment *n.*
　　v. 分配

　　Each soldier will be *allotted* one bottle of beer. 每個士兵都會分到一罐啤酒。

☑ **allude** 〔 ə'lud 〕　☞ allusion 〔 ə'luʒən 〕 *n*.
　 v. 暗指　　He keeps beating around the bush; what is
　　　　　　　he *alluding* to?
　　　　　　　他說話一直拐彎抹角；他是在暗示什麼呢？
　　　　　　　　* ***beat around the bush*** 拐彎抹角

☑ **aloof** 〔 ə'luf 〕　☞ aloofness *n*.
　 adj. 冷漠的　She doesn't like to be in the company of
　　　　　　　aloof men. 她不喜歡和冷漠的人在一起。
　　　　　　　　* ***in the company of*** ～ 和～在一起

☑ **alphabetical** 〔,ælfə'bɛtɪk!〕　☞ alphabet *n*. 字母
　 adj. 按字母　The students had to line up in *alphabetical*
　　　　順序的　order. 學生們必須按照姓名的字母順序排隊。

☑ **alternation** 〔,ɔltə'neʃən〕　☞ alternative *adj*.
　 n. 輪替　　There has been an *alternation* between a
　　　　　　　Democratic Congress and a Republican
　　　　　　　Congress throughout the history of the U.S.
　　　　　　　在美國歷史上，民主黨和共和黨交替掌權。

☑ **amass** 〔 ə'mæs 〕　☞ amassment *n*.
　 v. 積聚　　The greedy shopkeeper tried to *amass* as
　　　　　　　much money as he possibly could.
　　　　　　　那名貪心的店商盡可能地積聚他的錢財。

☑ **amateur** 〔'æmə,tʃʊr〕
　 adj. 業餘的　After winning the *amateur* golf tournament,
　　　　　　　she decided to become a professional golfer.
　　　　　　　贏了高爾夫球業餘錦標賽後，她決定要當職業選手。
　　　　　　　　* tournament 〔'tɝnəmənt〕 *n*. 錦標賽

☑ **ambiguity** 〔 ͵æmbɪ'gjuətɪ 〕 ☞ ambiguous *adj*.
  n. 模稜兩可

His speech had so much ***ambiguity*** that I couldn't figure out what he was trying to say. 他的演說非常曖昧不清，以致於我弄不清他到底想說什麼。

    * ***figure out*** 了解

☑ **amendment** 〔 ə'mɛndmənt 〕 ☞ amend *v*.
  n. 修正

Is it possible to make an ***amendment*** to this contract? 這份合約能夠修改嗎？

☑ **ample** 〔 'æmpl̩ 〕 ☞ ampleness *n*.
  adj. 充足的

Farmer Jones always keeps an ***ample*** food supply for the winter. 農夫瓊斯總會準備充足的食物過冬。

☑ **analysis** 〔 ə'næləsɪs 〕 ☞ analyze 〔 'ænl̩͵aɪz 〕 *v*.
  n. 分析

The laboratory technicians have finished their ***analysis***. 實驗室的技術人員已完成了他們分析的工作。

☑ **anarchy** 〔 'ænəkɪ 〕
  n. 無政府狀態

Natural disasters sometimes cause ***anarchy***. 天然的災害有時會造成無政府狀態。

☑ **ancestor** 〔 'ænsɛstə 〕 ☞ ancestral *adj*.
  n. 祖先

Her ***ancestors*** emigrated from Germany to the United States. 她的祖先從德國移民至美國。

☆ EXERCISE 3 ☆

1. She lived in_____her whole life.　　　（政大,文化,淡江）
   (A) affluence　(B) emergency　(C) aftermath　(D) affection

2. Many people are addicted to_____.　　　（台大,成大）
   (A) aggravate　(B) alcohol　(C) condemn　(D) deduct

3. He was_____by his family.　　　（台大,淡江）
   (A) alienated　(B) paralyzed　(C) allotted　(D) loaned

4. She tried her best to_____his sorrow.　　　（台大,中山）
   (A) tender　(B) abide　(C) alleviate　(D) patriotic

5. An_____is a choice between two or more things of
   which only one can be chosen.　　　（台大,師大,政大,中興,文化,中山）
   (A) alternative　(B) ailment　(C) expedition　(D) dilemma

6. She won the_____golf tournament.　　　（台大,師大,淡江）
   (A) amateur　(B) amass　(C) residential　(D) unlicensed

7. "Indian" is an_____word because it can mean an
   American Indian or a native of India.　　　（文化）
   (A) unjustified　(B) angular　(C) ambiguous　(D) alternate

8. Three hours is certainly_____time to finish your
   homework.　　　（台大,中正）
   (A) primitive　(B) ample　(C) alleged　(D) overwhelmed

9. Her_____came from all over the world.　　　（交大,成大）
   (A) intersection　(B) ancestors　(C) discretion　(D) anonymity

☑ **anchor** 〔'æŋkɚ〕 ☞ anchorage *n.* 停泊

n. 錨
They dropped ***anchor*** in Sydney harbor to go sightseeing.

他們把船停在雪梨港，上岸觀光。

* ***go sightseeing*** 觀光

☑ **anecdote** 〔'ænɪk,dot〕

n. 軼事
The story he told was just an ***anecdote***.

他說的故事僅是一件趣聞。

☑ **anesthesia** 〔,ænəs'θiʒə〕 ☞ anesthetic *n.* 麻醉劑

n. 麻醉
The patient is now under ***anesthesia***.

病人現在已經被麻醉了。

☑ **anguish** 〔'æŋgwɪʃ〕 ☞ anguished *adj.*

n. 極度的
痛苦
Seeing her boyfriend meet another woman in secret caused her much ***anguish***.

看見她的男友和另一個女人幽會使得她非常痛苦。

☑ **angular** 〔'æŋgjəlɚ〕 ☞ angularity *n.*

adj. 有角的
Many people of Scandinavian descent have ***angular*** faces.

許多有北歐血統的人，其臉部輪廓都很深。

* descent 〔dɪ'sɛnt〕 *n.* 血統

☑ **animation** 〔,ænə'meʃən〕 ☞ animate *v.*

n. 活潑
The party was full of ***animation***.

這場宴會非常熱鬧。

☑ **annals** 〔 'ænl̩z 〕

    n.,pl. 年鑑

    He is researching the ***annals*** of all the Ming dynasty emperors.

    他正在研究所有明朝皇帝的年鑑。

☑ **announcement** 〔 ə'naʊnsmənt 〕 ☞ announce *v.*

    n. 宣佈

    After they made the ***announcement*** everybody began to prepare for the coming typhoon.

    在他們發布消息之後，大家都開始為即將來臨的颱風做準備。

☑ **annoy** 〔 ə'nɔɪ 〕 ☞ annoyance *n.*

    v. 使惱怒

    The teacher became ***annoyed*** with the students because of their constant pranks.

    由於學生們老是惡作劇，所以老師十分生氣。

    ＊ prank 〔 præŋk 〕 *n.* 惡作劇

☑ **annual** 〔 'ænjʊəl 〕

    adj. 一年的

    What is the average ***annual*** rainfall of that place? 那個地方的平均年雨量是多少？

☑ **antagonism** 〔 æn'tægə,nɪzəm 〕 ☞ antagonistic *adj.*

    n. 敵對

    There is much ***antagonism*** between the two rival gangs.

    這兩個敵對的幫派彼此有很深的敵意。

☑ **antecedent** 〔 ,æntə'sidn̩t 〕 ☞ antecede *v.*

    adj. 在～之前的

    The use of fire for light was ***antecedent*** to electricity.

    在發明電力之前，都是用火來照明。

☑ **antenna** 〔 æn'tɛnə 〕

n. 天線

Can you see the TV *antenna* on the roof of that building?

你看得見那棟建築物屋頂上的天線嗎？

☑ **anthology** 〔 æn'θɑlədʒɪ 〕

n. 文選

It took him over ten years to finish writing the *anthology*.

他花了十多年的時間才寫完這部文選。

☑ **anthropology** 〔 ˌænθrə'pɑlədʒɪ 〕

n. 人類學

He finds *anthropology* a fascinating subject.

他覺得人類學是門很吸引人的學科。

☑ **anticipation** 〔 ænˌtɪsə'peʃən 〕　 ☞ anticipate *v*.

n. 預期

On Christmas eve the children had trouble sleeping in *anticipation* of the coming of Christmas day.

在聖誕節前夕，孩子們因期望聖誕節的到來而難以入睡。

☑ **antipathy** 〔 æn'tɪpəθɪ 〕

n. 憎惡

The politician has a strong *antipathy* toward the newspaper reporter who exposed his secret meeting with a notorious gangster.

這名政客對那位新聞記者非常反感，因為該記者揭露了他和一個惡名昭彰的匪盜的秘密會晤。

☐ **antique** 〔 æn'tik 〕

n. 古董
adj. 古代的

After he retired, he began to collect *antiques*. 退休之後，他開始收集古董。

☐ **antithesis** 〔 æn'tıθəsıs 〕　☞ antithetic *adj*.

n. 相反

His actions are the *antithesis* of what he was taught in school.
他的行為跟在學校裏所學的完全不同。

☐ **anxious** 〔 'æŋʃəs 〕　☞ anxiety 〔 æŋ'zaıətı 〕*n*.

adj. 焦慮不
安的

The boy became very *anxious* when he couldn't find his mother.
那男孩找不到母親時，變得十分焦慮。

☐ **apologize** 〔 ə'pɑlə,dʒaız 〕　☞ apology *n*.

v. 道歉

She refused to *apologize* to her younger brother for hitting him.
她打了弟弟而且不願意向他道歉。

☐ **applaud** 〔 ə'plɔd 〕　☞ applause *n*.

v. 鼓舞

Everyone in the audience *applauded* the ballerina for her brilliant performance.
每一位觀眾都為這名芭蕾舞者傑出的表演鼓掌。

  * ballerina 〔 ,bælə'rinə 〕*n*. 芭蕾舞者

☐ **application** 〔 ,æplə'keʃən 〕　☞ apply *v*.

n. 申請書

He went into the personnel office to fill out a job *application*.
他走進人事室填寫工作申請書。

  * *personnel office* 人事室　　*fill out* 填寫

☑ **apprehension** 〔 ˌæprɪˈhɛnʃən 〕 ☞ apprehensive *adj.*

n. 恐懼

He was filled with **apprehension** when he approached the wild animal.
當他靠近那頭野生動物時，內心充滿了恐懼。

☑ **appropriate** 〔 əˈproprɪɪt 〕

adj. 合適的

It is not **appropriate** to ask a young woman her age. 對年輕女子詢問年齡是不適宜的。

☑ **approval** 〔 əˈpruvl 〕 ☞ approve *v.*

n. 批准

He had his parents' **approval** to go on the trip. 他父母准許他去旅行。

☑ **approximately** 〔 əˈprɑksəmɪtlɪ 〕 ☞ approximation *n.*

adv. 大概

The airport is **approximately** 10 kilometers from the city center.
機場距離市中心約 10 公里遠。

☑ **apt** 〔 æpt 〕

adj. 傾向

She is very **apt** at painting but not in the least at arithmetic.
她很有繪畫的天份，但對算術卻一竅不通。

　　＊ *not in the least* 一點也不

☑ **aptitude** 〔 ˈæptəˌtjud 〕

n. 才能

They had to take an **aptitude** test before they were put in a class.
在分班前，他們都必須做性向測驗。

☆ EXERCISE 4 ☆

1. Her name was_____over the radio as the winner.(淡江,逢甲)

   (A) animated (B) announced (C) aesthetic (D) antenna

2. The mosquitoes managed to_____him all night. (台大,師大)

   (A) extract (B) antagonism (C) annoy (D) dramatize

3. There was poor attendence at the_____meeting of our

   club.   (台大,中正,逢甲)

   (A) altitude (B) aerobic (C) aerial (D) annual

4. He did not_____that he would be so late.   (台大,淡江)

   (A) anticipate (B) participate (C) soothe (D) array

5. He expressed his_____for his children's welfare.

   (A) privacy (B) ambulance (C) anxiety (D) sorrowful

                            (台大,師大,政大,中正,交大,成大)

6. He filled out his_____immediately.(師大,政大,淡江,中正,靜宜)

   (A) application (B) appreciation (C) decoration (D) inflation

7. His latest work won_____from critics.(台大,中興,淡江,輔大)

   (A) approval (B) gratitude (C) apology (D) worship

8. Public speakers often fill their speeches with funny

   _____.   (台大,政大,中興,淡江)

   (A) annoy (B) ascend (C) analysis (D) anecdotes

9. There is not the least_____of her coming. (淡江,中山)

   (A) ample (B) apprehension (C) antenna (D) apt

☐ **arbitrarily** 〔'ɑrbəˌtrɛrɪlɪ 〕　☞ arbitrate *v.* 仲裁
　adv. 專斷地
　　The boss *arbitrarily* decided that the
　　workers would only have one week off work
　　for Christmas vacation.
　　這老闆很專制地決定,員工在聖誕節時只能休假一
　　星期。

☐ **archaeologist** 〔ˌɑrkɪ'ɑlədʒɪst 〕　☞ archaeology *n.* 考古學
　n. 考古學家
　　The *archaeologist* was sent to the jungle to
　　find the remains of an ancient civilization.
　　那位考古學家被派至該叢林,尋找古文明的遺跡。

☐ **archetypal** 〔'ɑrkɪˌtaɪpl̩ 〕　☞ archetype *n.*
　adj. 原型的
　　Henry Ford thought that the Model T was
　　an *archetypal* motor car.
　　亨利・福特認爲 T 型車是汽車的原型。

☐ **architect** 〔'ɑrkəˌtɛkt 〕　☞ architecture *n.* 建築學
　n. 建築師
　　A famous *architect* designed this building.
　　這棟建築物是一位知名的建築師設計的。

☐ **arduous** 〔'ɑrdʒʊəs 〕　☞ arduousness *n.*
　adj. 辛苦的
　　He found working on a farm to be very
　　arduous. 他覺得在農田上工作很辛苦。

☐ **argument** 〔'ɑrgjəmənt 〕　☞ argue *v.*
　n. 爭論
　　Their political discussion quickly turned
　　into an *argument*.
　　他們對政治的討論,很快地就演變成一場爭論。

☑ **articulate** 〔 ɑr'tɪkjəlɪt 〕σ〔 ɑr'tɪkjə͵let 〕v.

adj. 發音清
晰的

Parents should be very **articulate** when explaining things to their children.
對小孩解釋事情時,父母的咬字一定要非常清晰。

☑ **artifact** 〔'ɑrtɪ͵fækt 〕

n. 工藝品

The museum displayed **artifacts** from ancient Egypt. 這家博物館展覽過古埃及的工藝品。

☑ **ascend** 〔 ə'sɛnd 〕 σ ascendant adj.

v. 上升

This dirt road **ascends** all the way to the peak. 這條泥路直達頂峯。

☑ **ascribe** 〔 ə'skraɪb 〕 σ ascription n.

v. 把…歸
因於～

She **ascribed** her success to all the people who helped her.
她把她的成功歸功於那些幫助過她的人。

☑ **ashamed** 〔 ə'ʃemd 〕

adj. 羞恥的

The thief wasn't **ashamed** of what he had done. 那竊賊對他所做的事一點都不覺得可恥。

☑ **aspiration** 〔͵æspə'reʃən 〕 σ aspire v.

n. 熱望

Her **aspiration** to be a ballet dancer was never realized.
她希望能成為一名芭蕾舞者,但這夢想卻一直未能實現。

☑ **assailant** 〔 ə'selənt 〕　☞ assail *v*.

　　n. 攻擊者

The victim identified his ***assailant*** in the line-up. 受害者從那排人當中指出攻擊他的人。

☑ **assassination** 〔 ə,sæsn̩'eʃən 〕　☞ assassinate *v*.

　　n. 暗殺

The ***assasination*** of the political leader was detailed in all the newspapers.
所有的報紙都詳細刊登了那名政治領袖被刺殺的消息。

☑ **assault** 〔 ə'sɔlt 〕　☞ assaultable *adj*.

　　v., *n*. 攻擊

They ***assaulted*** the fort with artillery fire.
他們以砲火攻擊這座堡壘。

　　　　＊ artillery 〔 ɑr'tɪlərɪ 〕 *n*. 大砲

☑ **assay** 〔 ə'se 〕 *v*.　〔 'æse 〕 *n*.

　　v. 分析

The gemologist ***assayed*** the diamond and found many flaws.
寶石學家鑑定這顆鑽石，發現上面有許多瑕疵。

　　　　＊ gemologist 〔 dʒɛm'ɑlədʒɪst 〕 *n*. 寶石學家

☑ **assemble** 〔 ə'sɛmbl̩ 〕　☞ assembly *n*.

　　v. 裝配

He likes to ***assemble*** model airplanes in his spare time. 他喜歡在空閒時組合模型飛機。

☑ **assert** 〔 ə'sɝt 〕　☞ assertion *n*.

　　v. 露鋒芒

Once she became used to the working environment she had no trouble ***asserting*** herself on the job.
一旦她適應了工作環境，她就能很順利地在工作上展現她的才華。

☑ **assessment** 〔 ə'sɛsmənt 〕 ☞ assess *v.*

 n. 評估

His ***assessment*** of the situation was not very optimistic.

他評估這情況，覺得不是很樂觀。

 ＊ optimistic 〔 ,ɑptə'mɪstɪk 〕 *adj.* 樂觀的

☑ **asset** 〔 'æsɛt 〕

 n. 資產

The ***assets*** of the company increased by 15％ last year.

該公司的資產在去年增加了百分之十五。

☑ **assist** 〔 ə'sɪst 〕 ☞ assistance *n.*

 v. 幫助

She is always willing to ***assist*** her co-workers. 她總是很樂意幫助她的同事。

☑ **associate** 〔 ə'soʃɪ,et 〕 ☞ association *n.*

 v. 結交

You shouldn't ***associate*** with such people.

你不該和這種人交往。

☑ **assortment** 〔 ə'sɔrtmənt 〕 ☞ assort *v.* 供給（各類物品）

 n. 各色齊備

 （之物品）

You will find an ***assortment*** of ice cream in the freezer.

你會在冷凍庫裏看到各式各樣的冰淇淋。

☑ **assume** 〔 ə'sjum 〕 ☞ assumption 〔 ə'sʌmpʃən 〕 *n.*

 v. 假定

You can't ***assume*** that the man is guilty until you have proof.

除非你有證據，否則你不能假定這個人是有罪的。

☆ EXERCISE 5 ☆

1. An_____studies civilizations of the ancient past.
   (A) coward (B) engender (C) archaeologist (D) archetypal
   （台大，中興）

2. She wanted to study_____, in other words, she wanted
   to design houses. （台大，中興，淡江，成大）
   (A) architecture (B) encyclopedia (C) economics
   (D) archaeology

3. The invention of the telephone is usually_____to the
   works of Alexander Graham Bell. （台大）
   (A) described (B) ascribed (C) benefited (D) dominated

4. She_____that her statements were true. （台大，中正）
   (A) dodged (B) appealed (C) asserted (D) ventured

5. A man's greatest_____are his friends. （台大，淡江）
   (A) appointment (B) assets (C) preception (D) sovereign

6. Under democracy people have the rights of_____and
   expression.
   (A) aspiration (B) suspicion (C) imprison (D) assembly
   （台大，政大，中興）

7. He_____me with good counsel and encouragement.
   (A) assaulted (B) advice (C) transacted (D) assisted
   （師大，中興，淡江）

8. It is wrong to_____that you will always get your way.
   (A) assume (B) portray (C) associate (D) assert
   （台大，師大，政大，淡江，中山，中正）

☑ **assurance** 〔 ə'ʃʊrəns 〕　☞ assure *v*.

n. 保證

He gave us his *assurance* that he won't be late. 他向我們保證說他不會遲到。

☑ **asthma** 〔 'æzmə 〕　☞ asthmatic *adj*.

n. 氣喘

His *asthma* made it difficult for him to breathe after climbing a flight of stairs. 由於他有氣喘，所以爬了一段階梯之後，他便覺得呼吸困難。

　　* *a flight of stairs* 一段階梯

☑ **astonish** 〔 ə'stɑnɪʃ 〕　☞ astonishment *n*.

v. 使驚訝

She was *astonished* at the sight of her fiancé with another woman. 看到未婚夫和另一個女人在一起，使她十分驚訝。

　　* fiancé 〔 fi,ɑn'se 〕 *n*. 未婚夫

☑ **astronaut** 〔 'æstrə,nɔt 〕　☞ astronautic *adj*.

n. 太空人

To be an *astronaut*, one has to be physically fit. 想成爲一名太空人，身體必須很健康。

☑ **astronomy** 〔 ə'strɑnəmɪ 〕　☞ astronomical *adj*.

n. 天文學

Astronomy is sometimes confused with astrology, which is much more popular with the masses. 天文學有時被誤以爲是占星學，而占星學比較受大衆歡迎。

　　* astrology 〔 ə'strɑlədʒɪ 〕 *n*. 占星學

☐ **astute** 〔 ə'stjut 〕　☞ astuteness *n*.
　adj. 伶俐的

Though her teachers thought she was scatter-brained, she was actually quite *astute*.
雖然她的老師認爲她是個粗枝大葉的人，但事實上她相當機靈。

* scatterbrained 〔 'skætə͵brend 〕 *adj.* 粗枝大葉的

☐ **asunder** 〔 ə'sʌndɚ 〕
　adj. 分開的

His being called up for military service left the young lovers *asunder* for a time.
由於男方須服兵役，使得這對年輕的戀人分開了一段時間。

* *military service* 兵役

☐ **atmosphere** 〔 'ætməs͵fɪr 〕
　n. 大氣層

Once the space shuttle left the earth's *atmosphere* the astronauts began to feel the effects of weightlessness.
太空梭一離開地球的大氣層，太空人就開始覺得體重減輕了。

* *space shuttle* 太空梭

☐ **attach** 〔 ə'tætʃ 〕　☞ attachment *n*.
　v. 貼上

The traveller liked to *attach* stickers onto his suitcases. 旅客喜歡在皮箱上貼上標籤。

☐ **attainable** 〔 ə'tenəbl 〕　☞ attain *v*.
　adj. 可得到
　　　的

He often yearns for things which are not *attainable*. 他常渴望得到一些無法得到的東西。

* *yearn for* 渴望

☑ **attendance** 〔 əˈtɛndəns 〕　☞ attend v.
　n. 參加

During the parade we noticed many digni-
taries in **attendance**.
遊行期間，我們發現有許多達官顯貴也在遊行的
行列中。

　　　＊ dignitary 〔ˈdɪgnəˌtɛrɪ 〕 n. 達官顯貴

☑ **attenuate** 〔 əˈtɛnjʊˌet 〕　☞ attenuation n.
　v. 減少

The workers are trying to **attenuate** the
damage to the local environment caused by
the oil spill.
工作人員正努力要減少石油外漏對當地環境所造成
的傷害。

　　　＊ spill 〔 spɪl 〕 n. 溢出

☑ **attribute** 〔 əˈtrɪbjʊt 〕　☞ attribution n.
　v. 歸功於

I **attribute** what I am to my mother.
我能有今天，都得歸功於我的母親。

☑ **auction** 〔ˈɔkʃən 〕
　v. 拍賣

After the company went bankrupt all of its
assets were **auctioned** off.
那家公司破產後，所有的資產都被拍賣掉了。

　　　＊ asset 〔ˈæsɛt 〕 n. 資產

☑ **audible** 〔ˈɔdəbl 〕
　adj. 可聽
　　　 見的

The sound of the steam train became less
and less **audible** as it got farther away
from us.
當蒸汽火車離我們遠去時，它的聲音就越來越小了。

☑ **audience** 〔ˈɔdɪəns 〕

n. 觀衆

The musicians walked off the stage because of the disrespectful behavior of the *audience*.
由於觀衆無禮的行爲,使得這些音樂家離開舞台。

☑ **austerity** 〔ɔˈstɛrətɪ 〕

adj. 厲行節約的

The fiscal *austerity* measures imposed on the country led to much complaining by the citizens.
該國實施厲行節約的財政措施,使人民怨聲載道。

　　＊ fiscal 〔ˈfɪskḷ 〕 *adj.* 財政的

☑ **authentic** 〔ɔˈθɛntɪk 〕

adj. 眞正的

Can you tell an *authentic* Rolex watch from a fake? 你能區分勞力士錶的眞僞嗎?

☑ **authority** 〔əˈθɔrətɪ 〕　☞ authorize *v.* 授權

n. 權威

Teenagers often rebel against *authority*.
青少年經常反抗權威。

☑ **autobiography** 〔ˌɔtəbaɪˈɑgrəfɪ 〕

n. 自傳

The critics were not impressed with his *autobiography*. 評論家對他的自傳没什麼印象。

☑ **autocrat** 〔ˈɔtəˌkræt 〕　☞ autocracy 〔ɔˈtɑkrəsɪ 〕n. 獨裁政治

n. 獨裁君主

The *autocrat* surrounded himself with a group of spineless sycophants.
那獨裁者身邊都是一羣懦弱阿諛的小人。

　　＊ spineless 〔ˈspaɪnlɪs 〕 *adj.* 懦弱的
　　sycophant 〔ˈsɪkəfənt 〕 *n.* 諂媚者

☐ **autograph** 〔 ˈɔtəˌgræf 〕

n.,v. 親筆
簽名

The famous singer was often asked for her
autograph. 常常有人要求這位有名的歌手簽名。

☐ **available** 〔 əˈveləbl̩ 〕　☞ availability *n.*

adj. 可獲
得的

Travellers will find that train tickets are not
easily ***available*** during Chinese New Year.
乘客會發現在新年期間,很難買到火車票。

☐ **avalanche** 〔 ˈævl̩ˌæntʃ 〕

n. 雪崩
v. 崩落

Skiing is not allowed here because ***avalanches***
often occur.
此處因常有雪崩發生,所以禁止滑雪。

☐ **averse** 〔 əˈvɜs 〕　☞ aversion *n.*

adj. 嫌惡的

Cats are ***averse*** to swimming.
貓討厭游泳。

☐ **avert** 〔 əˈvɜt 〕　☞ avertible *adj.*

v. 避免

The Japanese tend to ***avert*** open conflict.
日本人都會避免公開的衝突。

☐ **avowed** 〔 əˈvaʊd 〕　☞ avow *v.*

adj. 自認的

Don't try to convert him to Christianity;
he is an ***avowed*** Muslim.
別想要說服他改信基督教;他曾公開承認自己是個
回教徒。

　　* convert 〔 kənˈvɜt 〕 *v.* 使皈依

☑ **awaken**〔ə'wekən〕　☞ awake *adj.*
　v. 叫醒

It isn't a good idea to ***awaken*** bears when they are hibernating.
叫醒正在冬眠的熊是不智之舉。
* hibernate〔'haɪbəˌne.〕*v.* 冬眠

☑ **awareness**〔ə'wɛrnɪs〕　☞ awa·e *adj.*
　n. 知曉

When he woke up he had no ***awareness*** of where he was.
當他醒來時,他全然不知身在何處。

☑ **awful**〔'ɔfl〕
　adj. 可怕的

What is that ***awful*** noise out there?
I can't sleep!
外頭那是什麼可怕的噪音?我簡直無法入睡!

☑ **awkward**〔'ɔkwəd〕　☞ awkwardness *n.*
　adj. 笨拙的

The famous movie star has many admirers, but actually he is ***awkward*** with women.
那位有名的電影明星有許多愛慕者,但事實上他不太會和女人打交道。

☆ EXERCISE　6 ☆

1. The coach gave me his＿＿＿＿＿that I will win the game.
(A) legacy　(B) assurance　(C) facility　(D) account
(台大,政大,淡江,輔大)

2. She was＿＿＿＿＿to hear the shocking news.　(台大,淡江)
(A) startle　(B) legible　(C) relaxed　(D) astonished

3. Some people are very_____bargainers.　　　（台大,淡江）
   (A) astute　(B) audible　(C) liable　(D) attainable

4. The bow was_____with tape to the gift.　　　（台大,政大）
   (A) wrapped　(B) attended　(C) attached　(D) marked

5. She_____her success to hard work.　（台大,中興,淡江,輔大）
   (A) attributed　(B) blamed　(C) conclude　(D) liberated

6. On stage, he could not locate his parents in the_____.
   (A) magnitude　(B) audience　(C) auction　(D) hesitate
   　　　　　　　　　　　　　　　　　　　（台大,師大,政大）

7. He was jealous of the fact that someone younger had
   over him.　　　　　　　　　　　　　　　（台大,成大）
   (A) majesty　(B) awareness　(C) authority　(C) balance

8. Less buses are_____because of the shortage of
   drivers.　　　　　　　　　　　　　（師大,政大,中興,逢甲）
   (A) manufactured　(B) desolate　(C) available　(D) attendant

9. She enjoyed reading the_____of famous artists.　（台大）
   (A) assembly　(B) arrange　(C) paintings　(D) autobiographies

10. They felt_____about having to miss the party.　（台大）
    (A) awful　(B) anarchy　(C) ancester　(D) ample

☑ **backdrop** 〔'bæk͵drɑp〕

    n. 背景幕

The ***backdrop*** for the play was the sharp peaks of the Swiss Alps.

這齣戲的背景是瑞士阿爾卑斯山陡峭的山峯。

☑ **backlash** 〔'bæk͵læʃ〕

    n. 激烈反應
    v. 引起反彈

The scandal caused a ***backlash*** which led to the corrupt official's resignation.

那件醜聞造成強烈的反彈，導致那名腐敗的官員辭職下台。

☑ **bacteria** 〔bæk'tɪrɪə〕 ☞ bacterial *adj*.

    n.,pl. 細菌

The ***bacteria*** infected his system, making him ill.

細菌感染了他的免疫系統，使得他生病了。

    ＊ infect〔ɪn'fɛkt〕*v*. 感染

☑ **baffle** 〔'bæfl〕 ☞ baffling *adj*.

    v. 使困惑
    n. 困惑

Her unexpected question ***baffled*** me.

她突如其來的問題令我覺得很困惑。

☐ **bald** 〔 bɔld 〕　☞ baldness *n*.
adj. 禿頭的

By the age of sixty, many men are *bald*.
許多男人到了六十歲時，頭就已經禿了。

☐ **ballet** 〔 bæ′le 〕 ☞ ballerina 〔 ‚bælə′rinə 〕 *n*. 芭蕾舞的女主角
n. 芭蕾舞

Last week, we went to the *ballet* together.
上星期我們一起去看芭蕾舞。

☐ **bandage** 〔 ′bændɪdʒ 〕
n., *v*. 繃帶

The doctor quickly wrapped a *bandage* around
the wound.
醫生很快地在傷口上綁上繃帶。

☐ **bane** 〔 ben 〕　☞ baneful *adj*. 有害的
n. 禍根

Her constant abuse was the *bane* of his
existence. 她不停的咒罵是造成他死亡的禍根。
　　＊ abuse 〔 ə′bjus 〕 *n*. 咒罵

☐ **banish** 〔 ′bænɪʃ 〕　☞ banishment *n*.
v. 驅逐

As a result of his outburst, he was *banished*
from class.
由於他情緒失控，於是被迫離開教室。
　　＊ outburst 〔 ′aut‚bɜst 〕 *n*. (情感的) 爆發

☐ **bankrupt** 〔 ′bæŋkrʌpt 〕　☞ bankruptcy *n*.
adj. 破產的
n. 破產者

Mismanagement of her money caused her to
become *bankrupt*.
她不善理財，於是就破產了。

☑ **barely** 〔'bɛrlɪ 〕　☞ bare *adj.* 少的
adv. 幾乎
不能

Today I was so busy that I *barely* had time
to eat. 今天我忙得幾乎沒時間吃飯。

☑ **bargain** 〔'bɑrgɪn 〕　☞ bargaining *n.*
v.,n. 議價

At the night market, you can often *bargain*
for a better price.
在夜市，你常常能夠討價還價。

☑ **barren** 〔'bærən 〕　☞ barrenness *n.*
adj. 不生
產的

The desert is most certainly a *barren* place.
沙漠無疑地是個不毛之地。

☑ **barrier** 〔'bærɪɚ 〕
n. 障礙

The police set up a *barrier* to prevent anyone
from entering the scene of the crime.
警方設下障礙，以阻止任何人進入犯罪現場。

☑ **barter** 〔'bɑrtɚ 〕
n. 以物易物
的交易

The Native Americans did not use money；
they had a *barter* system.
美洲原住民並不使用金錢；他們有一套以物易物的
制度。

☑ **batch** 〔 bætʃ 〕
n. 一次烘焙
的食品

The second *batch* of cookies was better
than the first.
第二次烤的餅乾比第一次好。

☐ **battle** 〔'bætḷ〕
n. 戰爭

Their **battle** raged on for over two hundred years. 他們的戰爭打了兩百多年。

　　* rage〔redʒ〕v. 激烈地進行

☐ **bawdy** 〔'bɔdɪ〕　☞ bawd n. 鴇母
adj. 淫穢的

They spent the evening trading **bawdy** jokes. 他們整個晚上都在講黃色笑話。

☐ **beam** 〔bim〕
n. 光束

A single **beam** of light entered the room through the hole in a wall.
有一道光線透過牆上的洞射入房間。

☐ **bearishly** 〔'bɛrɪʃlɪ〕　☞ bearish adj.
adv. 粗魯地

He **bearishly** got dressed and ran off to school. 他很粗魯地穿上衣服,趕忙跑去學校。

☐ **beaver** 〔'bivɚ〕
n. 海獺

The **beavers** worked diligently to build the dam. 海獺勤奮地築堤。

☐ **beck** 〔bɛk〕
n. 打招呼;
命令

He was always there at her every **beck** the call. 他總是在那兒聽她差遣做事。

　　* **be at** one's **beck and call** 聽人差遣

☐ **beeline** 〔'bi'laɪn〕
n. 最短的路
v. 走最短的路

Being so hungry, they made a **beeline** for the kitchen. 他們餓極了,匆匆地就走進廚房。

　　* **make a beeline for** 走最短的路;匆匆趕赴

☑ **behalf** 〔 bɪˈhæf 〕
n. 方面

He accepted the award on ***behalf*** of the whole company. 他代表公司領獎 。

　　＊ ***on behalf of*** 作…代表

☑ **behaviorist** 〔 bɪˈhevjɚˌɪst 〕　☞ behaviorism　*n.* 行為學派
n. 行為學派者

A famous ***behaviorist*** will give a speech at the auditorium this evening.
今晚一位著名的行為學派者, 將在演講廳發表演說。

　　＊ auditorium 〔 ˌɔdəˈtorɪəm 〕 *n.* 禮堂 ; 演講廳

☑ **belabor** 〔 bɪˈlebɚ 〕
v. 痛擊

The dog ***belabored*** the burglar.
那隻狗狠狠地攻擊那個盜賊 。

　　＊ burglar 〔 ˈbɝglɚ 〕 *n.* 盜賊

☑ **bellow** 〔 ˈbɛlo 〕
v., n. 咆哮

The king angrily ***bellowed*** his commands.
國王憤怒地下達命令 。

　　＊ command 〔 kəˈmænd 〕 *n.* 命令

☑ **beneficial** 〔 ˌbɛnəˈfɪʃəl 〕　☞ beneficiary *n.* 受益人
adj. 有益的

It is yet too early to tell whether his efforts will be ***beneficial*** to the group or not.
目前仍無法判斷他的努力對團體是否有益 。

☑ **benevolent** 〔 bəˈnɛvələnt 〕　☞ benevolence *n.*
adj. 仁慈的

The ***benevolent*** king was famous for acts of charity. 那位仁慈的國王以樂善好施聞名 。

☆ EXERCISE 7 ☆

1. She wrapped a _____ around the wound.　　　（台大，師大）

   (A) bandage　(B) bondage　(C) bane　(D) sacrifice

2. They were regarded as foes and were_____from the
   kingdom.　　　　　　　　　　　　　　　　（中興，文化）

   (A) diminished　(B) vanished　(C) bashed　(D) banished

3. She was so tired that she could_____keep her eyes
   open.　　　　　　　　　　　　　　　　　（文化，逢甲）

   (A) barely　(B) scarely　(C) strongly　(D) beggarly

4. The color of one's skin should be no_____to one's
   success in life.　　　　　　　　　　　　　　　（台大）

   (A) brazier　(B) barely　(C) barrier　(D) deterrence

5. The_____raged on for days, with neither army winning.

   (A) muddle　(B) battle　(C) brittle　(D) rattle　　（台大，逢甲）

6. A lone_____of light entered the dark room.

   (A) batch　(B) rays　(C) steam　(D) beam　　（台大，文化，淡江）

7. Advances in technology are often not_____to nature.

   (A) beneficial　(B) confidential　(C) beguiling　(D) adherent

   　　　　　　　　　　　　　　　　　　（台大，中興，淡江）

8. His_____behavior made him well respected.　（文化）

   (A) insolent　(B) repellent　(C) cowardly　(D) benevolent

☑ **berate** 〔 bɪˈret 〕

　v. 痛罵

She *berated* him for his harsh comments.
她痛罵他尖酸的評論。

☑ **beset** 〔 bɪˈsɛt 〕

　v. 包圍

This situation is truly *beset* with problems.
這個情況的問題重重。

☑ **betoken** 〔 bɪˈtokən 〕

　v. 預示；
　　表示

Those black clouds *betoken* a storm.
那些烏雲預示將有一場暴風雨。

☑ **betray** 〔 bɪˈtre 〕　☞ betrayal *n*.

　v. 出賣

The faithless followers *betrayed* their
leader. 這些不忠的手下背叛了他們的領袖。

☑ **bewilder** 〔 bɪˈwɪldɚ 〕　☞ bewilderment *n*.

　v. 使昏亂

Upon her arrival, she was *bewildered* by the
huge buildings.
她一抵達這裡，就被大型的建築物弄昏了頭。

☑ **bias** 〔 ˈbaɪəs 〕　☞ biased *adj*.

　n. 偏見

Having grown up poor, they had a strong
bias against the rich.
由於他們出身貧窮，所以對富人有很強烈的偏見。

☑ **bilateral** 〔 baɪˈlætərəl 〕　☞ bilateralness *n*.

　adj. 雙邊的

The *bilateral* talks between the two super
powers will begin next week.
這兩個超級強國的會談將在下星期開始。

☑ **biography** 〔 baɪˈɑgrəfɪ 〕
n. 傳記

She has read the *biographies* of many famous women. 她讀了許多名女人的傳記。

☑ **biological** 〔,baɪəˈlɑdʒɪkl 〕 ☞ biology *n.* 生物學
adj. 生物的

Although they didn't look alike, they were indeed *biological* twins.
雖然他們長得不像，但的確是雙胞胎。

☑ **blameworthy** 〔ˈblem,wɝðɪ 〕 ☞ blameworthiness *n.*
adj. 該受責
備的

As he had made the same mistake, he was certainly *blameworthy*.
由於犯了相同的錯誤，他理當受責備。

☑ **blank** 〔 blæŋk 〕
n. 空格
adj. 空白的

The directions said to fill in each *blank* with the correct word.
說明寫著要在空白處填入正確的字。

☑ **blast** 〔 blæst 〕
n. 爆炸

The *blast* was so powerful that it was heard even from a place twenty miles away.
那次爆炸威力十分強大，即使遠在二十哩外也聽得到。

☑ **blatant** 〔ˈbletn̩t 〕 ☞ blatancy *n.*
adj. 極顯
著的

Her *blatant* distaste for him shocked every-one. 她對他明顯的厭惡，讓大家都十分震驚。

　　＊ distaste 〔 dɪsˈtest 〕 *n.* 憎惡

☑ **blisteringly** 〔'blɪstərɪŋlɪ 〕　☞ blister *n.* 水泡

adv. 燙傷般
炙熱地

It was ***blisteringly*** hot under the tropical
sun. 熱帶地區的太陽很大，天氣非常酷熱。

☑ **blond** 〔 blɑnd 〕　☞ blondness *n.*

adj. 頭髮金
黃的

Many Scandinavians have ***blond*** hair, a fair
complexion, and light eyes.
許多北歐人有金色的頭髮，姣好的膚色，及淺色的
眼睛。

＊ complexion 〔 kəm'plɛkʃən 〕 *n.* 膚色；面貌

☑ **blossom** 〔'blɑsəm 〕　☞ blossomy *adj.*

v. 開花
n. 花的盛開

After the early spring rains, many trees and
flowers begin to ***blossom***.
初春的雨後，許多花草樹木都開始開花了。

☑ **blunt** 〔 blʌnt 〕　☞ bluntness *n.*

adj. 鈍的

His ***blunt*** knife was virtually useless.
他的那把鈍刀一無用處。

＊ virtually 〔'vɜtʃʊəlɪ 〕 *adv.* 實際上

☑ **boast** 〔 bost 〕

v. 誇耀；
吹噓

The old men would sit around and ***boast*** of
their accomplishments in years past.
這些老人常四處坐著，吹噓他們當年的成就。

☑ **bob** 〔 bɑb 〕　☞ bobbed *adj.* 短髮的

v.（上下或左
右）振動

The fallen branch ***bobbed*** up and down in the
water. 落下的樹枝在水中上下地漂盪。

☑ **bomb** 〔 bɑm 〕　*cr* bombard 〔 bɑm'bɑrd 〕 *v.* 轟擊
　　n. 炸彈

The terrorists planted a ***bomb*** on the plane
the President was scheduled to take.
恐怖份子在總統預定要搭乘的飛機上裝了炸彈 。

　　* terrorist 〔'tɛrərɪst〕 *n.* 恐怖份子

☑ **bonfire** 〔 'bɑn,faɪr 〕
　　n. 烽火

The school had a huge ***bonfire*** the evening
before the big game.
比賽前的傍晚，學校點燃了很大的烽火 。

☑ **bonnet** 〔'bɑnɪt 〕
　　n. 軟帽

When she removed her ***bonnet***, her long hair
hung all the way down her back.
當她拿下帽子時，她的長髮散亂地披在肩上 。

☑ **bonus** 〔'bonəs 〕
　　n. 獎金

The boss said there would be a big ***bonus*** for
the first employee who sold 1,000 units.
老闆說，第一個賣出1000 份的員工，可獲得一大
筆獎金 。

☑ **booby** 〔'bubɪ 〕
　　n. 呆子

The house was ***booby***-trapped so that whoever
entered uninvited, could not get out.
這房子設了陷阱，因此任何不請自來的人，要是進
了屋內，就出不來了 。

　　* booby-trap 〔'bubɪ,træp 〕 *v.* 安設陷阱

☑ **boom**〔bum〕　☞ boomy *adj.*

v. 使繁榮
n. 繁榮

In a few years, the company had tripled in size and business was ***booming***.
短短幾年內，這家公司在規模上成長了三倍，生意日益興隆。

　　＊ triple〔'trɪpḷ〕*v.* 成爲三倍

☑ **boon**〔bun〕

n. 恩賜
adj. 歡樂的

The invention of the microwave has been a great ***boon*** for busy individuals.
微波爐的發明，對忙碌的人而言，眞是一個好幫手。

☑ **boost**〔bust〕　☞ booster *n.* 吹噓者

v. 提高；
　吹噓

Her high grade on the exam ***boosted*** her spirits. 她考試得到高分，使她精神爲之一振。

☑ **bop**〔bɑp〕

n. 早期的
　爵士樂

They sat back and listened to the smooth rhythms of ***bop*** band.
他們靠著椅背坐下來，聆聽早期爵士樂團所演奏的悅耳的旋律

☑ **botanical**〔bo'tænɪkḷ〕　☞ botany〔'bɑtnɪ〕*n.* 植物學

adj. 植物
　　學的

During the weekends, they liked to go to the ***botanical*** gardens.
週末期間，他們喜歡去參觀植物園。

　　＊ ***botanical garden*** 植物園

☆ EXERCISE 8 ☆

1. He was_____by his most loyal follower. （台大）
   (A) portrayed (B) adroit (C) betrayed (D) belabored

2. "_____warfare" is the deliberate use of germs for
   spreading disease. （台大,師大,政大,中興,淡江,中正,逢甲）
   (A) Biological (B) Nuclear (C) Parasitic (D) Conventional

3. There was a short_____about the author at the end of
   the book. （台大,中山）
   (A) affluence (B) biography (C) bureau (D) narration

4. The two nations had_____talks to discuss nuclear
   disarmament. （師大,輔大）
   (A) disposal (B) bilateral (C) concession (D) barren

5. She was_____at how fast the puppy grew.（台大,政大,文化）
   (A) affronted (B) slandered (C) belated (D) bewildered

6. He was apt to_____about his accomplishments.（台大,中正）
   (A) afflict (B) boast (C) blond (D) comply

7. The planes dropped the_____right on target. （台大,中山）
   (A) bombs (B) tombs (C) bonus (D) raid

8. They took a walk through the_____gardens.
   (A) theological (B) spherical (C) botanical (D) bottleneck
   （政大,中興,逢甲）

☐ **boulder** 〔'boldɚ〕

n. 大的鵝
卵石

Despite using all his strength he was unable to move the huge **boulder**.
用盡所有力氣，他還是無法移動那顆巨大的鵝卵石。

☐ **boulevard** 〔'bulə,vard〕

n. 林蔭大道

Each morning and evening the **boulevard** is crowded with commuters.
無論早晨或夜晚，林蔭大道總是擠滿了通勤的人。

☐ **bounce** 〔bauns〕

v. 彈回；
上下地跳

The ball went **bouncing** out of reach of the children. 球彈到孩子們拿不到的地方。

* ***out of reach of*** ～ 在～拿不到之處

☐ **bound** 〔baund〕

adj. 應盡
責的

In her contract, she was **bound** to make public appearances regularly.
由於合約上規定，她必須經常在公開場合露面。

☐ **boycott** 〔'bɔɪ,kɑt〕

n.,v. 聯合
抵制

The **boycott** was organized by the student government. 這次的聯合抵制是由學生會發起的。

☐ **brag** 〔bræg〕 ☞ braggart *n.* 自誇者

v.,n. 吹噓

The young aviator **bragged** of his exploits in the sky.
那名年輕的飛行員吹噓他在空中飛行的英勇事蹟。

* aviator 〔'evɪ,etɚ〕*n.* 駕駛員
exploit 〔'ɛksplɔɪt〕*n.* 英勇的事蹟

☑ **brake** 〔 brek 〕

n. 煞車

v. 踩煞車

To avoid an accident, he slammed on the **brakes**. 爲了避免發生車禍，他猛然踩煞車。

> * **slam on the brakes** 猛然地刹車

☑ **bravely** 〔 'brevlɪ 〕　☞ brave *adj*.

adv. 英勇地

The firefighters **bravely** entered the burning building. 救火員英勇地進入起火燃燒的建築物裏。

☑ **breathtaking** 〔 'brɛθ,tekɪŋ 〕

adj. 緊張刺
激的

The acrobat's stunts were absolutely **breathtaking**. 那特技演員的表演，十分緊張刺激。

> * acrobat 〔 'ækrə,bæt 〕 *n*. 特技演員
> stunt 〔 stʌnt 〕 *n*. 特技表演

☑ **breeding** 〔 'bridɪŋ 〕　☞ breed *v*.

n. 繁殖

Some fishes swim back thandsands of miles to get back to their **breeding** place.
有些魚類會游好幾千哩，回到它們繁殖的地方。

☑ **brevity** 〔 'brɛvətɪ 〕　☞ brief *adj*.

n. 簡短

Brevity is the essence of a good writer.
簡潔是好的作家必須具有的特質。

> * essence 〔 'ɛsṇs 〕 *n*. 本質

☑ **brew** 〔 bru 〕

n.,*v*. 釀造物

This type of beer is a particularly strong **brew**. 這種啤酒特別烈。

☑ **bribe** 〔 braɪb 〕

v.,n. 賄賂

The witness was ***bribed*** not to testify in court. 那名證人接受賄賂，拒絕出席作證。

　　* testify 〔'tɛstə,faɪ 〕 *v.* 作證

☑ **brilliance** 〔'brɪljəns 〕　☞ brilliant *adj.*

n. 傑出

The beautiful symphony was a testimony to his musical ***brilliance***.
這曲優美的交響樂是他卓越音樂才華最好的證明。

　　* testimony 〔'tɛstə,monɪ 〕 *n.* 證明

☑ **brisk** 〔 brɪsk 〕　☞ briskly *adv.* 敏捷地

adj. 凜冽的；
敏捷的

It was a cold, ***brisk*** day so he decided to wear a sweater.
天氣非常寒冷，所以他決定穿件毛衣。

☑ **broadcast** 〔'brɔd,kæst 〕　☞ broadcasting *n.*

v.,n. 廣播

The Olympics are ***broadcast*** all over the world. 奧林匹克運動會的節目全世界皆有轉播。

☑ **broil** 〔 brɔɪl 〕

v. 燒；炙
n. 烤肉

The pot roast was ***broiled*** for three hours.
那鍋燜燒牛肉煮了三個小時。

　　* ***pot roast*** 燜燒牛肉

☑ **browse** 〔 braʊz 〕

v.,n. 瀏覽

They spent the afternoon ***browsing*** through stores. 他們一整個下午都在逛街。

☑ **brutality** 〔 bruˈtælətɪ 〕　☞ brutal *adj*. 殘暴的

n. 暴行

Police *brutality* is a major concern of many citizens. 許多民衆十分關切警方的暴力行爲。

☑ **budget** 〔ˈbʌdʒɪt 〕　☞ budgetary *adj*.

n., *v*. 預算

In these hard economic times, *budget* cutbacks are inevitable.
在經濟困難時期，預算的削減是不可避免的。

　　　＊ cutback 〔ˈkʌt͵bæk 〕 *n*. 減少

☑ **buffalo** 〔ˈbʌfḷ͵o 〕

n. 水牛

Buffalos used to roam freely on the Colorado Plains.
水牛以前常常自由自在地在科羅拉多平原上漫步。

　　　＊ roam 〔 rom 〕 *v*. 漫游

☑ **bulk** 〔 bʌlk 〕　☞ bulky *adj*. 龐大笨重的

n. 大量
v. 增大

Most restaurants buy their food in *bulk*.
許多餐館都是大批購買食物。

　　　＊ *in bulk* 大量地

☑ **bulletin** 〔ˈbʊlətɪn 〕

n. 告示
v. 公告

A *bulletin* was put up to notify the students of the changes in class times.
貼出告示是爲了要通知學生調課的時間。

☑ **bully** 〔ˈbʊlɪ 〕

n. 惡霸
v. 欺負

Everyone was terrified of the class *bully*.
班上每個人都怕那名惡霸。

☑ **buoyancy** 〔'bɔɪənsɪ 〕　☞ buoyant *adj*.

　　n. 浮力

Ships are designed by architects in such a way so as to achieve maximum stability and ***buoyancy***.
建築師們設計的這些船，能達到最高的穩定性及浮力。

☑ **bureaucrat** 〔'bjʊrə,kræt 〕　☞ bureaucracy *n*. 官僚政治

　　n. 官僚

The ***bureaucrat*** did everything exactly as the law ordered.
那名官員十分奉公守法。

☑ **burglar** 〔'bɜɡlɚ 〕　☞ burglarize *v*.

　　n. 竊賊

The ***burglar*** quietly entered the house, unbeknownst to the sleeping occupants.
這名竊賊悄悄地進入屋內，沒有吵醒正在睡覺的屋主。

　　　* unbeknownst 〔,ʌnbɪ'nonst 〕 *adj*. 不知道的

☑ **butcher** 〔'bʊtʃɚ 〕　☞ butcherly *adj*. 殘忍的

　　n. 屠夫

Butchers usually wear an apron when they work. 屠夫們工作時都會圍上圍裙。

　　　* apron 〔'eprən 〕 *n*. 圍裙

☑ **butt** 〔 bʌt 〕

　　n. 槍托

The policeman hit the burglar in the face with the ***butt*** end of his gun.
警察用槍桿的末端，打那小偷的臉。

☆ EXERCISE 9 ☆

1. The prisoners were _____ in chains around their ankles.
   (A) accompanied (B) imprisoned (C) blond (D) bound （師大）

2. She had to quickly apply the_____in order to avoid an
   accident. （文化,中山）
   (A) brakes (B) flakes (C) brandish (D) brisk

3. She_____rescued the child from the burning building.
   (A) darely (B) cravely (C) bravely (D) burglar （師大,淡江）

4. The magnificent view from the mountain top was_____.
   (A) brake (B) breathtaking (C) selfgoverning (D) brevity
   （政大,淡江,中山）

5. The politician was_____by the Mafia to drop the case.
   (A) imploring (B) brisk (C) bribed (D) tribed （政大,中山）

6. Mozart was a_____composer. （台大,中山）
   (A) assistant (B) affluent (C) briskly (D) brilliant

7. Their_____could not afford such extravagance.
   (A) alphabet (B) gadget (C) budget (D) baseket
   （台大,師大,中興,淡江,成大）

8. The_____was caught by the police. （台大,靜宜）
   (A) burglar (B) pillar (C) bureaucrat (D) amateur

☐ **cable** 〔 'kebḷ 〕

　　n. 鋼索

The ***cable*** holding the lamp snapped and the lamp came crashing down.

掛著燈的鋼索折斷了，於是燈便碎裂一地。

　　* snap 〔 snæp 〕 *v.* (啪的一聲)斷裂

☐ **cafeteria** 〔 ˌkæfəˈtɪrɪə 〕

　　n. 自助餐館

The school's ***cafeteria*** food was infamously poor, therefore, no one would dare to eat there.

學校自助餐廳的食物很差，所以沒人敢去那裏用餐。

　　* infamously 〔 'ɪnfəməslɪ 〕 *adv.* 不名譽地

☐ **calculate** 〔 'kælkjəˌlet 〕　　☞ calculation *n.*

　　v. 計算；
　　　　估計

He ***calculated*** that the trip would take approximately six hours, if the traffic was good.

他估計這段路程，如果路況良好，約需六小時的時間。

☑ **calculus** 〔'kælkjələs 〕

　　n. 微積分

　　Many students find *calculus* to be nearly impossible to study.
　　很多學生覺得微積分是門很難應付的科目。

☑ **calendar** 〔'kæləndɚ 〕

　　n. 日曆

　　According to the *calendar*, October fifth fell on a Friday. 日曆上寫著十月五日是星期五。

☑ **callous** 〔'kæləs 〕　　☞ callousness *n.*

　　adj. 無情的

　　Her *callous* remark shocked them into silence.
　　她無情的話，使他們震驚得啞口無言。

☑ **calorie** 〔'kælərɪ 〕　　☞ caloric *adj.*

　　n. 卡路里

　　The doctor instructed her to reduce her *calorie* intake in order to lose weight.
　　醫生指示她要減少卡路里的攝取，以減輕體重。

☑ **campaign** 〔 kæm'pen 〕

　　n. 競選活動

　　By early September, the Presidential *campaign* was in full swing.
　　在九月初之前，總統的競選活動已熱烈地展開了。
　　　* *in full swing* 全力進行中

☑ **cancer** 〔'kænsɚ 〕

　　n. 癌症

　　Her mother died of *cancer*, three years after she was born.
　　在她三歲時，她母親即因癌症而過世。

☑ **candidate** 〔'kændə,det 〕　☞ candidacy *n.* 候選資格
n. 候選人

The three *candidates* met in a series of debates. 那三位候選人在一連串的辯論中碰面 。

☑ **canopy** 〔'kænəpɪ 〕　☞ canopied *adj.*
n. 罩篷

The *canopy* was hung down to keep out the bugs. 掛下罩篷以免蚊蟲飛入 。

☑ **canvass** 〔'kænvəs 〕
v. 詳細調查

They *canvassed* the neighborhood looking for their lost dog.
他們在鄰近區域詳細查訪 , 尋找他們失踪的狗 。

☑ **capability** 〔 ,kepə'bɪlətɪ 〕　☞ capable *adj.*
n. 能力

The new computer's *capabilities* were much more advanced than the old model.
這部新電腦的功能比舊的機型更先進 。

☑ **capacity** 〔 kə'pæsətɪ 〕
n. 客滿 ;
　容量

The stadium was filled to *capacity* for the championship game.
這座體育館因那場冠軍賽而客滿 。

☑ **capital** 〔'kæpətḷ 〕　☞ capitalism *n.* 資本主義
adj. 資本的

They used their *capital* gains to invest in a new factory.
他們將其資本利益投資於一家新工廠 。

☑ **caption** 〔 'kæpʃən 〕

n. 附於照片
　　上的說明

The *caption* under the man's picture said he
had just won the lottery.
那男人照片下的說明指出他剛中了彩券。

☑ **captivate** 〔 'kæptə‚vet 〕　☞ captivation *n.*

v. 使著迷

The audience was *captivated* by the intense
drama unfolding on stage.
觀衆對於舞台上所演出的緊張的戲劇十分入迷。

☑ **captive** 〔 'kæptɪv 〕　☞ captivity *n.*

adj. 被監
　　禁的

They were held *captive* for five days while
the police made deals for their safe release.
他們被監禁了五天，當時警方正在交涉，要讓他們
被安全釋放。

☑ **cardiac** 〔 'kɑrdɪ‚æk 〕

adj. 心臟的

As a result of eating too much cholesterol,
he had numerous *cardiac* problems.
由於他吃了太多膽固醇，因此出了許多心臟方面的
毛病。

☑ **cargo** 〔 'kɑrgo 〕

n. 貨物

The *cargo* on the plane was heavier than
expected and therefore delayed delivery for
a few days.
由於飛機上的貨物比預期的重，因此運送延誤了好
幾天。

☐ **caricature** 〔'kærɪkətʃɚ〕
　n.諷刺漫畫

Many **caricatures** of Ross Perot exaggerate his big ears.

很多諷刺斐洛的漫畫都誇張地強調他的大耳朵。

☐ **carnage** 〔'karnɪdʒ〕
　n.大屠殺

The sick **carnage** at the scene of the battle made the young reporter vomit.

那場戰役中噁心的大屠殺的場面，使得這位年輕的記者作嘔。

☐ **carpentry** 〔'karpəntrɪ〕　☞ carpenter *n*.木匠
　n.木工製品

His master **carpentry** work was known throughout the world as the best money could buy.

他主要的木工製品，聞名全世界，而且被認為是金錢可買到的最好的作品。

☐ **carriage** 〔'kærɪdʒ〕
　n.馬車

The **carriage** used to carry the king was on display in the museum.

那輛用來載送國王的馬車，在博物館中展覽。

☐ **carve** 〔karv〕　☞ carving *n*.雕刻品
　v.雕刻

She **carved** the perfect likeness of a bird on the piece of wood.

她在木頭上雕刻的鳥維妙維肖。

☐ **cascade** 〔kæs'ked〕　☞ cascade *n*.小瀑布
　v.成瀑布
　　狀落下

The cold water **cascaded** down to the rocks in a continuous, powerful current.

那清涼的水，以瀑布般連續而有力的水流沖激岩石。

☑ **casual** 〔'kæʒʊəl 〕　☞ casualty　*n*. 死傷者

adj. 非正式的

The event was a ***casual*** one; coat and tie were not required.

那不是個很正式的場合，不需要穿西裝打領帶。

☑ **catastrophe** 〔 kə'tæstrəfɪ 〕

n. 大災害；巨變

The loss of a limb would surely be a ***catastrophe*** to anyone.

失去手足對任何人來說都是一大不幸。

☑ **category** 〔'kætə,gorɪ 〕　☞ catagorize　*v*.

n. 範疇；分類

She chose the question from the most difficult ***category*** available.

她所選的問題是屬於最困難的那一類。

☑ **cautious** 〔'kɔʃəs 〕　☞ caution　*n*.

adj. 小心謹慎的

He was very ***cautious*** driving his new car; he did not want it scratched.

因為他不想讓車子被刮到，所以開車十分小心謹慎。

☑ **celebrity** 〔 sə'lɛbrətɪ 〕　☞ celebrated　*adj*.

n. 名人

Everyone crowded around the ***celebrity's*** car as it drove off.

當那位名人的車子開過時，每個人都聚集在他的車旁。

⭐ EXERCISE 10 ⭐

1. The politicians were_____all over the country.
   (A) bargaining   (B) camping   (C) campaigning   (D) centralized
   （政大,淡江,逢甲）

2. _____is often considered the plague of the twentieth
   century.   （台大,文化）
   (A) Cancer   (B) Begile   (C) Measels   (D) Dehydration

3. They often ate together in the school_____. （台大,淡江）
   (A) locker room   (B) blizzard   (C) reception   (D) cafeteria

4. She used a computer to_____the exact percentage.
   (A) compose   (B) calculate   (C) boost   (D) compute （文化,逢甲）

5. What the company needed was a big injection of_____.
   (A) heroine   (B) recipe   (C) capital   (D) brutality
   （師大,中興,淡江,中山）

6. He rarely wore a suit ; he dressed very_____. （淡江,中正）
   (A) deliberately   (B) casual   (C) neat   (D) elegant

7. The loss of his mother was only the first of his many
   personal_____.
   (A) catastrophes   (B) recessions   (C) deeds   (D) burglary
   （師大,淡江）

8. In dreams, the_____of space and time are neglected.
   (A) absense   (B) rewards   (C) caution   (D) categories   （台大）

☑ **celestial** 〔 səˈlɛstʃəl 〕

adj. 美似天
　　仙的

Her *celestial* beauty made many other women quite jealous.
她貌似天仙，讓許多女人十分嫉妒。

☑ **cell** 〔 sɛl 〕

n. 單人囚房

The prisoners were kept in their *cells* most of the day, having only one hour for exercise outside.
囚犯們大部分的時間都被關在囚室裏，一天只有一個小時能到外面活動。

☑ **cellar** 〔 ˈsɛlɚ 〕

n. 地窖

They keep their best wines in the *cellar* for an occasion just like this.
他們把最好的酒存放在地窖裏，以提供這樣的場合使用。

☑ **cellist** 〔ˈtʃɛlɪst 〕　♂ cello 〔ˈtʃɛlo 〕 *n.* 大提琴

n. 大提琴家

The *cellist's* solo was applauded with a standing ovation.
那位大提琴家的獨奏獲得觀衆起立鼓掌喝采。

☑ **cement** 〔 səˈmɛnt 〕

n. 水泥

The *cement* court was very slippery on wet days. 用水泥建造的球場在雨天時很滑。

☑ **cemetery** 〔ˈsɛməˌtɛrɪ 〕

n. 墓園

The *cemetery* her grandfather was buried in held the graves of all her relatives.
在她祖父埋葬的墓園裏，有她所有親戚的墳墓。

☑ **censor** 〔'sɛnsə 〕　 ☞ censorial *adj*.
　n. 檢查員
　　　　The ***censor*** deemed the program unfit for public viewing.
　　　　那位檢查員認爲這個節目不適合民衆觀賞。

☑ **census** 〔'sɛnsəs 〕
　n. 人口普查
　　　　The ***census*** taken last year showed a 25% increase in births.
　　　　去年所做的人口普查中，顯示出生率增加了百分之二十五。

☑ **centigrade** 〔'sɛntə,gred 〕
　adj. 攝氏的
　　　　The thermometer read zero degrees ***centigrade*** or thirty-two degrees in the fahrenheit scale. 溫度計上的溫度是攝氏零度，華氏三十二度。

☑ **centralization** 〔,sɛntrələ'zeʃən 〕　 ☞ centralize *v*.
　n. 集中
　　　　The ***centralization*** of the community brought everyone closer.
　　　　社區的聚集，使得每個人更靠近。

☑ **centrifugal** 〔sɛn'trɪfjugl 〕　 ☞ centrifuge *n*. 離心機
　adj. 離心的
　　　　The ***centrifugal*** force of the turn made everyone lean to the left.
　　　　轉彎時的離心力使得每個人往左傾斜。

☑ **certificate** 〔sə'tɪfəkɪt 〕　 ☞ certify *v*.
　n. 證明書
　　　　Although she didn't win, she did receive a ***certificate*** of participation.
　　　　雖然她輸了，她還是得到一份參加的證明書。

☑ **chainsaw** 〔'tʃen'sɔ〕

n. 鏈條鋸

They used a *chainsaw* to cut off the larger limbs before chopping the tree down.
他們使用鏈條鋸，先把較大的樹枝鋸掉，再把樹砍倒。

☑ **challenge** 〔'tʃælɪndʒ〕　☞ challenger *n.*

n. 挑戰

Climbing this mountain would surely be a *challenge* for even the most experienced of hikers.
對最有經驗的徒步旅行者而言，爬這座山仍然是一項挑戰。

☑ **chameleon** 〔kə'miliən〕

n. 變色龍

The guide had to point the *chameleon* out to us for it had changed it's color to match the leaf perfectly.
因為變色龍的顏色會變得跟樹葉的顏色一模一樣，所以導遊必須指出變色龍的位置給我們看。

☑ **champagne** 〔ʃæm'pen〕

n. 香檳酒

Champagne is the customary drink served at New Year's parties.
香檳酒是新年舞會時常喝的飲料。

☑ **chant** 〔tʃænt〕　☞ chanter *n.*

v. 吟唱

The young monks spent their day *chanting* and praying in the temple.
那些年輕的僧侶整天在寺廟裏吟唱祈禱。

☐ **chaos** 〔'keɑs 〕　☞ chaotic *adj.*

　　n. 大混亂

She could not find her mother amidst the *chaos* that broke out after the explosion.
爆炸後一片混亂, 她無法在混亂中找到她的母親。

☐ **charismatic** 〔 ,kɑrɪz'mætɪk 〕　☞ charisma *n.* 領袖氣質

　　adj. 有領袖
　　　　氣質的

His *charismatic* personality made him very popular with the women in his class.
他那領袖般的性格, 使他相當受同班女性的歡迎。

☐ **cheerful** 〔'tʃɪrfəl 〕　☞ cheer *v.*

　　adj. 快樂的

She is always very *cheerful*, nothing seems to ever get her down.
她總是快快樂樂的, 似乎沒什麼事會令她覺得沮喪。

☐ **cherish** 〔'tʃɛrɪʃ 〕

　　v. 珍愛

She *cherished* her new puppy and never let it out of her sight.
她很愛惜她的新小狗, 從不會讓牠走出視線之外。

☐ **chimney** 〔'tʃɪmnɪ 〕

　　n. 煙囪

On this cold day, you can see smoke coming out of every *chimney* on the block.
在這樣寒冷的日子裏, 你可以看到街道上每戶煙囪冒出來的煙。

☐ **chock** 〔 tʃɑk 〕

　　v. 塞滿

The room was *chocked* up with furniture; there was scarcely room to move.
這個房間塞滿了家具, 幾乎沒有移動的空間。

☑ **choir** 〔 kwaɪr 〕
n. 唱詩班

The church **choir** gave three performances each week in the music hall.
教堂的唱詩班每週在音樂廳表演三場。

☑ **cholera** 〔 'kɑlərə 〕
n. 霍亂

An epidemic of **cholera** broke out among the first group of explorers.
霍亂在第一批探險者中,開始蔓延。

＊ epidemic〔,ɛpə'dɛmɪk〕*n.* 流行病　***break out*** 爆發

☑ **chord** 〔 kɔrd 〕
n. 弦

The diameter of a circle is a **chord**, but not all chords are diameters.
圓的直徑是弦,但並非所有的弦都是直徑。

＊ diameter〔 daɪ'æmətɚ 〕*n.* 直徑

☑ **chorus** 〔 'korəs 〕
n. 異口同聲

They threw up their voices in a **chorus**, protesting the king's new tax laws.
他們一起高聲抗議國王新近頒布的稅法。

☑ **chronic** 〔 'krɑnɪk 〕　＆ chronicity *n.*
adj. 慢性的

Her **chronic** illnesses made her absent from school often.
她的慢性病使得她常請假沒去上學。

☑ **cinema** 〔 'sɪnəmə 〕
n. 電影院

The **cinema** hall was full packed for the premiere of the new movie.
這家電影院在那部新電影的首映之夜時客滿。

☑ **circular** 〔ˈsɝkjələ〕

adj. 圓形的

The large, *circular* sculpture was put on display in the school library.

那大而圓的雕刻作品在學校的圖書館展覽。

☆ EXERCISE 11 ☆

1. White blood_____ fight disease in our body.
   (A) cells　(B) cinema　(C) clots　(D) cellist　（政大,中興,文化,淡江）

2. Their grandfather was buried in the military_____.
   (A) ground　(B) advocate　(C) fortress　(D) cemetery（台大,中興）

3. The program was_____by the television station.（台大,中興）
   (A) pacified　(B) reconciled　(C) censored　(D) arrested

4. The children were afraid to go down to the_____.　（台大）
   (A) fissure　(B) battery　(C) cellar　(D) pageant

5. The_____on the street drew a large crowd of on-lookers.
   (A) expedition　(B) endeavor　(C) chant　(D) chaos　　　（中興）

6. His_____attitude and good looks made him very popular.
   (A) charismatic　(B) callous　(C) charm　(D) prosperous　（政大）

7. They_____the time they were together like it was the last.　　　　　　　　　　　　　　　　　　　　（台大,淡江）
   (A) loathed　(B) cherished　(C) overhauled　(D) looted

8. Her messy desk was_____-full of junk.　　　（中山）
   (A) levy　(B) bonus　(C) chock　(D) concession

☑ **circulation** 〔 ,sɜkjə'leʃən 〕 ☞ circulate *v*.
　n. 發行

The New York Times is in *circulation* all over the globe. 紐約時報的發行遍及全世界。

☑ **circumference** 〔 sə'kʌmfərəns 〕 ☞ circumferential *adj*.
　n. 圓周

After calculating the *circumference* of the object, they concurred that it would not fit through the door.
在估算這物體的圓周之後，他們都覺得這物體沒法通過那道門。

☑ **circumlocutory** 〔 ,sɜkəm'lɑkjə,torɪ 〕 ☞ circumlocution *n*.
　adj. 冗長的；
　　　囉嗦的

His speech was very long and *circumlocutory*; they were glad when it finally ended.
他的演講既長又囉嗦，當演講終於結束時他們都覺得很高興。

☑ **circumstance** 〔 'sɜkəm,stæns 〕
　n. 情況；
　　　環境

Considering the *circumstances*, she could not afford to waste time.
就這種情況來看，她不能再浪費時間了。

☑ **citizen** 〔 'sɪtəzn̩ 〕
　n. 公民；
　　　國民

Being a good *citizen*, she always paid her taxes on time. 身為好國民，她總是準時繳稅。

☑ **civil** 〔 'sɪvl̩ 〕
　adj. 有禮的

Although both men were very angry, they conducted the debate in a *civil* manner.
儘管這兩位男士都很憤怒，他們還是以謙恭有禮的態度來指導這項辯論。

☑ **claim** 〔 klem 〕

　v. 宣稱

He *claimed* that he could beat anyone and was willing to bet money on it.
他宣稱他能打敗任何人，而且他願意以金錢爲賭注。

☑ **clamber** 〔 'klæmbɚ 〕

　v. 爬

The dog *clambered* up the stairs after the frightened cat.
那隻狗追著那隻嚇壞了的貓，爬上了樓梯。

☑ **clamor** 〔 'klæmɚ 〕

　n. 吵鬧

The *clamor* outside awoke the baby and he began to cry.
外面的吵鬧聲吵醒了那嬰孩，接著他便開始哭了。

☑ **clang** 〔 klæŋ 〕

　v. 發（鏗
　鏘）聲

The pot fell off the wall and *clanged* on the linoleum.
牆上的茶壺掉到油氈上，發出了一陣鏗鏘聲。
　＊ linoleum 〔 lɪ'nolɪəm 〕 *n*. 油氈

☑ **clap** 〔 klæp 〕

　v. 拍手；
　鼓掌

The audience was instructed to *clap* before each commercial. 他們教觀衆要在廣告前拍手。

☑ **clash** 〔 klæʃ 〕

　n. 衝突

The *clash* between the two sides was brief, but everyone could tell that another one could happen all too soon.
兩方衝突的時間不長，但每個人都看得出來，很快就會再發生另一次衝突。

☐ **classify** 〔'klæsə,faɪ 〕　*σ* classification *n*.
v. 分類
For tax purposes, each citizen was *classified*
as lower, middle, or upper class.
基於稅務上的理由，將每個公民區分為低、中、高
階級。

☐ **cleanse** 〔 klɛnz 〕
v. 洗清
（罪惡）
She felt her talk with the priest had
cleansed her soul.
她覺得和牧師的對談已經洗淨了她的靈魂。

☐ **cleave** 〔 kliv 〕
v. 劈開
He *cleaved* the log open with one mighty swoop
of his axe. 他用斧頭猛然有力地將木頭劈開。

☐ **clergy** 〔'klɜdʒɪ 〕
n.（集合名
詞）牧師
The *clergy* was of the opinion that it was
morally and religiously wrong.
牧師基於道德及宗教上的理由，認為這件事是錯的。

☐ **click** 〔 klɪk 〕
v. 啪嗒地響
You could hear her heels *click* on the floor
as she strolled down the hall.
當她在大廳漫步時，你可以聽見她腳後跟所發出的
啪嗒啪嗒的聲音。

☐ **cliff** 〔 klɪf 〕
n. 懸崖
The valley was surrounded by huge *cliffs* in
all directions.
這座山谷四周圍都環繞著巨大的懸崖。

☑ **climax** 〔 ˈklaɪmæks 〕

n. 高潮

The play reached its *climax* when the villain was slain.
當那個歹徒被殺時，就是這齣戲的高潮。

☑ **clinical** 〔 ˈklɪnɪkl̩ 〕

adj. 臨床的

They had *clinical* proof, but had not tested out of the laboratory.
他們有臨床的證據，但是卻從未在實驗室外證實過。

☑ **closure** 〔 ˈkloʒɚ 〕

n. 閉鎖；
終止

The *closure* was final, the mine was shut down for good.
這是最後一次的封閉，這座礦坑就被永遠地關閉了。

☑ **clue** 〔 klu 〕

n. 線索

The main *clue* the investigators had was the blood samples found on the scene.
這些調查人員的主要線索是在現場發現的血跡。

☑ **clump** 〔 klʌmp 〕

n. 團；塊

The small child did not know any better and threw a *clump* of mud at his mother.
那小孩很不懂事，竟拿一塊泥團丟他的母親。

☑ **cluster** 〔 ˈklʌstɚ 〕

n. 一束

The *cluster* of flowers was a welcome surprise in the normally barren desert.
那一叢花在向來貧瘠的沙漠裏，是令人歡迎的驚喜。

☐ **coarse** 〔 kors 〕

adj. 粗俗的

He had a *coarse*, raspy voice as a result of years of smoking.

由於長年吸煙，使得他聲音變得既沙啞又刺耳。

* raspy 〔'ræspɪ〕*adj.* 刺耳的

☐ **cobweb** 〔'kɑb,wɛb〕

n. 蜘蛛網

The *cobwebs* which hung over the door made it evident that no one had been there for years.

由門上的蜘蛛網可知，那裏已經多年無人居住了。

☐ **code** 〔 kod 〕

n. 暗語；
密碼

They used a special *code* word for entry to the exclusive club.

要進入這個排外性的社團須使用一種特別的暗語。

☐ **coerce** 〔 ko'ɝs 〕　σ coercion *n.*

v. 強迫

He *coerced* her against her will, to accompany him to dinner.

他強迫她陪他一起吃晚餐。

☐ **coincide** 〔,koɪn'saɪd〕　σ coincidence *n.*

v. 一致；
巧合

The upcoming holiday *coincides* with his birthday, giving him a day off on his birthday.

下個假日剛好是他的生日，使他生日時能放假一天。

☐ **collapse** 〔 kə'læps 〕

v. 倒塌；
崩潰

She *collapsed* on the couch, for it had been a long, hard day at the office.

辦公室裏漫長又辛苦的一天過後，她累得倒在長椅上。

☑ **colleague** 〔'kɑlig 〕

n. 同僚；　　Of all his *colleagues*, he likes Bob best.
同事　　　他所有的同事當中，他最喜歡鮑伯。

☆ EXERCISE 12 ☆

1. An electric fan keeps the air in＿＿＿＿＿. 　　（台大，師大）
   (A) agitation　(B) circumference　(C) civilization　(D) circulation

2. Under the＿＿＿＿＿it is impossible to carry out the plan.
   (A) circumstances　(B) situation　(C) equation　(D) intuition
   　　　　　　　（台大，政大，中興，淡江，成大）

3. She＿＿＿＿＿that she saw a ghost.　（台大，政大，淡江，中山，成大）
   (A) broadcast　(B) claimed　(C) exclaim　(D) obtained

4. He was very clean, careful, and＿＿＿＿＿in his investigation.
   (A) messy　(B) compatible　(C) cleanse　(D) clinical　　（台大）

5. The＿＿＿＿＿sandpaper smoothed out the rough edges of the
   wood. 　　　　　　　　　　　　　　　（台大，文化）
   (A) coarse　(B) silky　(C) roughened　(D) competent

6. The spider spun a huge ＿＿＿＿＿across the window.
   (A) affliction　(B) stain　(C) cobweb　(D) monotone　（師大，中興）

7. He was so exhausted that he felt he would＿＿＿＿＿any
   minute now. 　　　　　（台大，政大，文化，淡江，成大，東海）
   (A) panic　(B) collapse　(C) affront　(D) compel

8. She met several business＿＿＿＿＿for lunch.　（台大，政大，中正）
   (A) orphan　(B) agenda　(C) codes　(D) colleagues

☐ **collision** 〔 kə'lıʒən 〕 ☞ collide *v.*

n. 相撞

The **collision** destroyed the two cars beyond repair.

這二部車相撞後,都損壞得十分嚴重,無法修理。

☐ **colloquial** 〔 kə'lokwıəl 〕 ☞ colloquialism *n.*

adj. 俗語的

The **colloquial** talk was hard to understand for many foreigners.

對許多外國人而言,口語的對話十分難懂。

☐ **colony** 〔 'kɑlənı 〕 ☞ colonial *adj.*

n. 殖民地

The United States is a former **colony** of Great Britain. 美國曾經是大英帝國的殖民地。

☐ **coma** 〔 'komə 〕 ☞ comatose *adj.*

n. 昏迷

After the accident, she was in a **coma** for over two months.

意外發生之後,她昏迷了兩個多月。

☐ **combine** 〔 kəm'baın 〕 ☞ combination *n.*

v. 聯合;
化合

The scientists **combined** the two gases and found there was no apparent reaction.

科學家們混合了這兩種氣體,但並沒有發現任何明顯的反應。

☐ **comedian** 〔 kə'midıən 〕

n. 喜劇演員

The **comedian** had the crowd laugh hysterically. 那個喜劇演員使觀衆們捧腹大笑。

* hysterically 〔 hıs'tɛrıklı 〕 *adv.* 笑不停地

☑ **comet** 〔'kɑmɪt 〕

n. 彗星

On a clear night, you can sometimes see a *comet* streaking across the sky.

天氣晴朗的夜裡，有時你會看到彗星劃過天際。

　　＊ streak 〔 strik 〕 *v.* 飛跑

☑ **comfort** 〔'kʌmfət 〕

n. 舒適的
　 設備
v. 使舒適

Comfort was very important to them and they were not afraid to pay extra for it.

對他們而言，舒適的設備是非常重要的，他們不惜多付一些錢來擁有。

☑ **command** 〔 kə'mænd 〕　ơ commandant *n.* 司令官

n. 命令
v. 下命令

Upon the general's *command* the troops commenced firing.

當將軍一下令，軍隊就開始射擊。

　　＊ commence 〔 kə'mɛns 〕 *v.* 開始

☑ **commend** 〔 kə'mɛnd 〕　ơ commendation 〔,kɑmən'deʃən 〕 *n.*

v. 稱讚

The mayor *commended* the young man for his brave actions.

市長稱讚這名年輕人英勇的行爲。

　　＊ mayor 〔'meə 〕 *n.* 市長

☑ **comment** 〔'kɑmɛnt 〕　ơ commentary *n.* 評語

n.,v. 評論

The alterations were to be made according to her *comments*.

變更的內容，將視其評論而定。

　　＊ alteration 〔,ɔltə'reʃən 〕 *n.* 變更

☑ **commercial** 〔 kə'mɝʃəl 〕
　adj. 商業的

The large, *commercial* airline took away many of it's smaller competitor's clients.
那間大型的商務航空公司，搶走了許多小公司的顧客。

☑ **commissioner** 〔 kə'mɪʃənɚ 〕　☞ commission *n.* 任命
　n. (職棒的)
　　最高裁
　　定者

The *commissioner* ordered the ball player not to play for three games.
那位職棒的最高裁定者，命令該名球員不得參加往後的三場球賽。

☐ **commit** 〔 kə'mɪt 〕 *v* ☞ committed *adj.* 獻身的；熱中的
　v. 犯

Even the assasin decided not to *commit* such heinous crime.
那名刺客決定，他不能犯下這樣殘暴的罪行。

* assassin 〔 ə'sæsɪn 〕 *n.* 刺客
　heinous 〔 'henəs 〕 *adj.* 兇暴的

☐ **committee** 〔 kə'mɪtɪ 〕
　n. 委員會

The *committee* voted to nominate Allen as their representative.
委員會投票指派艾倫為他們的代表。

* nominate 〔 'namə,net 〕 *v.* 指派

☐ **commodity** 〔 kə'madətɪ 〕
　n. 商品

Gold is a very lucrative *commodity* to trade in. 買賣黃金有利可圖。

* lucrative 〔 'lukrətɪv 〕 *adj.* 可獲利的
　trade in 做買賣

☐ **communism** 〔'kɑmjʊˌnɪzəm 〕　☞ communist *n.* 共產黨員
　n. 共產主義

Communism is a great idea, but has yet to be properly applied.
共產主義是種偉大的理念，但必須適當地施行。

☐ **community** 〔 kə'mjunətɪ 〕
　n. 社區

The close-knit *community* had a very low crime rate.
這個組織嚴密的社區，其犯罪率很低。

　* close-knit 〔 'klos'nɪt 〕 *adj.* 組織嚴密的

☐ **compact** 〔 kəm'pækt 〕
　adj. 包紮緊
　　密的

The small, *compact* car fits easily into the tight parking place.
那輛紮實的小車子，輕易地開進了那窄小的停車位。

☐ **companion** 〔 kəm'pænjən 〕　☞ company *v.*
　n. 同伴

Her best *companion* was her next door neighbor from childhood.
她最好的同伴是和她一塊長大的鄰居。

☐ **comparable** 〔'kɑmpərəbḷ 〕　☞ comparability *n.*
　adj. 可比的

Their respective experiences were hardly *comparable*.
要比較他們個別的經驗並不容易。

　* respective 〔 rɪ'spɛktɪv 〕 *adj.* 個別的

☐ **compartment** 〔 kəm'pɑrtmənt 〕　☞ compartmental *adj.*
　n. 隔間

They had a secret storage *compartment* under the bed. 他們在床下有個秘密的儲存隔間。

☑ **compass** 〔'kʌmpəs 〕
　n. 指南針

The **compass** told them that they were on a north by northwest course.
指南針顯示他們是在北北西的方位上。

☑ **compassion** 〔 kəm'pæʃən 〕　☞ compassionate *v., adj.*
　n. 憐憫

Her **compassion** went out to those in troubled situations. 她很憐憫那些身處困境的人。

☑ **compatible** 〔 kəm'pætəbḷ 〕　☞ compatibility *n.*
　adj. 相容的

They were very **compatible**; their interests were very similar.
他們彼此相處極為融洽；他們的興趣非常相近。

☑ **compatriot** 〔 kəm'petrɪət 〕
　n. 同胞

He was surprised to meet so many **compatriots** in this foreign country.
在國外竟會遇到這麼多的同胞，令他覺得十分驚訝。

☑ **compel** 〔 kəm'pɛl 〕
　v. 強迫

They were **compelled** to believe his testimony was true. 他們被迫相信他的證詞。
　　＊ testimony 〔'tɛstə,monɪ〕*n.* 證詞

☑ **compensate** 〔'kɑmpən,set 〕　☞ compensation *n.*
　v. 賠償

His acute sense of hearing did not fully **compensate** for his lack of sight.
他敏銳的聽力並沒有完全地彌補他失明的缺陷。
　　＊ acute 〔 ə'kjut 〕*adj.* 敏銳的

▢ **competition** 〔͵kɑmpə'tɪʃən 〕　☞ competitive *adj.*

n. 競爭

There was stiff ***competition*** among the students for good grades.

為了得到好成績，這些學生之間競爭十分激烈。

　＊ stiff 〔 stɪf 〕 *adj.* 強勁的

▢ **complacent** 〔 kəm'plesn̩t 〕　☞ complacency *n.*

adj. 自滿的

The ***complacent*** camper paid no attention to the bear prowling around the campsite, and the bear ate him up.

那位得意洋洋的露營者一點都不在意徘徊在營區四周的熊，因此就被熊給吃掉了。

　＊ prowl 〔 praʊl 〕 *v.* 遊蕩

▢ **complain** 〔 kəm'plen 〕　☞ complaint *n.*

v. 抱怨

The students ***complained*** that their teacher assigned too much homework.

學生們抱怨老師出太多功課了。

☆ EXERCISE 13 ☆

1. In＿＿＿＿＿times, Great Britain controlled America.
   (A) organic　(B) aggressive　(C) colonial　(D) cofformity
   　　　　　　　　　　　　　　　　　（師大,中興,交大）

2. She appeared in a television＿＿＿＿＿. （台大,淡江,中興,中正,輔大）
   (A) cabinet　(B) commercial　(C) album　(D) organization

3. He was a loyal,＿＿＿＿＿father and husband.（台大,政大,中興,中山）
   (A) committed　(B) unfaithful　(C) callow　(D) compliment

4. Labor is bought and sold like any other_____. （台大,中興）
   (A) campaign   (B) orchard   (C) industry   (D) commodity

5. The result of nonviolence is the creation of a peaceful
   _____.   （台大,淡江,交大,成大,輔大）
   (A) pledge   (B) candidate   (C) community   (D) ration

6. She was_____to believe his arguements. （政大,文化,中正）
   (A) captivated   (B) compelled   (C) rewarded   (D) adjusted

7. He_____his simple looks with great personal charm.
   (A) retards   (B) specialized   (C) compares   (D) compensates

8. The_____between buyers caused prices to rise.
   (A) competition   (B) captive   (C) sparrow   (D) lull   （台大,中山）

*   *   *

☑ **complement** 〔'kɑmplə,mɛnt 〕 ☞ complementary *adj.*
   v. 補充
   n. 補充物

   The meal was perfectly ***complemented*** by a
   superb dessert.
   這一餐飯後附有精緻的甜點。
   * superb〔sə'pɝb〕*adj.* 精緻的   dessert〔dɪ'zɝt〕*n.* 甜點

☑ **complex** 〔 kəm'plɛks 〕 ☞ 〔'kɑmplɛks 〕 *n.* 複雜的事物
   adj. 複雜的

   The ***complex*** formulae looked like nonsense to
   the untrained observer.
   那套複雜的公式，對未受過訓練的人而言，不具任
   何意義。
   * formulae 〔'fɔrmjəli 〕 *n.pl.* 公式

☑ **complicated** 〔ˈkɑmpləˌketɪd〕　☞ complicacy *n.*

adj. 複雜的　Some problems were so ***complicated*** that not even the most intelligent students could solve them.
有些問題非常複雜, 即使是最聰明的學生也解不出來。

☑ **complicity** 〔kəmˈplɪsətɪ〕

n. 共謀　He was sent to jail on a charge of ***complicity***. 他因共謀的罪名, 而被送入監獄。

☑ **compliment** 〔ˈkɑmpləmənt〕　☞ complimental *adj.*

v. 稱讚　Everyone ***complimented*** her on her fine performance in the play.
每個人都稱讚她在那齣戲裏演得很好。

☑ **comply** 〔kəmˈplaɪ〕

v. 遵從　She had to ***comply*** with her boss's order to work faster.
她得遵照老闆的命令, 加快工作速度。

☑ **component** 〔kəmˈponənt〕

n. 成分　A notebook computer has smaller ***components*** than a desktop one.
筆記型電腦的零件比桌上型的更小。

☑ **comport** 〔kəmˈport〕　☞ comportment *n.*

v. 舉動　A diplomat must ***comport*** himself or herself with dignity. 外交官必須舉止莊嚴。

☐ **compose** 〔 kəm'poz 〕 ☞ composer *n*. 作曲家

v. 作曲

She wants to *compose* classical music after she graduates.

畢業後她想要從事古典音樂的創作。

☐ **composition** 〔,kɑmpə'zɪʃən 〕

n. 作文

There is nothing she detests more than having to write English *compositions*.

沒有比寫英文作文更令她討厭的了。

* detest 〔 dɪ'tɛst 〕*v*. 憎惡

☐ **comprehension** 〔,kɑmprɪ'hɛnʃən 〕 ☞ comprehensive *adj*.

n. 理解力

His reading *comprehension* is in the top ten percent of students his age.

他閱讀能力的排名高居同齡學生的前百分之十。

☐ **comprise** 〔 kəm'praɪz 〕

v. 包括

The ballet troupe *comprised* twenty dancers and a choreographer.

這個芭蕾舞團的成員有二十名舞者及一名舞蹈設計。

* troupe 〔 trup 〕*n*. 團
choreographer 〔,korɪ'ɑgrəfɚ 〕*n*. 芭蕾舞設計師

☐ **compromise** 〔 'kɑmprə,maɪz 〕

v.,*n*. 妥協

He is a tough negotiator who doesn't like to *compromise*.

他是個強硬的談判者，不喜歡和人妥協。

* negotiator 〔 nɪ'goʃɪ,etɚ 〕*n*. 談判者

☑ **compulsory** 〔kəm'pʌlsərɪ 〕　☞ compulsion *n*.

adj. 強制的　Military service is **compulsory** for men aged over 18. 服兵役是十八歲以上男子應盡的義務。

☑ **computation** 〔,kɑmpjə'teʃən 〕　☞ compute *v*.

n. 計算　Many students abhor doing mathematical **computations**. 許多學生很討厭算數學。

* abhor 〔əb'hɔr 〕*v*. 憎惡

☑ **conceit** 〔kən'sit 〕　☞ conceited *adj*.

n. 自負　Full of **conceit**, the young prince domineered over the servants.

這年輕的王子非常自負地壓制他的僕人。

* domineer 〔,dɑmə'nɪr 〕*v*. 壓制；跋扈

☑ **conceive** 〔kən'siv 〕　☞ conceivable *adj*. 可料到的

v. 構思　Where did you **conceive** of such an ambitious scheme?

你從何處想出這樣一項野心勃勃的計畫？

* scheme 〔skim 〕*n*. 計畫

☑ **conception** 〔kən'sɛpʃən 〕　☞ conceptual *adj*.

n. 概念　The child has no **conception** of what he is actually doing.

這小孩對他所做的事毫無概念。

☑ **concession** 〔kən'sɛʃən 〕　☞ concessive *adj*.

n. 讓步　The union refused to offer any **concessions** and threatened to strike.

工會拒絕做任何讓步，並威脅要罷工。

☑ **concise** 〔 kən'saɪs 〕 ☞ conciseness *n.*
adj. 簡明的
The police officer gave a **concise** report of the crime.
警員很簡明地報告了犯罪的經過。

☑ **conclude** 〔 kən'klud 〕 ☞ conclusion *n.*
v. 使完畢
Mass was **concluded** with the singing of a hymn. 吟唱讚美詩之後，彌撒就結束了。

☑ **concrete** 〔 'kɑnkrit 〕
n. 水泥
adj. 具體的
They are now pouring the **concrete** for the foundation of the building.
他們現在正灌入水泥，建造這棟建築物的地基。

☑ **condemn** 〔 kən'dɛm 〕 ☞ condemnable *adj.*
v. 責難
We shouldn't **condemn** him for such a minor offense. 我們不該爲了這點小錯而責備他。

☑ **condense** 〔 kən'dɛns 〕
v. 濃縮
Her cat likes to drink **condensed** milk.
她的貓喜歡喝煉乳。

☑ **condolence** 〔 kən'doləns 〕 ☞ condole *v.*
n. 哀悼
We expressed our **condolences** to the family of the deceased.
我們對死者家屬表示哀悼之意。

* decease 〔 dɪ'sis 〕 *v.* 死亡

☑ **condone** 〔 kən'don 〕　☞ condonation *n.*
　　v. 寬恕
　　His father would not *condone* his flippant behavior and grounded him for a week as punishment.
　　他的父親不肯原諒他輕佻的行為，並且罰他禁足一星期。
　　　　＊ flippant 〔'flɪpənt 〕 *adj.* 輕率的

☑ **conduct** 〔 kən'dʌkt 〕　☞〔'kɑndʌkt 〕 *n.*
　　v. 經營
　　It isn't easy to *conduct* business in a communist country. 在共產國家生意很難做。

☑ **confederation** 〔 kən,fɛdə'reʃən 〕　☞ confederate *v.*
　　n. 聯盟
　　What was once the Soviet Union is now a *confederation* of independent states.
　　以前的蘇聯現在已變成獨立國協。

☑ **conference** 〔'kɑnfərəns 〕　☞ confer 〔 kən'fɝ 〕 *v.* 商議
　　n. 會議
　　"Mr. Jones is in *conference* now, may I take a message？"
　　「瓊斯先生正在開會，您要留言嗎？」

☑ **confession** 〔 kən'fɛʃən 〕　☞ confess *v.*
　　n. 告解
　　He hasn't been to *confession* for years.
　　他已經有好幾年都沒去告解了。

☑ **confidence** 〔'kɑnfədəns 〕　☞ confident *adj.*
　　n. 自信
　　Full of *confidence*, the golfer approached the first tee.
　　這位高爾夫球手很有自信地走向第一個球座。
　　　　＊ tee 〔 ti 〕 *n.* (高爾夫) 開球處

☑ **confine** 〔 kən'faın 〕 ☞ confinement *n*.

v. 監禁

It is cruel to *confine* a dog in a parked car on a hot day.
大熱天把狗關在停好的車裡是很殘忍的 。

☑ **confirm** 〔 kən'fɝm 〕 ☞ confirmation *n*.

v. 證實

The famous actress would neither *confirm* or deny the rumour.
那位有名的女演員既不證實也不否認這項謠言 。

☆ EXERCISE 14 ☆

1. A television is made of many different electrical_____.
   (A) catalogues   (B) specialty   (C) components   (D) particles
   （台大 , 淡江 , 中山）

2. The_____of water requires oxygen and hydrogen.
   (A) certification   (B) particles   (C) sophomore   (D) composition
   （師大 , 政大 , 中興 , 淡江）

3. It is difficult to grasp the_____of infinite space.
   (A) invention   (B) concept   (C) certitude   (D) solution
   （台大 , 成大 , 東吳）

4. The two countries_____an agreement on trade.
   (A) channel   (B) segment   (C) aggravate   (D) concluded
   （台大 , 政大 , 成大）

5. Milk is_____by removing most of the water from it.
   (A) condensed   (B) composed   (C) dried   (D) seeped
   （師大 , 政大 , 淡江 , 中正）

6. The president is still_____with the advisory board.
(A) contemplating　(B) conferring　(C) arraying　(D) securing
（政大,文化,逢甲）

7. The police made him_____his crimes.　（台大,中興,淡江）
(A) arrogate　(B) carve　(C) confess　(D) rotate

8. They could not_____her whereabouts.　（台大,淡江,中山）
(A) confirm　(B) conduct　(C) complete　(D) condone

＊　　　＊　　　＊

☑ **conflict** 〔'kɑnflɪkt 〕　☞〔kən'flɪkt 〕 v.
n. 戰爭
The misunderstanding between the two nations led to an armed *conflict*.
這兩國間的誤會導致一場武裝戰爭。

☑ **conformist** 〔kən'fɔrmɪst 〕
n. 遵奉者
The army trains its soldiers to be *conformists*. 軍隊訓練士兵要服從。

☑ **conformity** 〔kən'fɔrmətɪ 〕　☞ conformable *adj*.
n. 服從
Her *conformity* was not accepted among the group of rebels.
她的服從不被那群叛徒所接受。

☑ **confound** 〔kən'faʊnd 〕　☞ confounded *adj*.
v. 使困惑
The complexity of the situation *confounded* everyone except the experts.
這種複雜的情況,除了專家之外,每個人都覺得很困惑。

☐ **confront** 〔 kən'frʌnt 〕

v. 對抗

A mother grizzly bear will **confront** anything that gets between her and her cubs.
母灰熊會對抗任何夾在她和小熊之間的事物。

　　* grizzly 〔 'grɪzlɪ 〕 *n.* 灰熊 (亦作 grizzly bear)

☐ **confusion** 〔 kən'fjuʒən 〕　☞ confuse *v.*

n. 混亂

There was much **confusion** when the power went out. 停電時屋內一片混亂。

　　* **go out** 熄滅

☐ **congested** 〔 kən'dʒɛstɪd 〕　☞ congestion *n.*

adj. 擁塞的

Taipei traffic is always **congested** during rush hour.
在尖峰時刻,台北的交通總是非常擁擠。

　　* **rush hour** 尖峰時間

☐ **congratulate** 〔 kən'grætʃə,let 〕　☞ congratulation *n.*

v. 道賀

Many people called to **congratulate** her after winning the tennis tournament.
她贏得網球錦標賽後,許多人都打電話來向她道賀。

☐ **congregation** 〔 ,kɑŋgrɪ'geʃən 〕　☞ congregate *v.*

n. 宗教的集
會或會眾

News of the vicar being tranferred to another parish quickly spread throughout the **congregation**.
牧師將被調去另一個教區的消息,很快就傳遍所有的會眾。

　　* vicar 〔 'vɪkɚ 〕 *n.* 牧師　　parish 〔 'pærɪʃ 〕 *n.* 教區

☑ **congress** 〔'kɑŋgrəs 〕　☞ congressman *n.* 國會議員
　n. 國會

> *Congress* will reconvene after a two-week recess. 休會兩個星期後，國會將再度召開。
>
> ＊ reconvene 〔,rikən'vin 〕 *v.* 再度召開
> recess 〔 rɪ'sɛs 〕 *n.* 休會期

☑ **connotation** 〔 ,kɑnə'teʃən 〕　☞ connote *v.*
　n. 涵意

> I didn't quite understand the *connotation* of what she said. 我不太了解她話裡的涵意。

☑ **conquest** 〔'kɑŋkwɛst 〕　☞ conquer *v.*
　n. 征服

> One can read about Cortez' *conquest* of Mexico in history books.
> 你可以在歷史書籍裡讀到科爾特斯征服墨西哥的故事。

☑ **conscience** 〔'kɑnʃəns 〕　☞ conscientious *adj.*
　n. 良心

> After all these years he still has a guilty *conscience*. 多年以後，他仍覺得良心不安。

☑ **conscious** 〔'kɑnʃəs 〕　☞ consciousness *n.*
　adj. 自覺的

> A police officer must be *conscious* of his or her actions both on and off duty.
> 警員無論在平時或值班時，皆須注意自己的行為。

☑ **consensus** 〔 kən'sɛnsəs 〕　☞ consensual *adj.*
　n. 共識

> Unable to reach a *consensus*, they agreed to meet again the next day.
> 由於無法達成共識，他們同意隔天再開一次會。
>
> ＊ meet 〔mit 〕 *v.* 舉行會議

☑ **consent** 〔 kən'sɛnt 〕

n.,v. 同意

A child under 18 years old must have paren-
tal *consent* to see this movie.

未滿十八歲的少年須經父母同意，才能看這部電影。

☑ **consequence** 〔'kɑnsə,kwɛns 〕　☞ consequential *adj.*

n. 結果

You will have to accept the *consequences* if
you are caught doing such an impudent thing.

如果你被當場發現做這種下流的事，後果須自行
負責。

　　* impudent〔'ɪmpjədənt 〕*adj.* 厚顏無恥的

☑ **conserve** 〔 kən'sɝv 〕　☞ conservation *n.*

v. 保存

The new model was designed to *conserve* fuel
by shutting itself off automatically if it
isn't used for 10 minutes.

這台新型機種若十分鐘內沒有使用，就會自動關
閉，以節省能源。

☑ **consider** 〔 kən'sɪdɚ 〕　☞ consideration *n.*

v. 考慮

Let me *consider* it overnight before I give
you my decision.

讓我考慮一個晚上再告訴你我的決定。

☑ **consist** 〔 kən'sɪst 〕

v. 組成

What does this medicine *consist* of ?

這藥的成份是什麼？

☑ **constantly** 〔'kɑnstəntlɪ 〕　☞ constancy *n.*
　adv. 不斷地

Nobody wants to be around him because he complains *constantly*.
由於他時常抱怨，所以沒有人要和他在一起。

☑ **constitute** 〔'kɑnstə,tjut 〕　☞ constitution *n.* 構造；憲法
　v. 構成

Three books by the same author, written in succession can *constitute* a trilogy.
同一位作家陸續寫成的三本書可做成一部三部曲。

　　　* *in succession* 連續地　　trilogy〔'trɪlədʒɪ〕*n.* 三部曲

☑ **constructor** 〔 kən'strʌktɚ 〕　☞ construct *v.*
　n. 建造者

In 1992 Renault won the Formula 1 *constructor's* championship.
在一九九二年雷諾贏得 Formula 1 型跑車設計獎。

☑ **consult** 〔 kən'sʌlt 〕　☞ consultant *n.* 顧問
　v. 查閱；
　　諮詢

He had never heard of Sparta before he *consulted* his encyclopedia.
在查百科全書之前，他從未聽過斯巴達這個地方。

☑ **consume** 〔 kən'sjum 〕　☞ consumption 〔 kən'sʌmpʃən 〕 *n.*
　v. 消耗

Older cars tend to *consume* more fuel than newer model cars. 舊型車比新型車耗油。

☑ **contact** 〔'kɑntækt 〕
　v.,n. 接觸

I was unable to *contact* him until he returned from vacation.
直到他渡完假後，我才連絡上他。

☑ **contagious** 〔 kən'tedʒəs 〕 ☞ contagion **n.**
   adj. 接觸傳
      染的

Contagious diseases killed many people in medieval Europe.
在中古時期，歐洲有許多人死於傳染性疾病。

☑ **contaminate** 〔 kən'tæmə,net 〕 ☞ contamination **n.**
   v. 污染

You can't swim in that lake; the water has been *contaminated* by a nearby factory.
你不可以在這個湖裡游泳，因爲這裡的水已被附近的一家工廠污染了。

☑ **contemplate** 〔'kɑntəm,plet 〕 ☞ contemplation **n.**
   v. 沈思

The chess player sat in deep thought, *contemplating* his next move.
那位棋手靜坐沈思，考慮他下一步棋。

☑ **contemporary** 〔 kən'tɛmpə,rɛrɪ 〕
   adj. 當代的

He doesn't like *contemporary* architecture.
他不喜歡當代建築。

☑ **contempt** 〔 kən'tɛmpt 〕 ☞ contemptible **adj.**
   n. 輕視

The employer's *contempt* for his workers was obvious from the way he was illtreating them.
那位雇主十分輕視他的工人，從他虐待他們的方式就可以很明顯地看出來。

      * illtreat〔,ɪl'trit 〕*v.* 虐待

☑ **contend** 〔 kən'tɛnd 〕 ☞ contention **n.**
   v. 競爭

How many competitors plan to *contend* for the trophy? 有多少名選手打算參賽角逐這項獎品?

      * trophy〔'trofɪ 〕*n.* 戰利品

☑ **content** 〔 kən'tɛnt 〕
adj.願意的
n. 內容

She is not ***content*** to sit at home and watch TV on weekends.

她週末不願意待在家裡看電視。

☑ **contest** 〔'kɑntɛst 〕 ☞〔 kən'tɛst 〕 *v*.
n. 競賽

The two teams were so unequal in skill that the game was really no ***contest***.

由於兩隊的實力相差很多，所以這場比賽沒有競爭力。

☆ EXERCISE 15 ☆

1. Democratic nations have long been in_____with communist nations.　　　　　　　　　　（台大，師大，政大，中正）
   (A) relations　(B) conflict　(C) coincidence　(D) sponsor

2. He_____her immediately with the problem.（台大，政大，中興）
   (A) chased　(B) spited　(C) conferred　(D) confronted

3. Her_____wouldn't let her do something so mean.
   (A) superstition　(B) confidence　(C) conscience　(D) congregate
   （台大，政大，文化）

4. The_____of fossil fuels is very important.（台大，政大，文化）
   (A) cultivation　(B) recreation　(C) conversation　(D) conservation

5. The committee_____of seven members.
   (A) coexists　(B) consists　(C) convenes　(D) converge
   （台大，中興，文化，淡江，靜宜，東海）

6. Laws are_____to protect the individual and the commu-
nity. （台大,政大,中興,文化,淡江,成大）
(A) constituted　(B) persecuted　(C) consisted　(D) scattered

7. The_____of beer did not decrease when the tax was raised.
(A) caption　(B) description　(C) consumption　(D) prescription
（師大,政大,中興,文化,中山）

8. Goethe was_____with Beethoven.　（台大,政大,中興,成大,逢甲）
(A) arbitrary　(B) monetary　(C) composers　(D) contemporary

＊　　　＊　　　＊

☑ **context** 〔'kɑntɛkst〕　☞ contextual *adj.*
n. 上下文　　You took what I said in the wrong ***context***.
你誤解了我的意思。

☑ **continent** 〔'kɑntənənt〕　☞ continental〔,kɑntə'nɛntḷ〕*adj.*
n. 洲　　Is Australia a ***continent*** or an island？
澳大利亞是洲還是島？

☑ **continuous** 〔kən'tɪnjuəs〕　☞ continue *v.*
adj. 連續的　　The ***continuous*** noise of the airplanes taking off
and landing finally made him decide to move
to a new house far away from the airport.
持續的飛機起飛和降落的噪音,使得他最後決定搬
到遠離機場的新家。

☑ **contour** 〔'kɑntur〕
n. 輪廓　　A golf course should be designed according
v. 畫輪廓　　to the ***contour*** of the land it is built on.
高爾夫球場應根據場地的地形來設計。

☐ **contract** 〔'kɑntrækt 〕

  n. 合約

A foreigner who teaches English in Japan must sign a ***contract***.

在日本教英文的外籍老師必須簽合約 。

☐ **contradictory** 〔,kɑntrə'dɪktərɪ 〕　σ contradiction *n.*

  adj. 矛盾的

The testimony of the witness was not admissible in court because it was found to be ***contradictory*** during cross-examination.

該名證人的證詞不被法庭採納,因在交互質詢時發現他所說的前後矛盾 。

     ＊ admissible 〔 əd'mɪsəbl̩ 〕*adj.* 可被採納的

      cross-examination 交互質詢

☐ **contribute** 〔 kən'trɪbjʊt 〕　σ contribution *n.*

  v. 捐助

She ***contributed*** regularly to the homeless aid fund. 她經常捐錢給家扶基金會 。

☐ **contrite** 〔 kən'traɪt 〕　σ contriteness *n.*

  adj. 悔悟的

Sally was ***contrite*** about her mistakes, so we forgave her.

莎莉對她所犯的錯,覺得十分後悔,因此我們便原諒她了 。

☐ **contrive** 〔 kən'traɪv 〕　σ contrivance *n.*

  v. 設計

He ***contrived*** his own way to build the engine of his car.

他自己設計了一套製造車子引擎的方法 。

☑ **controversial** 〔 ˌkɑntrəˈvɝʃəl 〕　☞ controversy *n.*

　　adj. 引起爭
　　　　議的

The diplomat's ***controversial*** statements
caused much tension between the two nations.
這位外交官備受爭議的言辭，造成兩國間緊張的局
勢。

☑ **convene** 〔 kənˈvin 〕　☞ convenable *adj.*

　　v. 集會

The teachers' meeting was to ***convene*** the
next Monday afternoon.
下星期一下午召開老師會議。

☑ **converge** 〔 kənˈvɝdʒ 〕　☞ convergence *n.* 聚集

　　v. 聚集

The hungry lions ***converged*** on the fallen deer.
飢餓的獅子聚集在那頭倒下的鹿身邊。

☑ **converse** 〔 kənˈvɝs 〕

　　adj. 逆向的
　　n. 相反的
　　　　事物

The ***converse*** wind made it difficult to walk
in that direction.
逆風使得往那方向的路很難走。

☑ **conversion** 〔 kənˈvɝʒən 〕

　　n. 改變

The ***conversion*** was complete, so the factory
was now fully automated.
工廠改裝後，現在已全面自動化了。

☑ **convey** 〔 kənˈve 〕　☞ conveyance *n.*

　　v. 傳達

He could not summon the correct words to
convey his message clearly.
他想不出適當的話來把他的意思表達清楚。

　　　＊ summon 〔ˈsʌmən〕 *v.* 召喚；聚集

☐ **conviction** 〔 kən'vɪkʃən 〕　☞ convict *v.*
　　n. 定罪
　　The lawyer concluded her closing statement
　　by saying that the only way justice would be
　　served was a ***conviction*** of the murderer.
　　這律師結論說，伸張正義的唯一途徑，就是將這名
　　謀殺犯定罪。

☐ **convince** 〔 kən'vɪns 〕　☞ convincible *adj.*
　　v. 使相信
　　She was still ***convinced*** she had seen a ghost
　　and would not sleep without the light on.
　　她仍然相信她見到鬼了，所以不開燈就睡不著。

☐ **convoke** 〔 kən'vok 〕　☞ convocation *n.*
　　v. 召集
　　The child's sad picture ***convoked*** sympathy
　　from all.
　　那小孩神情悲傷的照片喚起了大家的同情心。

☐ **cooperation** 〔 ko,ɑpə'reʃən 〕　☞ cooperate *v.*
　　n. 合作
　　Good ***cooperation*** was tantamount to com-
　　pleting the job with no mistakes.
　　良好的合作，就是正確無誤地完成工作。
　　　＊ tantamount 〔 'tæntə,maʊnt 〕 *adj.* 相等的

☐ **coordinate** 〔 ko'ɔrdn̩,et 〕　☞ coordination *n.*
　　v. 協調
　　It was hard to ***coordinate*** her lazy crew to
　　get the job done on time.
　　要和她懶惰的同事協調，以準時做完工作是不容
　　易的。
　　　＊ crew 〔 kru 〕 *n.* 共同工作的人

☑ **cope** 〔 kop 〕
v. 應付

He could not **cope** with the stress of holding public office. 他無法承擔當一名公務員的壓力。

☑ **coronation** 〔 ˌkɑrəˈneʃən 〕　☞ coronate *adj.*
n. 加冕禮

The **coronation** of the new king was a gala event. 新國王的加冕典禮是件喜氣洋洋的事。

* gala 〔ˈgelə〕 *adj.* 歡樂的

☑ **corporation** 〔 ˌkɔrpəˈreʃən 〕　☞ corporate *adj.* 團體的
n. 公司

The large **corporation** was buying up all the smaller ones in an effort to corner the market. 這家大型公司正全力收購小型企業，企圖要壟斷市場。

* **buy up** 全數買進　corner 〔ˈkɔrnɚ〕 *v.* 壟斷

☑ **corpse** 〔 kɔrps 〕
n. 屍體

They found an unidentified **corpse** floating in the river. 他們發現河上漂著一具無名的屍體。

* unidentified 〔ˌʌnaɪˈdɛntɪˌfaɪd〕 *adj.* 無法辨認的

☑ **corpus** 〔ˈkɔrpəs 〕
n. （文獻的）
全集

The **corpus** of genuine holy writings is actually rather small.
真實的宗教文獻集，事實上文章並不多。

☑ **correlate** 〔ˈkɔrəˌlet 〕　☞ correlation *n.*
v. 使相關連
adj. 相關的

The information she gave to the police did not **correlate** with that of the other witnesses. 她提供給警方的資料和其他證人的證詞沒什麼關係。

☑ **correspond** 〔ˌkɔrə'spɑnd 〕 ☞ correspondence *n*.

v. 通信

She stopped ***corresponding*** with him after she found out that he was a criminal.
發現他是一名罪犯後，她就沒再寫信給他了。

☑ **corridor** 〔'kɑrədɚ 〕

n. 走廊

The ***corridor*** was mostly empty because all the students were on semester break.
走廊上幾乎空無一人，因為所有的學生都放假了。

☑ **counsel** 〔'kaʊnsl 〕 ☞ counselor *n*. 顧問

v. 建議

She ***counselled*** him well throughout his career and he prospered from her good advice.
她對他的整個事業，提供了很好的建議。由於她良好的建議，使他生意做得很成功。

☑ **counter** 〔'kaʊntɚ 〕

v. 還擊

The opposition started to ***counter*** with an offensive attack of their own.
對方也開始反擊了。

☑ **counterfeit** 〔'kaʊntɚfɪt 〕

adj. 膺品的
n. 膺品

The authorities confiscated a large cash of ***counterfeit*** money. 當局沒收了大筆的假鈔。

* confiscate 〔'kɑnfɪsˌket 〕 *v*. 沒收

☑ **courtesy** 〔'kɝtəsɪ 〕 ☞ courteous *adj*.

n. 禮貌

It is out of ***courtesy*** that young people should allow elderly ones to occupy seats in a bus.
在公車上年輕人須讓位給老年人，這是種禮貌。

☐ **cowardly** 〔'kaʊədlɪ 〕 ☞ coward *n.* 懦夫
adj. 膽小的
The ***cowardly*** man was afraid of the small, helpless dog.
那個膽小鬼連一隻無助的小狗也會怕。

☐ **crack** 〔 kræk 〕 ☞ crackable *adj.*
n. 裂縫
v. 破裂
There was a ***crack*** in the windowpane after it was hit by a ball.
球打到那塊玻璃窗後，窗上就出現了一道裂痕。

☆ EXERCISE 16 ☆

1. His comments made no sense taken out of_____.
(A) words　(B) context　(C) place　(D) paraphrase (師大,中興,輔大)

2. Sex education in school is a very_____topic of debate. 　　　　　　　　　　　　　　　(中興,淡江,交大)
(A) community　(B) ridiculous　(C) conversely　(D) controversial

3. Once a month, their meetings were_____at a member's home. 　　　　　　　　　　　　(台大,政大,文化,淡江)
(A) suspended　(B) monitored　(C) convened　(D) contrived

4. Curious pedestrians_____on the site of the accident.
(A) confessed　(B) emerged　(C) converged　(D) conveyed
　　　　　　　　　　　　　　　　　　　(中興,中山)

5. He could not_____his meaning to them well. (台大,師大)
(A) communicate　(B) survey　(C) incite　(D) convey

6. She had a strong_____ that she could make it on her own in the world.
   (A) conviction　　(B) contradition　　(C) personality
   (D) conversation　　　　　　　　（師大,政大,中興,文化,淡江,逢甲）

7. _____between management and personnel is a must.
   (A) Corporation　　(B) Cooperation　　(C) Consideration
   (D) Incorporation　　　　　　　　　　　　（中興）

8. Personal wealth has little_____with merit.（中正,成大,輔大）
   (A) correspondence　　(B) calculation　　(C) correlation
   (D) consolation

*　　　　*　　　　*

☐ **craftsman** 〔'kræftsmən 〕　☞ craftsmanship *n.* 技術
　n. 手工匠
　　　　　　The talented jade *craftsmen* come from that part of the world.
　　　　　　這些手藝極佳的玉匠來自世界的那一區 。

☐ **cramp** 〔 kræmp 〕
　v.,*n.* 抽筋
　　　　　　Her hand *cramped* during the exam from writing so furiously for so long.
　　　　　　她的手因長時間用力寫字 , 在考試時抽筋了 。
　　　　　　* furiously〔'fjʊrɪəslɪ 〕*adv.* 狂暴地

☐ **crawl** 〔 krɔl 〕
　v. 爬
　　　　　　During rush hour, traffic *crawls* along at a very slow pace.
　　　　　　在交通尖峰時刻 , 車輛移動的速度相當緩慢 。

☐ **credence** 〔'kridn̩s〕 ☞ credent *adj.*
　n. 相信

I couldn't give *credence* to her unbelievable story. 她的故事太離譜,我無法相信。

☐ **credibility** 〔,krɛdə'bɪlətɪ〕 ☞ credible *adj.*
　n. 可靠性

His *credibility* as a good negotiator was on the line with this tough case.
他談判高手的名聲,因這個難纏的事件而搖搖欲墜了。

　　　　＊ *on the line* 暴露在危險中

☐ **creditable** 〔'krɛdɪtəbl̩〕 ☞ credit *n.* 名譽
　adj. 可稱
　　　譽的

Her quick intelligent answers to their questions was very *creditable* conduct on her part.
她回答他們問題時所表現的機智值得讚賞。

☐ **credulous** 〔'krɛdʒələs〕 ☞ credulity〔krə'dulətɪ〕*n.*
　adj. 輕信的

Credulous people are easily swayed to vote for the wrong candidate.
耳根軟的人容易誤把票投給不合適的候選人。

　　　　＊ sway〔swe〕*n.* 動搖

☐ **criminal** 〔'krɪmənl̩〕 ☞ crime *n.* 罪
　n. 罪犯

The three *criminals* were caught at the scene of the crime by the store keeper.
這三名罪犯當場就被店商捉住了。

☐ **cripple** 〔'krɪpl̩〕
　n. 跛者
　v. 使跛

The *cripple* was confined to a wheelchair for life. 這跛子一生都得坐輪椅。

☑ **crisis** 〔'kraɪsɪs 〕

　n. 危機

The financial **crisis** was beginning to be felt in all sectors of the economy.
各經濟部門開始感覺到財務的危機。

☑ **criterion** 〔 kraɪ'tɪrɪən 〕

　n. 標準

Academic achievement is a better **criterion** to a person's real worth than personal wealth is.
學術上的成就比財富更適合做爲評斷人的標準。

☑ **critical** 〔'krɪtɪkl 〕

　adj. 極重要
　　的；吹毛
　　求疵的

It was **critical** to perform the operation with exact precision.
精確地動手術是非常重要的。

☑ **crucial** 〔'kruʃəl 〕

　adj. 極重
　　要的

A good try-out is **crucial** to making the team. 要組成一隻隊伍，成員的挑選是非常重要的。
＊ tryout 〔'traɪ,aʊt 〕 *n.* 角色甄選

☑ **crucible** 〔'krusəbl 〕

　n. 嚴酷的
　　考驗

The obstacle course was a **crucible** test of their physical fitness.
這條充滿障礙的路徑，是對他們體能的一項嚴格的考驗。

☑ **crude** 〔 krud 〕　☞ crudity *n.* 粗糙

　adj. 粗製的

The **crude** tools used by early man were on display at the museum.
博物館陳列了早期人類所使用的粗製的工具。

☐ **cruelty** 〔ˈkruəltɪ 〕 *☞* cruel *adj.*

n. 殘忍

The king's *cruelty* towards criminals was renowned throughout the kingdom.
這位國王對罪犯的殘忍行為，全國皆知。

* renowned 〔 rɪˈnaʊnd 〕 *adj.* 有名的

☐ **crumble** 〔ˈkrʌmbl̩ 〕

v. 崩潰

The fallen leader watched his power *crumble* before him.
那位下台的領袖眼看著他自己的權力在面前粉碎。

☐ **crusader** 〔 kruˈsedɚ 〕 *☞* Crusade *n.* 十字軍

n. 十字軍
　戰士

The *crusaders* bravely marched accross the desert. 那些十字軍戰士勇敢地行軍橫越沙漠。

☐ **crush** 〔 krʌʃ 〕

v. 粉碎

She preferred *crushed* ice in her drinks rather than cubes.
她比較喜歡在她飲料裏放些碎冰，而不喜歡加冰塊。

☐ **crust** 〔 krʌst 〕

n. 麵包皮

The pie *crust* was burnt black around the edges. 這個派表皮的邊緣烤焦了。

☐ **crystal** 〔ˈkrɪstl̩ 〕

adj. 水晶
　　製的
n. 水晶

On this occasion, they would use fine *crystal* wine glasses.
在這種場合，他們會使用上好的水晶酒杯。

☑ **cuddle** 〔'kʌdḷ 〕

　v. 擁抱

The young couple liked to *cuddle* in front of the television on cold evenings.
那對年輕夫婦喜歡在寒冷的夜裡，坐在電視前相互擁抱。

☑ **culminate** 〔'kʌlmə,net 〕　☞ culmination *n*.

　v. 達到頂點

Their efforts *culminated* in one of the most brilliant performances ever seen.
他們的努力，在一場有始以來最傑出的表演裡發揮揮得淋漓盡致。

☑ **culprit** 〔'kʌlprɪt 〕

　n. 犯罪者

After the lengthy investigation, the butler was found to be the *culprit*.
長期的調查發現，僕役長就是犯罪的人。

　　＊ lengthy〔'lɛŋθɪ〕*adj*. 長的　butler〔'bʌtlɚ〕*n*. 僕役長

☑ **cult** 〔 kʌlt 〕

　n. 儀式

The strange religious *cult* was rumored to have made human sacrifices.
據說這個怪異的宗教儀式會用人來獻祭。

☑ **curb** 〔 kɝb 〕

　v. 抑制
　n. 馬勒

She had to *curb* her spending habits to save enough money for a new car.
她得壓抑她愛花錢的習慣，以存錢買輛新車。

☑ **curiosity** 〔,kjʊrɪ'ɑsətɪ 〕　☞ curious *adj*.

　n. 好奇

They watched the event unfold with much *curiosity*. 他們很好奇地看著這件事被揭曉。

☑ **currency** 〔'kɜ·ənsɪ 〕　σ current *adj*. 流通的
　n. 通貨
　　Europe is attempting to unite as one eco-
　　nomic power, using one common *currency*.
　　歐洲正試著要結合成爲經濟的強勢團體，使用共
　　同的貨幣 。

☑ **curriculum** 〔 kə'rɪkjələm 〕　σ curricular *adj*
　n. 課程
　　Included in their *curriculum* was a class in
　　computer science. 他們的課程中有一堂電腦課 。

☑ **curse** 〔 kɜ·s 〕
　v. 詛咒
　　It is not polite to *curse* in front of people.
　　在他人面前詛咒是不禮貌的 。

☑ **curve** 〔 kɜ·v 〕
　v. 彎
　adj. 彎曲的
　　The road *curved* around the mountain range.
　　這座山周圍有蜿蜒的公路 。

☑ **customer** 〔'kʌstəmɚ 〕
　n. 顧客
　　Each *customer* was treated with the utmost
　　respect. 每位顧客都備受禮遇 。

☑ **cutback** 〔'kʌt,bæk 〕
　n. 削減
　　Due to budget *cutbacks*, there was no recre-
　　ation fund. 由於預算的削減，所以沒有娛樂基金。

☑ **cutter** 〔'kʌtɚ 〕
　n. 快艇
　　The pilot of the small *cutter* easily navi-
　　gated the canal.
　　那艘小艇的駕駛員，很輕易地就駛過運河 。
　　　　* navigate 〔'nævə,get 〕 *v*. 航行

☆ EXERCISE 17 ☆

1. Her outlandish tales were not very_____. (台大,師大,中興)
   (A) crude (B) allude (C) crafty (D) credible

2. He had many_____achievements as a diplomat.
   (A) credible (B) criminal (C) creditable (D) charitable
   (師大,政大,逢甲)

3. As he was such a_____man, he believed the rumor.
   (A) credulous (B) critical (C) riduculous (D) creditor
   (台大,師大)

4. He was unfortunately very_____of his children.
   (A) rhetorical (B) comical (C) critical (D) cynical
   (台大,政大,淡江)

5. The success of this experiment is_____to the project
   as a whole. (師大,淡江)
   (A) crucible (B) crucial (C) cordial (D) filial

6. She_____the bug with the heel of her shoe. (台大,中興)
   (A) crumbled (B) cracked (C) brushed (D) crushed

7. Fine_____is very expensive. (台大,師大)
   (A) crystal (B) continental (C) coincidental (D) oriental

8. Every nation has its own form of_____. (台大)
   (A) constancy (B) curiosity (C) currency (D) agency

☐ **dairy** 〔'dɛrɪ 〕
 adj. 酪農的
Dairy products are a good source of vitamin D.
乳製品是維他命 D 的最佳來源 。
  * **dairy product** 乳製品

☐ **daisy** 〔'dezɪ 〕
 n. 雛菊
Daisies were abundant on the hill behind the
house. 屋後的山丘上長滿了雛菊 。

☐ **dashing** 〔'dæʃɪŋ〕
 adj. 勇敢的
The troops made a **dashing** charge upon the
castle. 軍隊英勇地攻擊城堡 。
  * charge 〔tʃɑrdʒ 〕 *n.* 攻擊

☐ **dauntless** 〔'dɔntlɪs 〕   ☞ daunt *v.* 恐嚇
 adj. 無畏的
Their **dauntless** attitude was revered by all.
他們無畏的態度受到大家的尊敬 。
  * revere 〔rɪ'vɪr 〕 *v.* 尊敬

☐ **deadline** 〔'dɛd,laɪn〕
 n. 截止時間
She met the five o'clock **deadline** by mere
minutes. 她只以幾分鐘之差趕上了五點的截止時間。

☑ **deadlock** 〔'dɛd,lɑk〕

n. 僵局

v. 相持不下

The argument was at a complete *deadlock* ; neither one could agree with the other.
這場爭論陷入僵局，他們彼此都不同意對方。

☑ **debate** 〔dɪ'bet〕

n.,v. 辯論

The three candidates held a series of *debates* so voters could see how they differed.
三位候選人舉行了一連串的辯論會，如此一來選民便可看出他們之間的不同點。

☑ **debtor** 〔'dɛtɚ〕　☞ debt *n.* 債務

n. 負債者

The United States is the largest *debtor* nation in the world. 美國是世界上最大的負債國。

☑ **debut** 〔dɪ'bju〕

n.,v.

初次登台

She made her movie *debut* at the young age of eleven. 她在十一歲時，拍了第一部電影。

☑ **decade** 〔'dɛked〕

n. 十年

They had known each other for over two *decades*. 他們彼此認識二十多年了。

☑ **decadence** 〔dɪ'kedns〕　☞ decadent *adj.*

n. 頹廢

Their behavior was a typical example of the moral *decadence* of society.
他們的行爲是社會道德淪落的最佳例證。

☑ **decay** 〔dɪ'ke〕

v.,n. 腐爛

The unattended plant slowly *decayed* into dirt.
那株沒人照料的植物慢慢地腐爛了。

☑ **decease** 〔dɪ'sis〕 ♂ deceased *adj.*

n. 死亡

According to his will, his house will pass to his wife after his *decease*.

根據他的遺囑，他死後房子將歸他的妻子所有。

☑ **deceitful** 〔dɪ'sitfəl〕 ♂ deceit *n.*

adj. 欺詐的

The *deceitful* man overcharged the foreigners on their cab fare.

那名騙徒向那些外國人索取過高的計程車資。

☑ **deceive** 〔dɪ'siv〕 ♂ deception 〔dɪ'sɛpʃən〕 *n.*

v. 欺騙

He tried to *deceive* himself and pretended his problem didn't really exist.

他試圖欺騙自己，假裝問題其實並不存在。

☑ **decimal** 〔'dɛsəml̩〕 ♂ decimally *adv.*

adj. 小數的

She incorrectly placed the *decimal* point to say 1.650 instead of 16.50.

她點錯小數點的位置，16.50 變成了 1.650。

　　* *decimal point* 小數點

☑ **declare** 〔dɪ'klɛr〕

v. 宣告

He *declared* publicly that he could beat anyone.

他公開宣稱，他可以擊倒任何人。

☑ **declaration** 〔,dɛklə'reʃən〕 ♂ declaratory *adj.*

n. 宣布

Their *declaration* of independence was not recognized by the mother country.

他們獨立的宣言並不被祖國所接受。

☑ **decline** 〔dɪ'klaɪn〕 ☞ declination *n.*

v. 拒絕

She *declined* his numerous invitiations to take her out. 他邀她出去好幾次，但都被她拒絕了。

☑ **decorative** 〔'dɛkərətɪv〕 ☞ decoration *n.*

adj. 裝飾的

The *decorative* flowers brightened the room immensely. 這些裝飾用的花，使得房間增色不少。

* immensely 〔ɪ'mɛnslɪ〕 *adv.* 非常地

☑ **decorum** 〔dɪ'korəm〕 ☞ decorous *adj.*

n. 禮節

His *decorum* was very old-fashioned.
他遵從舊式的禮節。

☑ **decry** 〔dɪ'kraɪ〕

v. 譴責

They *decried* the new law as not being just to all citizens. 他們譴責新法並非對所有的市民都十分公平。

☑ **dedicated** 〔'dɛdə,ketɪd〕 ☞ dedicate *v.*

adj. 盡職的

He was a *dedicated* father and spent as much time with his children as possible.
他是一位盡職的父親；他會儘量抽出時間陪孩子。

☑ **deduction** 〔dɪ'dʌkʃən〕 ☞ deduct *v.*

n. 扣除

After tax *deductions*, the company's profit was down to almost nothing.
扣除稅額之後，公司幾乎沒什麼盈餘了。

☑ **deface** 〔dɪ'fes〕 ☞ defacement *n.*

v. 損毀～的
外觀

It is against the law to *deface* public property. 破壞公有財產是違法的。

☑ **default** 〔dɪˊfɔlt〕　☞ defaulter *n.*

n. 缺席

Because his competitor was injured, he won by *default.* 因為他的對手受傷了，所以他不戰而勝。

* *win ~ by default* 不戰而勝

☑ **defeat** 〔dɪˊfit〕

v., n. 擊敗

The Giants *defeated* the Lions by a score of 24 to 14. 巨人隊以二十四比十四擊敗獅子隊。

☑ **defect** 〔ˊdifɛkt〕　☞ defective *adj.* 有缺點的

n. 缺點

They carefully inspected each item for possible *defects.*

他們十分仔細地檢查每件物品，看看是否有缺點。

* inspect 〔ɪnˊspɛkt〕 *v.* 審查

☑ **defense** 〔dɪˊfɛns〕　☞ defend *v.*

n. 防備

The best *defense* against illness is good health and regular exercise.

抵抗疾病的最佳方式,就是擁有健康和規律的運動。

☑ **defer** 〔dɪˊfɝ〕　☞ deferment *n.*

v. 延緩

Could we please *defer* the payment until next month? 我們能不能延到下個月再付款呢？

☆ EXERCISE 18 ☆

1. They had to meet a certain_____to get the article published.

　(A) deadline　(B) headline　(C) decline　(D) masculine　(政大,中山)

2. We_____for an hour on the merits of his plan. (台大,中興,淡江)

　(A) delayed　(B) convened　(C) debated　(D) deviated

3. Whoever sold her that useless phone certainly_____her.

(A) declared (B) decieved (C) conceived (D) decayed

（台大, 師大, 中興）

4. The headlines_____ that the war was over. （師大, 輔大）

(A) reminded (B) expressed (C) complained (D) declared

5. She flatly_____his requests for a date.

(A) reclined (B) depicted (C) declined (D) regarded

（師大, 政大, 中興, 文化, 輔大, 東吳）

6. She was_____to her students like no one else. （台大, 淡江）

(A) dedicated (B) repremanded (C) decried (D) delicated

7. They were_____by their rival team. （台大, 師大）

(A) detected (B) defeated (C) denounce (D) affored

8. They had no_____against such an attack.（台大, 政大, 文化, 淡江）

(A) aptitude (B) defection (C) defense (D) condense

*   *   *

☑ **define** 〔dɪ'faɪn 〕 ☞ definition

v. 表明；
下定義

Her happy mood was clearly *defined* in her
bright expression.
她愉快的心情清楚地表現在她開朗的神情中。

☑ **deformity** 〔dɪ'fɔrmətɪ 〕 ☞ deform *v.*

n. 畸形

Because of his *deformity*, many people were
afraid of him.
由於他身體的缺陷，很多人都很怕他。

☑ **deftly** 〔'dɛftlɪ〕 ☞ deft *adj.*
adv. 敏捷地

She *deftly* avoided his angry glare.
她很巧妙地躲開他憤怒的眼光。

☑ **defy** 〔dɪ'faɪ〕
v. 反抗

She claims that she can *defy* the laws of nature by flying. 她宣稱她能違反自然的法則在天空飛翔。

☑ **degradation** 〔,dɛgrə'deʃən〕 ☞ degrade *v.*
n. 惡化

The orphans lived in *degradation*; they had no food or clothing.
這些孤兒的生活情況很糟；既缺食物也沒衣服穿。

☑ **dehumanize** 〔dɪ'hjumə,naɪz〕 ☞ dehumanization *n.*
v. 使失去人性

The prisoners at the concentration camp were completely brain-washed and *dehumanized*.
集中營裏的犯人已經完全被洗腦並且已經變得毫無人性。

* *concentration camp* 集中營

☑ **deject** 〔dɪ'dʒɛkt〕 ☞ dejected *adj.*
v. 使沮喪

It really *dejects* me to see so many young people destroying their lives with drugs.
看到這麼多年輕人因吸食毒品而毀了自己的生命，真令我沮喪。

* drug 〔drʌg〕 *n.* 毒品

☑ **delay** 〔dɪ'le〕
v.,n. 耽擱

Their plane was *delayed* by two hours due to poor weather.
由於天氣不太好,所以他們的飛機延誤了兩個小時。

☑ **delegation** 〔,dɛlə'geʃən〕 ☞ delegate *v.*

n. 代表團

A *delegation* from the school was sent to confer with local businessmen.
學校派代表團與當地的商人會談。

☑ **deliberate** 〔dɪ'lɪbərɪt〕 ☞ deliberately *adv.*

adj. 故意的

The forced starvation was a *deliberate* violation of human rights.
強迫他人挨餓，是種故意違反人權的行為。

☑ **delight** 〔dɪ'laɪt〕 ☞ delightful *adj.*

n. 欣喜

Much to our *delight*, the examination was cancelled. 考試取消了，令我們十分高興。

☑ **delinquent** 〔di'lɪŋkwənt〕 ☞ delinquency *n.*

adj. 犯法的

His *delinquent* behavior was infamous throughout the neighborhood.
他因作姦犯科，在附近地區已經是惡名昭彰了。

☑ **deliver** 〔dɪ'lɪvɚ〕 ☞ delivery *n.* 演說

v. 陳述

She *delivered* her proposal with confidence and eloquence.
她滿懷信心，口若懸河地說明她的提議。

* eloquence 〔'ɛləkwəns〕 *n.* 口才

☑ **delude** 〔dɪ'lud〕 ☞ delusive *adj.*

v. 欺騙

Some unworthy politicians *deluded* voters with false promises.
一些不肖的政客以不實的承諾欺騙選民。

☐ **democracy** 〔dəˈmɑkrəsɪ〕 ☞ democratic *adj.*
n. 民主政體

In a *democracy*, everyone has the equal opportunity to vote.
在民主國家裏，每個人都有平等的投票機會。

☐ **demonstrate** 〔ˈdɛmənˌstret〕 ☞ demonstration *n.*
v. 示範

The teacher *demonstrated* how to perform the experiment before letting the students try it themselves.
讓學生自己做實驗之前，老師先做示範。

☐ **denominator** 〔dɪˈnɑməˌnetə〕
n. 分母

In the fraction 3/4, "4" is the *denominator*.
¾這個分數中，4 是分母。
* fraction 〔ˈfrækʃən〕 *n.* 分數

☐ **denounce** 〔dɪˈnaʊns〕 ☞ denouncement *n.*
v. 公開指責

She *denounced* her former teacher as an infidel. 她公開指責她以前的老師是個異教徒。
* infidel 〔ˈɪnfədl〕 *n.* 異教徒

☐ **dense** 〔dɛns〕 ☞ density *n.* 濃度；密度
adj. 濃密的

The hot, *dense* jungle is hard to pass through this time of year.
每年此時，要通過這炎熱、濃密的叢林是很困難的。
* jungle 〔ˈdʒʌŋgl〕 *n.* 叢林

☐ **departure** 〔dɪˈpɑrtʃə〕 ☞ depart *v.*
n. 離開

After his *departure*, they were all saddened by his absence. 他走了以後，他們都覺得十分難過。
* sadden 〔ˈsædn̩〕 *v.* 使…悲傷

☑ **dependent** 〔dɪ'pɛndənt〕　☞ dependence *n.*
adj. 依賴的　Small children are fully ***dependent*** on their parents. 小孩子十分依賴父母。

☑ **depict** 〔dɪ'pɪkt〕　☞ depiction *n.*
v. 描述　Her story ***depicted*** the beauty and happiness of a time long past.
她的故事是敍述很久以前，一段美麗、快樂的時光。

☑ **deplorable** 〔dɪ'plɔrəbl̩〕　☞ deplore *v.*
adj. 可嘆的　Her untimely death was absolutely ***deplorable***.
她英年早逝，令人唏噓不已。
　* ***untimely death*** 早死

☑ **deployment** 〔dɪ'plɔɪmənt〕　☞ deploy *v.*
n. 佈署　The ***deployment*** of more troops to the area made the citizens restless.
要在該地佈署更多的軍隊，使得人心惶惶。
　* restless 〔'rɛstlɪs〕 *adj.* 不安的

☑ **deport** 〔dɪ'pɔrt〕　☞ deportation *n.*
v. 驅逐出境　The diplomat was ***deported*** for conducting illegal business.
那名外交官因從事非法交易而被驅逐出境。

☑ **depose** 〔dɪ'poz〕　☞ deposition *n.*
v. 廢（王位）　The harsh dictator was ***deposed*** and a democracy was set up in his place.
那名殘暴的獨裁者被迫下台，而由民主政體取而代之。

☑ **deposit** 〔dɪ'pazɪt〕 ☞ depositor *n.*

n.,v. 存款

She made a weekly *deposit* of 500 dollars into her account.

她每星期在帳戶裏存入五百元。

☑ **depreciate** 〔dɪ'priʃɪ,et〕 ☞ depreciation *n.*

v. 跌價

Because they did not maintain the building well, its value *depreciated*.

因為他們沒有對那棟建築物進行維修，所以房價就下跌了。

☑ **depress** 〔dɪ'prɛs〕 ☞ depressed *adj.*

v. 憂鬱；使沮喪

Sad movies had always *depressed* Ann so much that she stopped watching them.

悲劇電影總是使安覺得很憂鬱，所以她就不再看了。

☑ **deprive** 〔dɪ'praɪv〕 ☞ deprivation *n.*

v. 剝奪

He *deprived* himself of snacks to lose weight.

他為了減肥而不吃零食。

　　* snack 〔snæk〕 *n.* 零食

☆ EXERCISE 19 ☆

1. The powers of the President are＿＿＿＿ in the Constitution.
   (A) announced　(B) defined　(C) arranged　(D) implied

   （台大,師大,政大,中興,淡江,成大,輔大）

2. She was＿＿＿＿ to think that he was the right candidate.
   (A) deliberate　(B) confused　(C) deluded　(D) delivered

   （政大,淡江）

3. There was a violent uprising in favor of_____. (台大,師大,中興)
(A) deputy　　(B) democracy　　(C) capitalist　　(D) literacy

4. The master_____how to perform the new technique.
(A) demonstrated　(B) required　(C) performed　(D) prostrated
(台大,師大,政大,淡江,交大)

5. The_____forest provided little light. (台大,政大,文化,淡江,交大)
(A) subtle　(B) decree　(C) fense　(D) dense

6. They_____their money in the bank. （台大,師大,中興,中山）
(A) respited　(B) deposed　(C) deposited　(D) doted

7. He was very_____about his poor grades. (台大,師大,政大,東海)
(A) expressed　(B) depressed　(C) neutrality　(D) declined

8. This law will_____us of our most basic rights.
(A) deprive　(B) derive　(C) incriminate　(D) deport
(台大,政大,中興,文化)

＊　　　　＊　　　　＊

☑ **deputy** 〔'dɛpjətɪ 〕

n. 副警長

The ***deputy*** took orders from his captain, but
dished them out to the rookie officers.
副警長接到隊長的命令後，就把這些任務分配給新
進的警員去做。

＊ ***dish out*** 分配　　rookie 〔'rʊkɪ〕 *n.* 新手

☑ **derive** 〔də'raɪv〕　☞ derivation *n.*

v. 獲得

True knowledge is not ***derived*** from books,
but from actual experience.
真正的知識不是從書中獲得,而是來自於實際的經驗。

☑ **descent** 〔dɪ'sɛnt〕　☞ descend *v.*

n. 降落

The plane began it's *descent* to the airport, five hours after it had taken off.
飛機起飛五個小時後，開始降落於那座機場。

☑ **designate** 〔'dɛzɪg,net〕　☞ designation *n.*

v. 指派

They *designated* her as the leader for this meeting. 他們指派她為這次會議的主席。

☑ **desolation** 〔,dɛsḷ'eʃən〕　☞ desolate *adj.*

n. 孤寂

Being left alone so long, he felt the effects of total *desolation*.
長時間的獨處使他嚐到孤寂的滋味。

☑ **desperate** 〔'dɛspərɪt〕　☞ despair *n.*

adj. 絕望的；
非常的

They were in a *desperate* situation; they needed the money right away.
他們的情況很危急，急需那筆錢。

☑ **destiny** 〔'dɛstənɪ〕　☞ destine *v.*

n. 命運

Many felt it was his *destiny* to be king from the moment they laid eyes on him.
許多人一看到他，就覺得他命中注定要當國王。

☑ **destitute** 〔'dɛstə,tjut〕　☞ destitution *n.*

adj. 窮困的

He was truly *destitute*, as he had no home, food, or friends.
他真的很窮，因為他既沒有家、也沒有食物、或朋友。

☑ **destruction** 〔dɪ'strʌkʃən〕 ☞ destructive *adj.*

n. 毀滅

Heavy winds caused the ***destruction*** of many trees during the typhoon.

颱風期間，強風摧毀了許多樹木。

☑ **detach** 〔dɪ'tætʃ〕 ☞ detached *adj.* 超然的

v. 分開

The movers had to ***detach*** the door in order to fit the new sofa through it.

搬家公司得把門拆了才能把新沙發搬進去。

＊ mover 〔'muvɚ〕 *n.* 搬家公司

☑ **detect** 〔dɪ'tɛkt〕 ☞ detective *n.* 偵探

v. 查出

The doctor ***detected*** a slight irregularity in the patient's heartrate.

醫生檢查出這名病患有心律不整的現象。

☑ **deter** 〔dɪ'tɝ〕 ☞ deterrent *adj.*

v. 阻礙

Her parents tried to ***deter*** her from entering the armed-forces, but were unsuccessful.

她的父母想阻止她從軍，但是沒有用。

☑ **detergent** 〔dɪ'tɝdʒənt〕

n. 清潔劑
adj. 有洗淨
　　力的

As it was advertised, the ***detergent*** was able to remove all the stains from the clothes.

正如廣告上所說,這清潔劑能去除衣物上所有的污垢。

☑ **detonation** 〔,dɛtə'neʃən〕 ☞ detonate *v.*

n. 爆炸

The ***detonation*** time of the bomb was set for one hour after it was placed under the car.

炸彈裝在車子底下，爆炸時間設定在一個小時後。

☑ **detour** 〔'ditʊr〕

n. 繞道
v. 繞道而行

They had to take a long *detour* due to all the construction works on the main road.

由於主要道路施工，所以他們必須繞一大段路。

☑ **detract** 〔dı'trækt〕 ☞ detraction *n.*

v. 減損

Its close proximity to the town dump *detracted* from the beauty of the house.

這房子因靠近城裏的垃圾場而減損了它的美感。

　　＊ proximity 〔prɑk'sımətı〕 *n.* 接近

☑ **deviate** 〔'divı,et〕 ☞ deviation *n.*

v. 脫軌

She did not *deviate* from her course, and graduated without a hitch.

她並沒有荒廢學業，而且順利畢業了。

　　＊ *without a hitch* 進行順利

☑ **device** 〔dı'vaıs〕 ☞ devise *v.*

n. 裝置

They used a homing *device* to track the suspect's movements.

他們使用自動導向裝置來追查嫌犯的行踪。

　　＊ homing 〔'homıŋ〕 *adj.* 自動導向的
　　　 track 〔træk〕 *v.* 追踪

☑ **devoid** 〔dı'vɔıd〕

adj. 空的；
　　 缺乏的

The vacant room was *devoid* of funiture, save a small stool.

那個空房間除了一張小板凳外，什麼傢俱也沒有。

　　＊ save 〔sev〕 *prep.* 除了…以外
　　　 stool 〔stul〕 *n.* 板凳

☑ **diagnosis** 〔͵daɪəg'nosɪs〕 ♂ diagnose *v.*

n. 診斷

The *diagnosis* of her illness was that she had high cholesterol.

她的疾病診斷出來是膽固醇過高 。

* cholesterol 〔kə'lɛstə͵rol〕 *n.* 膽固醇

☑ **diagram** 〔'daɪə͵græm〕 ♂ diagrammatic *adj.*

n. 圖表

The *diagram* labeled all the major parts and functions of the heart.

圖表上標明了心臟的主要部份及所有的功能 。

☑ **diameter** 〔daɪ'æmətɚ〕 ♂ diametral *adj.*

n. 直徑

The *diameter* of a circle is any straight line extending from one point on the circle to another which passes through the center of the circle.

圓的直徑是指通過圓心與圓交於二點的線段 。

☑ **dictator** 〔dɪk'tetɚ〕 ♂ dictatorial 〔͵dɪktə'torɪəl〕 *adj.*

n. 獨裁者

The poor peasants of the village tried in vain to overthrow their *dictator*.

村子裏貧窮的農夫試圖要推翻他們的獨裁者 , 但卻失敗了 。

* peasant 〔'pɛznt〕 *n.* 農夫

☑ **dictatorship** 〔dɪk'tetɚ͵ʃɪp〕

n. 獨裁政治

During his *dictatorship*, the people suffered atrocious beatings and slayings.

在他獨裁統治期間 , 人民遭受毒打和屠殺 。

* atrocious 〔ə'troʃəs〕 *adj.* 殘酷的
  slay 〔sle〕 *v.* 屠殺

☑ **diction** 〔'dɪkʃən〕 ☞ dictionary *n.* 字典

n. 措辭

His distinct ***diction*** was easily recognized by many. 他說話很特別，很容易被許多人認出來。

　　* distinct〔dɪ'stɪŋkt〕 *adj.* 獨特的

☑ **dietary** 〔'daɪə,tɛrɪ〕 ☞ diet *n.*

adj. 飲食的

To people of the Jewish faith, pork is a ***dietary*** taboo.
對猶太教的信徒而言，豬肉是飲食的禁忌。

☑ **differentiate** 〔,dɪfə'rɛnʃɪ,et〕 ☞ differentiation *n.*

v. 區分不同

The twins looked so much alike, that even their mother sometimes failed to ***differentiate*** between the two.
這兩個雙胞胎長得很像，甚至連他們的母親，有時也分辨不出誰是誰。

☑ **diffuse** 〔dɪ'fjuz〕 ☞ diffusion *n.*

v. 擴散

Smoke slowly ***diffused*** throughout the house.
煙慢慢地瀰漫了整個房子。

☑ **digest** 〔daɪ'dʒɛst〕 ☞ digestion *n.*

v. 消化

It took her some time to ***digest*** the magnitude of what she had just been told.
她花了一些時間才弄懂她所聽到的事。

　　* magnitude〔'mægnə'tjud〕 *n.* 大小；重要性

☑ **digit** 〔'dɪdʒɪt〕 ☞ digital *adj.*

n. 阿拉伯數字

Most phone numbers contain seven ***digits***.
大部分的電話號碼都是七個數字。

☑ **dignified** 〔'dɪgnə,faɪd〕 ☞ dignify *v.*

　　adj. 高貴的　She was elegantly dressed and entered the room in a *dignified* manner.
她穿著優雅，儀態高貴地進入房間。

☆ EXERCISE 20 ☆

1. We_____wisdom not only from study, but from experience.
(A) retrieve　(B) apply　(C) deprive　(D) derive　　（台大,中興）

2. The beach slopes down to the sea in a gradual_____.
(A) incline　(B) decline　(C) descent　(D) drop　　（台大,輔大）

3. Her_____attempts were creditable, but useless.
(A) decorate　(B) desperate　(C) designate　(D) destitute
（政大,中興,中山）

4. Science has made war more_____.　　　　　　（東吳）
(A) destructive　(B) casual　(C) domestic　(D) structural

5. The jeweler_____a small flaw in the diamond.（台大,成大,東海）
(A) declared　(B) detected　(C) contour　(D) detonated

6. He could not be_____from leaving any longer.（台大,政大,淡江）
(A) referred　(B) relayed　(C) detour　(D) deterred

7. The people revolted against the military_____.（台大,政大,逢甲）
(A) deviate　(B) dictator　(C) personnel　(D) diagram

8. Sometimes it is hard to_____between good and bad.
(A) differentiate　(B) defer　(C) digest　(D) appreciate（政大,淡江）

☑ **digression** 〔daɪ'grɛʃən〕 ☞ digressive *adj.*

n. 離題

Sometimes a speaker's *digressions* are more interesting than his or her main points.

有時演講者的題外話，反而比主題有趣得多。

☑ **dilate** 〔daɪ'let〕 ☞ dilation *n.*

v. 擴大

The pupils of your eyes *dilate* when you are in the dark, which is why your eyes often have to adjust before you can see clearly.

黑暗裏，你的瞳孔會變大，所以你的眼睛常要做一些調適才能看得清楚。

☑ **dilemma** 〔də'lɛmə〕

n. 左右為難 的困境

Their *dilemma* is a perplexing one: if they go, there will be trouble, if they stay, there will be even more trouble.

他們的困境十分棘手：去了會有麻煩，不去，則麻煩更多。

* perplexing 〔pə'plɛksɪŋ〕 *adj.* 麻煩的

☑ **diligent** 〔'dɪlədʒənt〕 ☞ diligence *n.*

adj. 勤奮的

She is a *diligent* student and always finishes her assignments on time.

她是個勤奮的學生，總是準時完成作業。

☑ **dimension** 〔də'mɛnʃən〕 ☞ dimensional *adj.*

n. 次元

His philosophy hes given a new *dimension* to the meaning of life.

他的哲學賦予生命新的意義。

☑ **diminish** 〔dəˊmɪnɪʃ〕 ☞ diminishable *adj.*

v. 變小

The size of the crowd *diminished* as the night continued.

夜越來越深，人群逐漸散去。

☑ **diminution** 〔͵dɪməˊnjuʃən〕 ☞ diminutive *adj.*

n. 變小

In these hard economic times, the poor could use a *diminution* in taxes.

在經濟困難時期，窮人可以少繳點稅。

☑ **dinosaur** 〔ˊdaɪnə͵sɔr〕 ☞ dinosaurian *adj.*

n. 恐龍

People are amazed at the immense size of the *dinosaurs* that lived long ago.

人們覺得遠古以前的恐龍體積大得驚人。

☑ **diplomatic** 〔͵dɪpləˊmætɪk〕 ☞ diplomacy *n.*

adj. 外交的

The Taiwan government is trying its best to establish *diplomatic* relations with as many nations as possible.

台灣政府正在努力，盡可能地與許多國家建立外交關係。

☑ **disabled** 〔dɪsˊebl̩d〕 ☞ disablement *n.*

adj. 殘廢

The *disabled* war veteran was compensated by the government with free medical care.

政府以免費醫療補償戰場上傷殘的老兵。

* veteran 〔ˊvɛtərən〕 *n.* 老兵

☑ **disappear** 〔͵dɪsəˊpɪr〕 ☞ disappearance *n.*

v. 消失

No one knew where he had *disappeared* to until his letter arrived.在他來信前,沒人知道他去了哪裏。

☑ **disapproval** 〔,dɪsə'pruvl〕 ☞ disapprove *v.*

n. 不贊成

His plan to quit school were met with much *disapproval* from his parents.
他要輟學的計劃遭到父母極力的反對。

☑ **disaster** 〔dɪz'æstə〕 ☞ disastrous *adj.*

n. 災禍

A *disaster* of such magnitude won't be soon forgotten. 這樣重大的災難不會很快就被遺忘的。

☑ **disavow** 〔,dɪsə'vau〕 ☞ disavowal *n.*

v. 否認

She *disavowed* having anything to do with it.
她否認與那件事有關連。

☑ **discard** 〔dɪs'kɑrd〕

v. 拋棄

They *discarded* their old clothes in the garbage. 他們把舊衣服丟到垃圾堆裏。

☑ **discern** 〔dɪ'zɜn〕 ☞ discernable *adj.*

v. 辨識

From her expression, it was hard to *discern* whether she was sincere or not.
從她所說的話，很難看出她是否是眞心的。

☑ **disciple** 〔dɪ'saɪpl〕 ☞ discipleship *n.* 弟子的身分

n. 門徒

His loyal *disciples* followed him everywhere and did anything he told them to.
他忠心的門徒追隨他到各處，並遵照他的吩咐做事。

☑ **discipline** 〔'dɪsəplɪn〕

n. 訓練

Being a good athlete takes much hard work and *discipline*.
要成爲一名優秀運動員,必須十分努力並接受嚴格訓練。

☑ **disconcerting** 〔ˌdɪskən'sɝtɪŋ〕 ☞ disconcert *v.*

adj. 令人緊
張的

Her lack of interest in school was rather
disconcerting to her parents.
她對上學沒什麼興趣，令她父母相當緊張。

☑ **discount** 〔'dɪskaʊnt 〕

n. ,v. 折扣

There was a fifty percent *discount* on every-
thing in the store. 這家店全面五折。

☑ **discourse** 〔dɪ'skors 〕

n.,v. 談話

After his brief *discourse*, the class was let
out early.
當他結束簡短的談話後，全班就提早下課了。

☑ **discreet** 〔dɪ'skrit 〕 ☞ discretion *n.*

adj. 言行謹
慎的

She had to be *discreet* when speaking to him.
對他講話時，她必須謹言慎行。

☑ **discriminate** 〔dɪ'skrɪməˌnet 〕 ☞ discrimination *n.*

v. 歧視

It is not fair to *discriminate* against people
because of race, religion, or economic back-
ground.
因種族、宗教或經濟背景而歧視他人是不公平的。

☑ **disdainful** 〔dɪs'denfəl 〕 ☞ disdain *v.*

adj. 輕蔑的

His mother's *disdainful* expression told all.
他母親輕蔑的神情說明了一切。

☑ **disgrace** 〔dɪs'gres〕 ☞ disgraceful *adj.*

v. 使蒙羞
n. 恥辱

His bad behavior *disgraced* the entire family's
name. 他惡劣的行為敗壞門風。

☐ **disgust** 〔dɪs'gʌst〕 ☞ disgusting *adj.*

n. 令人作嘔; 厭惡

To her utter **disgust**, Amy found a piece of dead cockroach lying in her food.

艾美在食物中發現一隻死蟑螂，使她覺得十分噁心。

☐ **disillusioned** 〔͵dɪsɪ'luʒənd〕 ☞ disillusion *v.,n.*

adj. 幻想破滅的

The **disillusioned** girl was crushed to find that her hero was a fraud.

那個女孩發現她心目中的英雄竟是一個騙子，因幻想破滅而崩潰。

＊ crush 〔krʌʃ〕 *v.* 崩潰　　fraud 〔frɔd〕 *n.* 騙子

☐ **disintergrate** 〔dɪs'ɪntə͵gret〕 ☞ disintergration *n.*

v. 分裂; 瓦解

The ancient bones **disintegrated** in her hands.

她手中的那些古代的骨頭都碎掉了。

☐ **dismal** 〔'dɪzml̩〕 ☞ dismally *adv.*

adj. 陰暗的

The **dismal** weather made everyone sad.

陰暗的天氣使得人人情緒低落。

☆ EXERCISE 21 ☆

1. The fact that they could not speak the native language added a new＿＿＿＿＿to their problems.　　　(師大,中興,中山)

   (A) dimension　(B) moderation　(C) occupation　(D) deluge

2. We have no＿＿＿＿relations with the country.　　(中興,淡江)

   (A) independent　(B) republic　(C) diplomatic　(D) effective

3. The＿＿＿＿horse was of no use to the farmer. (台大,中興,中正)

   (A) dimpled　(B) healthy　(C) austere　(D) disabled

4. His parents_____of his way of life.　　(台大,政大,中興,輔大)

   (A) relaxed　(B) disapproved　(C) negated　(D) demanded

5. The effects of a nuclear explosion are_____.　(台大,中興,淡江)

   (A) disastrous　(B) ludicrous　(C) disappear　(D) prosperous

6. They were unable to_____what was happening from so far away.　　(台大,中興,成大)

   (A) apply　(B) intern　(C) discern　(D) discard

7. _____is often based on ignorance and fear.　　(政大,中山)

   (A) Devoid　(B) Acceptance　(C) Discounting　(D) Discrimination

8. The company's_____seemed to have no end.(台大,政大,中山)

   (A) disgust　(B) disguise　(C) deception　(D) dilemmas

＊　　　＊　　　＊

☑ **dismay** 〔dɪs'me〕

　　v. 使氣餒
　　n. 膽怯

The hard-working girl was not *dismayed* by such bad grades.
那個用功的女孩不會因為成績很差就氣餒。

☑ **dismiss** 〔dɪs'mɪs〕　*ơ* dismissal *n.*

　　v. 解散

Luckily, the class was *dismissed* fifteen minutes early.
很幸運,這堂課提早十五分鐘下課。

☑ **disoblige** 〔,dɪsə'blaɪdʒ〕

　　v. 忤逆人意

She was sorry to *disoblige* her mother, but she had to go.
她很抱歉不能聽她母親的話,她真的必須走。

☐ **disparage** 〔dɪ'spærɪdʒ〕 ☞ disparagement *n.*

v. 貶抑

He *disparaged* that her grades weren't really that good. 他輕蔑地說她的成績並非眞的那麼好。

☐ **disparity** 〔dɪs'pærətɪ〕 ☞ disparate *adj.*

n. 不一致

There was a large *disparity* in age between the students. 學生的年齡相差很多。

☐ **dispassionately** 〔dɪs'pæʃənɪtlɪ〕 ☞ dispassionate *adj.*

adv. 冷靜地

His personal experience was very horrible, but he presented it *dispassionately.*

他的親身經歷十分駭人聽聞，但當他敍述時，他卻十分冷靜。

* horrible 〔'hɑrəbl〕 *adj.* 可怕的

☐ **dispatch** 〔dɪ'spætʃ〕

n., *v.* 快遞；
迅速處理

The news *dispatch* gave the details of the upcoming meeting. 新聞快報說明了即將召開的會議細節。

☐ **dispel** 〔dɪ'spɛl〕

v. 消除

Before she began her speech, she wanted to *dispel* any doubts about her character that they may have had.

在開始演講前，她想先解除人們對她的人格可能存有的懷疑。

☐ **displace** 〔dɪs'ples〕 ☞ displacement *n.*

v. 取代

Machinery has almost *displaced* human labor completely since the Industrial Revolution.

自從工業革命以來，機器幾乎已經完全取代了人力。

* *the Industrial Revolution* 工業革命

☐ **dispose** 〔dɪˈspoz〕　☞ disposable *adj.*

v. 處理

The thieves quickly *disposed* of any evidence that could incriminate them.

竊賊很快地銷毀所有對他們不利的證據。

　　* incriminate 〔ɪnˈkrɪmə,net〕 *v.* 使人定罪

☐ **dispute** 〔dɪˈspjut〕　☞ disputable *adj.*

v.,*n.* 爭辯

The coach vehemently *disputed* the call with the umpire.

教練和裁判對判定的結果，起了激烈的爭執。

　　* vehemently 〔ˈviəməntlɪ〕 *adv.* 激烈地

　　call 〔kɔl〕 *n.* 判決　　umpire 〔ˈʌmpaɪr〕 *n.* 裁判

☐ **disrespect** 〔,dɪsrɪˈspɛkt〕　☞ disrespectful *adj.*

n. 無禮

Her haughty attitude showed far too much *disrespect* for others.

她傲慢的態度，對別人是極大的不敬。

　　* haughty 〔ˈhɔtɪ〕 *adj.* 傲慢的

☐ **disrupt** 〔dɪsˈrʌpt〕　☞ disruption *n.*

v. 打斷

The loud noise outside *disrupted* his sleep.

外頭的噪音把他給吵醒了。

☐ **dissatisfaction** 〔,dɪssætɪsˈfækʃən〕　☞ dissatisfy *v.*

n. 不滿

They wrote a letter expressing their *dissatisfaction* with the product.

他們寫了一封信，表達對該項產品的不滿。

☐ **dissection** 〔dɪˈsɛkʃən〕　☞ dissect *v.*

n. 解剖

The *dissection* of the fetal pig was the next experiment in class.下堂課要做的實驗,是解剖小豬。

☑ **dissidence** 〔'dɪsədəns〕　☞ dissident *adj.*
　　n. (意見的)　｜
　　　不合　　　　｜Their *dissidence* on the subject was well
　　　　　　　　｜detailed in the papers.
　　　　　　　　｜他們對這件事意見不合，報上刊登得很詳細。

☑ **dissipate** 〔'dɪsə,pet〕　☞ dissipation *n.*
　　v. 消除　　　｜
　　　　　　　　｜She *dissipated* their fear with encouraging
　　　　　　　　｜words. 她用鼓勵的話來消除他們的恐懼。

☑ **dissolution** 〔,dɪsə'luʃən〕　☞ dissolve *v.*
　　n. 解除　　　｜
　　　　　　　　｜The *dissolution* of their marriage went unno-
　　　　　　　　｜ticed by many.
　　　　　　　　｜很多人都不知道他們的婚姻已經結束了。

☑ **distinction** 〔dɪ'stɪŋkʃən〕　☞ distinct *adj.*
　　n. 差異　　　｜
　　　　　　　　｜The only *distinction* between the two bikes
　　　　　　　　｜was the color of the seat.
　　　　　　　　｜這兩輛腳踏車唯一的差別是坐椅的顏色。

☑ **distinguish** 〔dɪ'stɪŋgwɪʃ〕　☞ distinguishable *adj.*
　　v. 分辨　　　｜
　　　　　　　　｜It was hard to *distinguish* who was in the
　　　　　　　　｜dark room.在漆黑的房裏，很難分辨出誰是誰。

☑ **distress** 〔dɪ'strɛs〕　☞ distressful *adj.*
　　n. 遇難　　　｜
　　v. 使苦惱　　｜The sinking ship's *distress* signal was picked
　　　　　　　　｜up by a nearby fishing boat.
　　　　　　　　｜那艘快沈沒的船所發出的求救信號，被附近的漁船
　　　　　　　　｜接收到。

☑ **distribute** 〔dɪ'strɪbjʊt〕 ☞ distributor *n.*

v. 分發

The teacher *distributed* the tests to the students. 老師把考卷發給學生。

☑ **distribution** 〔,dɪstrə'bjuʃən〕 ☞ distributive *adj.*

n. 分佈

The *distribution* of wealth in the United States is very uneven.
在美國貧富差距很大。

☑ **district** 〔'dɪstrɪkt〕

n. 地區

The city was divided into five different school *districts*. 這城市被劃分爲五個不同的學區。

☑ **distrust** 〔dɪs'trʌst〕 ☞ distrustful *adj.*

v.,*n.* 不信任

She *distrusted* her husband so much that she even followed him to work one day.
她非常不信任她的丈夫，有一天她甚至還跟踪他去上班。

☑ **disturb** 〔dɪ'stɝb〕 ☞ disturbance *n.*

v. 打擾

She asked not to be *disturbed* any longer, no matter what.
她要別人不管發生什麼事，都不要來打擾她。

☑ **ditch** 〔dɪtʃ〕

n. 排水溝

The stolen car was found looted, in a *ditch* by the side of the road.
失竊的車子在路旁的排水溝被發現時，已被洗刧一空了。

　　＊ loot〔lut〕*v.* 搶刧；掠奪

☐ **diversity** 〔daɪ'vɝsətɪ〕 ☞ diversify *v.*
  n. 多元性
  The school stressed its ***diversity*** as the key to its students' success abroad.
  該校強調，學校本身的多元性，是學生在海外成功的重要因素。

☐ **divine** 〔də'vaɪn〕 ☞ divinity *n.*
  adj. 神性的
  Everyone was surprised at her miraculous recovery; it was as if some ***divine*** power had saved her out of the jaws of death.
  每個人都對她奇蹟般地復原感到驚訝；彷彿是一股神性的力量救她脫離險境。
  * ***out of the jaws of death*** 脫離險境

☐ **document** 〔'dɑkjəmənt〕 ☞ documentary *adj.*
  n. 公文
  The ***document*** was delivered directly to the President. 該文件被直接呈交給總統。

☐ **dodge** 〔dɑdʒ〕
  v.,n. 躲開
  The politician deftly ***dodged*** the reporters probing questions.
  這政客很巧妙地躲開記者試探性的問題。
  * probing 〔'probɪŋ〕 *adj.* 試探的

☆ EXERCISE 22 ☆

1. He was＿＿＿＿＿as a " bubble-headed liberal ". (台大,淡江,中山)
  (A) disparaged (B) willed (C) announced (D) complimented

2. The cruisers were＿＿＿＿＿in a single line. (師大,政大,中興,淡江)
  (A) repented (B) exposed (C) prepared (D) disposed

3. They had a small＿＿＿＿＿＿over the price. (台大,師大,中興,淡江)
   (A) agreement   (B) dispute   (C) orphange   (D) disrupt

4. The government's new tax was met with much voter＿＿＿＿＿.
   (A) disrespect   (B) disrepute   (C) dissidence   (D) dissatisfaction
   (中興)

5. There was a＿＿＿＿＿friendliness between the two nations.
   (A) extinct   (B) desireable   (C) distinct   (D) ebbing   (台大,輔大)

6. It is not always easy to＿＿＿＿＿real pearls from fake ones.
   (A) distinguish   (B) derail   (C) dismiss   (D) distribute
   (中興,中山,成大,東吳)

7. The ship sent out a＿＿＿＿＿signal for help.   (台大,政大,中興)
   (A) depress   (B) distress   (C) minute   (D) disintergrate

8. The balance and＿＿＿＿＿of nature is threatened.(台大,師大,中正)
   (A) various   (B) depletion   (C) diversity   (D) requirements

*   *   *

☐ **dome** 〔dom〕
　　n. 圓頂
　　　The cathedral with its *domes* glittering against the sunlight was a beautiful sight.
　　　那棟圓頂大教堂在陽光下閃閃發光，十分美麗。

☐ **domestic** 〔dəˈmɛstɪk〕   ☞ domstically *adv.*
　　adj. 國內的
　　　Many question Bush's capability regarding *domestic* issues. 許多人懷疑布希是否有能力處理國內的問題。

☐ **dominance** 〔ˈdɑmənəns〕   ☞ dominant *adj.*
　　n. 優勢
　　　His *dominance* of the tennis world lasted over ten years. 他稱霸網球界十餘年。

☑ **dominion** 〔dəˈmɪnjən〕 ☞ dominate *v.*

n. 統治權

For centuries, Native Americans had *dominion* over the Great Plains.
幾世紀以來，北美大平原一直受美洲原住民的控制。

☑ **doodle** 〔ˈdudḷ〕

v. , *n.*
亂寫亂畫

She often did not pay attention and spent her time in class *doodling*.
她上課常常不專心，喜歡在課堂上塗鴉混時間。

☑ **doom** 〔dum〕

n. 毀滅
v. 注定

They thought the bad weather was a sign of impending *doom*.
他們認爲，那惡劣的天候象徵著厄運即將來臨。

　　* impending 〔ɪmˈpɛndɪŋ〕 *adj.* 迫近的

☑ **dormant** 〔ˈdɔrmənt〕 ☞ dormancy *n.*

adj. 呈睡眠
狀態的

The lazy dog lay *dormant* all day.
那條懶狗整日趴在那裏睡覺。

☑ **downcast** 〔ˈdaʊnˌkæst〕

adj. 垂頭喪
氣的

Her mother questioned her about her *downcast* expression when she came home from school.她的母親問她爲何放學回家後神情那麼沮喪。

☑ **draft** 〔dræft〕

n. 草案
v. 草擬

The first *draft* of the law was vetoed by the congress.
這條法律的第一份草案被國會否決了。

　　* veto 〔ˈvito〕 *v.* 否決

☑ **drain** 〔dren〕

v. 喝光
n. 下水道；
　　枯竭

The thirsty man ***drained*** the glass dry in
on gulp.
那個口渴的人一口就把整杯水給喝光了。

☑ **drastic** 〔'dræstɪk〕　☞ drastically *adv.*

adj. 強烈的

A powerful earthquake often has ***drastic***
sions. 大地震常會造成強烈的震動。
　　＊ percussion 〔pɚ'kʌʃən〕 *n.* 震動；撞擊

☑ **draught** 〔dræft〕

n. 氣流;通風

There was a ***draught*** blowing in through the
broken window.
有一股風從破掉的窗戶外吹進來。

☑ **drizzle** 〔'drɪzl〕　☞ drizzly *adj.*

n. 毛毛雨

A light ***drizzle*** began to fall as they left for
school.
當他們前往學校時，就開始下起了毛毛雨。

☑ **droll** 〔drol〕　☞ drollery *n.*

adj. 好笑的

The funny old man was described by many
as very ***droll***.
許多人都說那個有趣的老頭很滑稽。

☑ **droplet** 〔'drɑplɪt〕　☞ drop *n.*

n. 小滴

A single ***droplet*** of water fell on her head.
有一小滴水滴在她頭上。

☑ **drown** 〔draʊn〕

v. 淹沒

Her response was ***drowned*** out by the sound coming from the construction site.
她的回答被建築工地傳來的噪音所淹沒。

☑ **dubiously** 〔'djubɪəslɪ〕 ☞ dubious *adj.*

adv. 懷疑地

He ***dubiously*** raised his hand to ask a question, but promptly pulled it back as soon as the teacher turned to face him.
他遲疑地想舉手發問，但是老師一轉過來面向他時，他又很快地把手縮回來。

☑ **duly** 〔'djulɪ〕

adv. 當然

The long rest was ***duly*** deserved.
放長假是理所當然的。

☑ **dump** 〔dʌmp〕 ☞ dumping *n.*

v. 傾倒

They ***dumped*** the groceries on the counter and ran to greet their father.
他們把雜貨丟在櫃台上，就跑出去迎接父親。

☑ **duplicate** 〔'djupləket〕 ☞ duplication *n.*

v. 複製

No matter how much he tried, he failed to ***duplicate*** his past performance.
無論他怎麼試，他都無法表演得和上次一模一樣。

☑ **durable** 〔'djʊrəbḷ〕 ☞ duration *n.*

adj. 耐用的

The cheap, plastic watch turned out to be rather ***durable***.
那只便宜、塑膠製的手錶，十分耐用。

☑ **dusk** 〔dʌsk〕 ☞ dusky *adj.* 微暗的
n. 黃昏

Regardless of the weather, these farmers toiled at their fields from morning to *dusk*, every day of their lives.

無論天氣如何，這些農夫每天都到田裏，從早到晚辛勤工作。

☑ **dwarf** 〔dwɔrf〕
v. 使～相形見絀
n. 矮子

The immense truck *dwarfed* their small van.

那輛大卡車，把他們的小客車給比下去了。

☑ **dwell** 〔dwɛl〕
v. 沈緬；住

Do not *dwell* too long on past mistakes; look to the future.

不要老是想著過去所犯的錯誤，想想未來吧。

* *dwell on* 沈緬

☑ **dwindle** 〔'dwɪndl̩〕
v. 減少

The crowd at the site of the accident, gradually began to *dwindle* as the police started looking for witnesses.

當警方開始尋找目擊者時，發生意外的現場群衆就逐漸散去。

☑ **dye** 〔daɪ〕
v. 染
n. 染料

She *dyed* her hair monthly to hide the gray.

爲了掩飾白髮，她每個月都染髮。

☑ **dynamic** 〔daɪ'næmɪk〕 ☞ dynamism *n.*
adj. 有活力的

His *dynamic* character won him many votes.

他充滿活力的個性，爲他贏得許多選票。

☆ EXERCISE 23 ☆

1. For its_____water supply, the Netherlands uses the Rhine.

   (A) democratic (B) dominate (C) domestic (D) diplomatic

   （政大,淡江,逢甲,輔大）

2. The sunken ship lay_____on the sea floor. （中興,淡江）

   (A) dormant (B) deport (C) wreck (D) dominion

3. The energetic child_____his mother of her energy.

   (A) drolled (B) drafted (C) drained (D) withdrew （台大,師大,中山）

4. _____measures are neccessary to reduce the crime rate.

   (A) Unique (B) Drastic (C) Downcast (D) Developed （淡江,中山）

5. She came home and_____her books on the table. （師大,政大）

   (A) assumed (B) dumped (C) drowned (D) domed

6. Precision such as this is hard to_____. （台大,中興,東吳）

   (A) duplicate (B) react (C) qualify (D) demean

7. His interest in comic books_____as he got older.

   (A) rekindled (B) dwelled (C) dwindled (D) wrinkled

   （師大,政大,文化）

8. The_____new president is popular with the younger generation. （中興,淡江）

   (A) wicked (B) durable (C) defiance (D) dynamic

☑ **earthquake** 〔'ɝθ,kwek〕

n. 地震

The *earthquake* shook the whole city and da-
maged many buildings.

地震搖撼了整個城市，並且損壞了許多建築物。

☑ **eavesdrop** 〔'ivz,drɑp〕　☞ eavesdropper *n.* 竊聽者

v. 偷聽

It is not polite to *eavesdrop* on other people's
conversations.

偷聽別人談話是很不禮貌的。

☑ **eccentric** 〔ɪk'sɛntrɪk, ɛk-〕　☞ eccentricity *n.* 古怪

n. 古怪的人
adj. 怪癖的

He was known as an *eccentric* for the odd
sculptures he kept in his yard.

他是個出了名的怪人，因爲他在院子裏擺了一些怪
異的雕刻。

　＊ sculpture 〔'skʌlptʃɚ〕 *n.* 雕刻

☑ **echo** 〔'ɛko〕　☞ echoless 〔'ɛkolɪs〕 *adj.* 沒有回聲的

n. 回聲
v. 發出回音

They could hear their *echo* bouncing off the
other mountains.

他們可以聽見他們從山裏傳回來的回聲。

　＊ bounce 〔baʊns〕 *v.* 反彈

▢ **ecology** 〔ɪˈkɑlədʒɪ〕 ☞ ecologist 〔ɪˈkɑlədʒɪst〕 *n.* 生態學家
n. 生態學

Ecology is the study of the environment.
生態學是門研究環境的科學。

▢ **economy** 〔ɪˈkɑnəmɪ, i-〕 ☞ economic 〔͵ikəˈnɑmɪk,͵ɛk-〕*adj.*
n. 經濟

The *economy* of that country is rather weak.
該國的經濟狀況不太好。

▢ **edible** 〔ˈɛdəbḷ〕 ☞ edibility *n.* 可食性
adj. 可食的

Many types of mushrooms are not *edible*.
有很多種蕈類不可食用。
  * mushroom 〔ˈmʌʃrum,- rum〕 *n.* 蕈

▢ **edition** 〔ɪˈdɪʃən〕 ☞ editorial 〔͵ɛdəˈtorɪəl,-ˈtɔr-〕 *n.* 社論
n. 版本

It was a first *edition* in good condition and
was therefore very valuable.
這是一本保存得很好的初版書,因此非常珍貴。

▢ **effectiveness** 〔ɪˈfɛktɪvnɪs,ə-〕 ☞ effective *adj.* 有效的
n. 效力;
  有效

The *effectiveness* of the medicine was quickly
noticed. 這種藥的藥效很快就看得到。

▢ **efficient** 〔əˈfɪʃənt,ɪ-〕 ☞ efficiency 〔əˈfɪʃənsɪ,ɪ-〕 *n.* 效率
adj. 有效率的

They were *efficient* workers who wasted no
time or materials.
他們是很有效率的工人,絕不會浪費時間及材料。

▢ **ego** 〔ˈigo,ˈɛgo〕 ☞ egoism *n.* 利己主義
n. 自我

His huge *ego* made him very hard to get along
with. 他十分自我,很難和別人相處。

☑ **elaborate** 〔ɪˈlæbərɪt〕　☞ elaboration〔ɪ,læbəˈreʃən〕*n.* 精緻
adj. 精巧的

The *elaborate* stage production took months
to produce.
這個精緻的舞台，是花了好幾個月的時間製作而成
的。

☑ **elasticity** 〔ɪ,læsˈtɪsətɪ,, ilæs-〕　☞ elastic *adj.* 有彈性的
n. 彈性

Some economists believe that the *elasticity*
of supply determines the demand.
有些經濟學家相信供給的彈性可以決定需求的多寡。

☑ **elate** 〔ɪˈlet, i-〕　☞ elation〔ɪˈleʃən, i-〕*n.* 得意揚揚
v. 使興奮

She was *elated* to hear that she was accepted
into college.
她聽說她被允許進入大學，非常興奮。

☑ **election** 〔ɪˈlɛkʃən〕　☞ elect〔ɪˈlɛkt〕*v.*
n. 選舉

The candidates anxiously waited for the re-
sults of the *election*.
候選人很焦急地等候選舉的結果。
　　* candidate〔ˈkændə,det〕*n.* 候選人
　　　anxiously〔ˈæŋkʃəslɪ〕*adv.* 焦慮的

☑ **electric** 〔ɪˈlɛktrɪk, ə-〕　☞ electricity *n.*
adj. 電的

An *electric* stove is much less efficient than
a gas stove. 電爐的效率比瓦斯爐差多了。

☑ **elegance** 〔ˈɛləgəns〕　☞ elegant *adj.*
n. 高雅

The *elegance* of the room made him uncom-
fortable.
待在這麼雅緻的房間裏，使他覺得很不自在。

☐ **elevate** 〔'ɛlə,vet〕 σ elevator 〔'ɛlə,vetə〕 *n.* 電梯
v. 擢升；
提高

A victory in his next round would greatly *ele-vate* his chances of winning the championship.
他下一回合若是再勝利，就會大大提高他贏得冠軍的機會。

* round 〔raʊnd〕 *n.* 回合

☐ **eligible** 〔'ɛlɪdʒəbl̩〕 σ eligibility 〔,ɛlədʒə'bɪlətɪ〕*n.* 合格性
adj. 合格的

Being a student, she was *elegible* for free medical care.
由於是學生，她可以享受免費的醫療服務。

☐ **eliminate** 〔ɪ'lɪmə,net〕 σ elimination *n.*
v. 消去

Automatic tellers *eliminate* the need to wait in long lines at the bank.
自動櫃員服務機使我們不需要到銀行去大排長龍。

* teller 〔'tɛlə〕 *n.* (銀行的)出納員

☐ **elite** 〔ɪ'lit, e'lit〕
n. 社會名流；
菁英
adj. 最優秀的

This is a very high-class neighborhood, so only the *elite* can afford to live here.
這個地區非常高級，所以只有社會名流才住得起。

☐ **elliptical** 〔ɪ'lɪptɪkl̩〕
adj. 橢圓的

The earth follows an *elliptical* path as it revolves around the sun. 地球以橢圓形的軌道，繞太陽公轉。

* revolve 〔rɪ'vɑlv〕 *v.* 旋轉

☐ **elusive** 〔ɪ'lusɪv, ɪ'lju-〕 σ elude 〔ɪ'lud, ɪ'ljud〕 *v.* 躲避
adj. 躲避的

The *elusive* dog was hard to catch.
逃掉的狗很難抓到。

☑ **emancipation**〔ɪ‚mænsə′peʃən〕　☞ emancipate *v.*

　n. 解放
The *emancipation* of slaves was truly a great event. 奴隸的解放的確是一件大事。

☑ **embargo**〔ɪm′bɑrgo〕

　n. 禁止通商
　v. 禁運
The President placed a trade *embargo* on the country for not complying with the treaty. 由於那個國家不遵守條約，總統下令禁止與該國通商往來。

　　　* ***comply with*** 遵守　　　treaty〔′tritɪ〕*n.* 條約

☑ **embassy**〔′ɛmbəsɪ〕　☞ ambassador〔æm′bæsədɚ〕*n.* 大使

　n. 大使館
The *embassy* was guarded by a battallion of marines. 大使館是由一營海軍陸戰隊士兵把守。

　　　* battallion〔bə′tæljən‚bæ-〕*n.* 營
　　　marine〔mə′rin〕*n.* 海軍陸戰隊士兵

☑ **embody**〔ɪm′bɑdɪ〕　☞ embodiment〔ɪm′bɑdɪmənt〕*n.*

　v. 使具體化
She *embodies* everything he could ever ask for. 她對他有求必應。

☑ **embrace**〔ɪm′bres〕

　v. 擁抱
They *embraced* briefly, then parted. 他們擁抱了一會後，就分開了。

　　　* part〔pɑrt〕*v.* 分開

☑ **embroider**〔ɪm′brɔɪdɚ〕　☞ embroidery *n.*

　v. 刺繡
The tablecloth had flowers *embroidered* on it. 這塊桌布上有繡花。

☑ **emerge** 〔ɪˈmɝdʒ〕
v. 出現

The hunters were waiting all night for the lion to *emerge* from his den.

獵人們守候終夜，爲了等獅子從牠的洞穴中出來。

☑ **emigrate** 〔ˈɛməˌgret〕 ☞ emigration 〔ˌɛməˈgreʃən〕 *n.*
v. 移居他國

Many people *emigrated* from Europe to America in the early 1900s.

在1900年代初期，很多人由歐洲移民至美洲。

☆ EXERCISE 24 ☆

1. Her _____ways are hard to understand. (台大，政大)

 (A) eccentric (B) eavesdrop (C) compound (D) electric

2. The management of the_____is a key topic for politicians.

 (A) welfare (B) ecology (C) mathematics (D) economy
 (台大，師大，政大，中興，文化，淡江，中正，成大，逢甲，輔大)

3. She is_____in her work and never wastes time. (台大，中興)

 (A) lofty (B) afflict (C) efficient (D) egotisical

4. They were all_____and excited to hear the good news.

 (A) saddened (B) elated (C) engrossed (D) belated (台大，師大，政大)

5. There was a powerful_____current running through the wires. (台大，政大，中興，淡江，中山，成大，靜宜)

 (A) elegance (B) magnet (C) musical (D) electric

6. The_____resort was for members only. (台大，政大)

 (A) smite (B) enchant (C) elite (D) elevate

7. New facts have_____as a result of the inquiry.

(A) emerged   (B) elliptical   (C) surmised   (D) merged

（台大，中興，文化，淡江）

8. Over thirteen million people_____from Europe to other countries.

（中興，輔大）

(A) emigrated   (B) immigrated   (C) eliminated   (D) released

＊　　　　＊　　　　＊

☑ **eminence** 〔'ɛmənəns〕   ☞ eminent *adj.* 聞名的；顯赫的

n. 卓越；
顯赫

She reached *eminence* as an actress after her first movie.
那個女演員在演了第一部電影之後聲名大噪。

☑ **emission** 〔ɪ'mɪʃən〕   ☞ emit 〔ɪ'mɪt〕 *v.*

n. 放射

There is no control on harmful *emissions* from motorcycles.
對於機車所排放出的有害物質並沒有設限。

☑ **emotional** 〔ɪ'moʃən!〕   ☞ emotion *n.*

adj. 情感的

She was an *emotional* wreck; one minute she was happy, the next she was miserable.
她是個感情脆弱的人，前一分鐘她還很高興，下一分鐘她卻又悲傷起來。

＊ wreck 〔rɛk〕 *n.* 虛弱的人

☑ **emperor** 〔'ɛmpərɚ〕

n. 皇帝;君主

The *emperor* recently made a tour of the kingdom. 國王最近巡視了全國。

＊ kingdom 〔'kɪŋdəm〕 *n.* 王國

☐ **enchant** 〔ɪn'tʃænt〕   ☞ enchanting 〔ɪn'tʃæntɪŋ〕*adj.* 迷人的
  v. 使著迷

She *enchanted* them with stories of her childhood in the country.
她在那個國家的童年故事令他們十分著迷。

☐ **encourage** 〔ɪn'kɝɪdʒ〕   ☞ encouragement 〔ɪn'kɝɪdʒmənt〕*n.*
  v. 鼓勵

His parents *encouraged* him to be selfless and always help others.
他的父母鼓勵他要無私，而且要常幫助別人。

☐ **encyclopedia** 〔ɪn,saɪklə'pidɪə〕
  n. 百科全書

An *encyclopedia* is often a good first source to look at when writing a research paper.
寫研究報告時，百科全書常是查詢初步資料的最好來源。

☐ **endow** 〔ɪn'daʊ〕   ☞ endowment 〔ɪn'daʊmənt〕*n.* 捐贈
  v. 賦予；
    捐助

She was *endowed* with a wonderful singing voice. 老天賦與她極優美的歌喉。

☐ **endurance** 〔ɪn'djʊrəns〕   ☞ endure 〔ɪn'djʊr〕*v.* 耐久；忍受
  n. 耐力

Marathon runners need to have incredible *endurance* to finish the race.
馬拉松選手必須要有極強的耐力才能跑完全程。

    * incredible 〔ɪn'krɛdəbl̩〕*adj.* 驚人的

☐ **energetic** 〔,ɛnɚ'dʒɛtɪk〕   ☞ energy 〔'ɛnɚdʒɪ〕*n.* 精力；能源
  adj. 精力充
    沛的

The *energetic* child never seemed to tire.
這孩子精力充沛，似乎從來都不會累。

☑ **enforce** 〔ɪn'fors〕   σ enforcement *n.*

v. 執行;強制

The principal strictly *enforced* all the school rules. 校長嚴格執行所有的校規。

☑ **engage** 〔ɪn'gedʒ〕   σ engagement *n.*

v. 攻擊;吸引;
訂婚

Their orders were not to *engage* the enemy unless fired upon.
他們接到命令,除非敵人開火,否則不准攻擊。

Her attention was *engaged* by the display of new sweaters in the shop window.
她的注意力被商店櫥窗中新款式毛衣的展示所吸引。

☑ **engender** 〔ɪn'dʒɛndɚ〕

v. 產生

Poor grades are often *engendered* by poor study habits.
成績不好常是因爲不良的讀書習慣所致。

☑ **engross** 〔ɪn'gros〕

v. 使全神貫注

They were so *engrossed* in the television that they didn't hear the phone ring.
他們看電視看得太專心了,所以根本沒聽見電話鈴響。

☑ **enhance** 〔ɪn'hæns〕   σ enhancement *n.*

v. 提高;增加

The addition of the painting *enhanced* the beauty of the room. 房間裏因多掛了這幅畫而更增美感。

☑ **enigma** 〔ɪ'nɪgmə〕

n. 謎

The wizard spoke with riddles and *enigmas* and no one could understand what he was saying.
巫師所說的話和謎一樣,沒人聽懂他在說什麼。

　　* wizard 〔'wɪzɚd〕 *n.* 男巫

☑ **enlighten** 〔ɪn'laɪtn̩〕 σ enlightenment 〔ɪn'laɪtn̩mənt〕 *n.*

v. 開導；
啟發

The book *enlightened* her to many of the evils of this world.

這本書使她對世界上許多邪惡的事有所認識。

☑ **enormous** 〔ɪ'nɔrməs〕 σ enormously 〔ɪ'nɔrməslɪ〕 *adv.*

adj. 巨大的

The Forbidden City is an *enormous* palace.

紫禁城是非常宏偉的宮殿。

* *Forbidden City* 北平紫禁城
  palace 〔'pælɪs〕 *n.* 宮殿

☑ **enquire** 〔ɪn'kwaɪr〕 σ enquiry 〔ɪn'kwaɪrɪ〕 *n.*

v. 詢問

His mother *enquired* as to how he got the money to buy his new motorcycle.

他媽媽詢問他怎麼會有錢買新機車。

. ☑ **enrage** 〔ɪn'redʒ, ɛn-〕 σ enraged 〔ɪn'redʒd〕 *adj.* 發怒的

v. 發怒

He was *enraged* at his sister for taking his money without asking first.

她的妹妹沒有先問他就拿了他的錢使他很生氣。

☑ **enrichment** 〔ɪn'rɪtʃmənt〕 σ enrich *v.* 使豐富；使肥沃

n. 豐富；肥沃

The addition of a few spices can give a lot of *enrichment* to otherwise bland food.

添加一些香料可使原本無味的食品口味更好。

* spice 〔spaɪs〕 *n.* 香料；調味品
  bland 〔blænd〕 *adj.* 沒味道的；無刺激性的

☑ **enroll** 〔ɪn'rol〕 σ enrollment *n.*

v. 登記；加入

She is currently *enrolled* in a school of medicine. 她順利地完成登記，進入醫學院就讀。

* currently 〔'kɝəntlɪ〕 *adv.* 順利地

☑ **enslave** 〔ɪn'slev, ɛn-〕

v. 使成為奴隸

> The captured soldiers were *enslaved* by their conquerers and kept in chains and shackles.
> 那些被俘的士兵變成征服者的奴隸，而且還戴著手銬腳鐐。
> * shackle 〔'ʃækḷ〕 *n.* 手銬；腳鐐

☑ **ensue** 〔ɛn'su, ɛn'sju〕

v. 因而發生

> The fight *ensued* as a result of their argument the night before.
> 他們的打鬥起因於前一晚的爭吵。

☑ **ensure** 〔ɪn'ʃʊr〕 ☞ ensurer 〔ɪn'ʃʊrɚ〕 *n.* 保證人

v. 保證

> He *ensured* the investor that his money was safe in his bank.
> 他向投資人保證他的錢在銀行裏非常安全。
> * investor 〔ɪn'vɛstɚ〕 *n.* 投資人

☑ **enterprise** 〔'ɛntɚ,praɪz〕

n. 企業

> Local *enterprise* is discouraged due to heavy government taxation.
> 本地企業由於政府課稅太重而受到打擊。
> * discourage 〔dɪs'kɝɪdʒ〕 *v.* 阻礙；使沮喪
>   taxation 〔tɛks'eʃən〕 *n.* 課稅

☑ **enthusiasm** 〔ɪn'θjuzɪ,æzəm〕 ☞ enthusiastic *adj.*

n. 熱心

> Joe was a football fan and he showed little *enthusiasm* in any other sports.
> 喬是個足球迷，他對其他運動就不怎麼熱衷。

☑ **entitle**〔ɪn'taɪtḷ〕

v. 使有資格；
定名稱

Every citizen over twenty years of age is *entitled* to vote.
年滿二十歲的公民就有選舉權。

　　＊ citizen〔'sɪtəzn〕*n.* 公民；市民

☑ **entity**〔'ɛntətɪ〕

n. 實體；
存在

Even though they may seem useless and annoying, insects are their own living *entity*.
即使昆蟲看起來沒什麼用處，又很討厭，但它們也是生命的實體。

　　＊ annoying〔ə'nɔɪɪŋ〕*adj.* 討厭的；惱人的

☑ **entrepreneurship**〔ˌɑntrəprə'nɝʃɪp〕

n. 創業精神

Her risky *entrepreneurship* in the motor industry paid off with huge revenues.
她在汽車工業上冒險的創業精神使她大爲成功，收益豐富。

　　＊ **pay off** 成功
　　 revenue〔'rɛvəˌnju〕*n.* 收益；歲入

☑ **entrust**〔ɪn'trʌst〕

v. 交託；
信賴

They *entrusted* all their finances to their lawyer. 他們把所有的財務交由律師管理。

☑ **envious**〔'ɛnvɪəs〕　σ envy〔'ɛnvɪ〕*v.*, *n.* 羨慕；嫉妒

adj. 羨慕的；
嫉妒的

She was always *envious* of her older sister's good looks and popularity.
她總是很羨慕她姊姊既美麗又受人歡迎。

☆ EXERCISE 25 ☆

1. She knew how to use her words to evoke a particular_____
response.　　　　　　　　　　　　　　　　　　　　　（東海）
(A) educational　(B) administered　(C) regret　(D) emotional

2. I cannot_____listening to your complaints any longer.
(A) withdraw　(B) commit　(C) endure　(D) endow （台大,師大,政大）

3. They were_____and planned on getting married next year.
(A) engaged　(B) divorced　(C) couple　(D) martyred
　　　　　　　　　　　　　　　　　　　（政大,中興,成大）

4. Night-vision glasses_____their vision in the dark.
(A) depleted　(B) remained　(C) enhanced　(D) enigma （台大,政大）

5. She_____as to his whereabouts the evening before.
(A) question　(B) enquired　(C) enraged　(D) enrolled　（台大,逢甲）

6. The company_____employees a decent living. （台大,政大）
(A) ensures　(B) insurance　(C) ensues　(D) enlightened

7. I don't feel much_____about the book.　　（淡江,中山）
(A) enthusiasm　(B) patience　(C) emperor　(D) anxiety

8. He was_____of her accomplishments.　　　　　（師大）
(A) antipathy　(B) entrusted　(C) envious　(D) illiterate

9. The_____is supreme ruler.　　　　（政大,中興,中山）
(A) peasant　(B) emperor　(C) legislator　(D) secretary

☐ **ephemeral** 〔ə'fɛmərəl〕
adj. 短暫的;
瞬息的

The life span of a fly is very *ephemeral* when compared to that of a human.
蒼蠅的壽命和人類相比非常短暫。

☐ **epicurean** 〔,ɛpɪkjʊ'riən〕 ☞ Epicureanism *n.* 快樂主義
adj. 快樂主
義的

He hoped his *epicurean* evening spent with her would never end.
他希望與她共度的這個美好快樂的夜晚永遠不要結束。

☐ **epoch** 〔'ɛpək〕 ☞ epochal 〔'ɛpəkḷ〕 *adj.* 紀元的;劃時代的
n. 紀元;
時代

The advent of space travel marked a new *epoch* in exploration.
太空旅行的到來為探險開創了一個新紀元。

* advent 〔'ædvɛnt〕 *n.* 到來;降臨

☐ **equality** 〔ɪ'kwɑlətɪ〕 ☞ equalize 〔'ikwəl,aɪz〕 *v.* 使平等
n. 平等

All people should be treated with kindness and *equality*.
所有的人都應被仁慈而平等地對待。

☐ **equation** 〔ɪ'kweʒən,-ʃən〕 ☞ equate 〔ɪ'kwet〕 *v.* 使相等
n. 方程式;
相等

She could not figure out the answer to the complex *equation*.
她無法求出這個複雜方程式的解。

* complex 〔'kɑmplɛks〕 *adj.* 複雜的

☐ **equator** 〔ɪ'kwetɚ〕 ☞ equatorial 〔,ikwə'toriəl〕 *adj.* 赤道的
n. 赤道

The sun passes through the *equator* twice a year. 太陽每年會經過赤道兩次。

☑ **equitable** 〔'ɛkwɪtəbḷ〕   ☞ equity 〔'ɛkwətɪ〕 *n.*
adj. 公平的   The salesman's price was very *equitable*.
這個推銷員提出的價格十分合理。

☑ **equivalent** 〔ɪ'kwɪvələnt〕   ☞ equivalence *n.* 等價；等量
adj. 相等的；   NT $100 is *equivalent* to roughly US $4.
相當的   台幣100元約等於美金4元。
* roughly 〔'rʌflɪ〕 *adv.* 約略地

☑ **eradicate** 〔ɪ'rædɪ,ket〕   ☞ eradication *n.*
v. 根除；   It is necessary to *eradicate* crime from the
撲滅   streets. 根除街頭的犯罪是必要的。

☑ **erase** 〔ɪ'res〕   ☞ erasable *adj.*
v. 擦掉；   The teacher asked for a volunteer to *erase*
抹去   the board. 老師徵求一位志願者來擦黑板。
* volunteer 〔,vɑlən'tɪr〕 *n.* 志願者

☑ **erect** 〔ɪ'rɛkt〕   ☞ erection 〔ɪ'rɛkʃən〕 *n.*
v. 豎立   They *erected* a statue to his memory as a
adj. 直立的   war hero.
他們為了紀念那位戰爭英雄而為他豎立雕像。
* statue 〔'stætʃʊ〕 *n.* 雕像

☑ **errand** 〔'ɛrənd〕
n. 差事   We had to run a few *errands* before we
could go to the movies.
去看電影之前，我們還有一些差事要辦。
* *run errands* 跑差事

☑ **eruption** 〔ɪˈrʌpʃən〕　☞ erupt 〔ɪˈrʌpt〕 *v.*

　　n. 爆發

The volcano's **eruption** sent everyone fleeing for their lives.
火山爆發使大家紛紛逃命。

☑ **escapism** 〔əˈskepɪzəm〕

　　n. 逃避現實

Drug use is often a form of **escapism**.
吸毒常是逃避現實的方法之一。

☑ **eschew** 〔ɛsˈtʃu,-ˈtʃɪu〕

　　v. 避開；
　　　 遠離

While talking to an elderly person, one should always **eschew** the use of slang words.
和較年長的人說話時，應該避免使用俚俗的言辭。
　　* slang 〔slæŋ〕 *n.* 俚語

☑ **escort** 〔ɪˈskɔrt〕

　　v. 護送

The President is **escorted** by body-guards everyday on his way to office.
總統每天上班途中，都有許多保鑣保護。
　　* body-guard 〔ˈbɑdɪˌɡɑrd〕 *n.* 保鑣

☑ **essence** 〔ˈɛsns〕　☞ essential 〔əˈsɛnʃəl〕 *adj.* 本質的；必要的

　　n. 本質

" An eye for an eye " was the **essence** of his violent attitude.
「以眼還眼，以牙還牙」的觀念，是他暴力傾向的本質。

☑ **establishment** 〔əˈstæblɪʃmənt〕　☞ establish 〔əˈstæblɪʃ〕 *v.*

　　n. 建立(物)

The hospital was a well known and respected **establishment** in the town.
這家醫院在鎮上很有名而且受人尊敬。

☑ **estate** 〔ə'stet〕
n. 地產

As an *estate* agent, Ben has made a lot of money during the last five years.
班從事房地產仲介的工作，過去五年裏賺了很多錢。

* *estate agent* 房地產仲介商

☑ **esteem** 〔ə'stim〕
n. 尊敬

In the Chinese society, scholars were held in high *esteem* by the common people.
在中國社會裏，學者非常受到一般人的尊敬。

* *hold in high esteem* 尊敬

☑ **estimate** 〔'ɛstə,met〕 ☞ estimation *n.*
v. 估計

They *estimated* it would take three days to finish the project.
他們估計完成這項計畫需要三天的時間。

☑ **eternal** 〔ɪ'tɝnl〕 ☞ eternity 〔ɪ'tɝnətɪ〕 *n.*
adj. 永恆的

They felt that their love for each other was *eternal* and would transcend all time and space.
他們覺得他們對彼此的愛是永恆的，而且會超越所有的時間與空間。

☑ **ethical** 〔'ɛθɪkl〕 ☞ ethics 〔'ɛθɪks〕 *n.* 倫理學
adj. 道德的;
倫理的

It is not *ethical* to discriminate against others.
歧視別人是不道德的。

☑ **ethnic** 〔'ɛθnɪk〕
adj. 民族的

South Boston is a very *ethnic* area populated by largely Irish-Americans.
波士頓南部因居民大多爲愛爾蘭籍,而民族風味十足。

☑ **evaluate** 〔ɪ'væljʊ,et〕　☞ evaluation *n.*
v. 評估
> A research group was coming to *evaluate* the efficiency of the factory.
> 有個研究小組會來評估這家工廠的效率。

☑ **evaporate** 〔ɪ'væpə,ret〕
v. 蒸發
> The morning dew quickly *evaporated* in the bright sun. 清晨的露珠很快就在旭日下蒸發了。

☑ **evasion** 〔ɪ've3ən〕　☞ evade *v.*
n. 逃避
> He often used his age as an excuse for his *evasion* of his responsibilties.
> 他常常以他的年齡作爲逃避責任的藉口。
>
> She tried, to no avail, to evade his harsh gaze. 她想躲開他無禮的注視，但沒有用。
>> * harsh 〔harʃ〕 *adj.* 粗魯的
>> gaze 〔gez〕 *n.* 注視

☑ **eventual** 〔ɪ'vɛntʃʊəl〕　☞ eventually *adv.*
adj. 最後的
> After years of hard work, his *eventual* success didn't surprise us at all.
> 經過多年的努力，他最後的成功一點也不使我們驚訝。

☑ **evidence** 〔'ɛvədəns〕　☞ evident 〔'ɛvədənt〕 *adj.* 明顯的
n. 證據
> The main piece of *evidence* was the finger prints found on the murder weapon.
> 兇器上所發現的指紋是主要的證據。
>> * *finger print* 指紋

☑ **evolution** 〔͵ɛvə'luʃən,-'lju-〕 ☞ evolve *v.* 發展；進化

　　n. 進化；
　　　演變

The *evolution* of a species is often long and filled with many unanswered questions.
物種的進化常是非常漫長，而且充滿許多無法得知的疑問。

　　　　* species 〔'spiʃɪz〕 *n.* 種

☑ **exceed** 〔ɪk'sid〕 ☞ excessive *adj.*

　　v. 超過

They could not *exceed* the speed limit of 120 kilometers an hour.
他們不可以超過每小時 120 公里的速限。

☆ EXERCISE 26 ☆

1. They were not paid＿＿＿＿＿salaries for the same work.
   (A) available (B) equator (C) equivalent (D) quality
   　　　　　　　　　　　　　　　　（台大,中正,逢甲）

2. Through scientific research, many diseases have been＿＿＿＿.
   (A) evicted (B) multiplied (C) discerned (D) eradicated
   　　　　　　　　　　　　　　　　　　（文化,淡江）

3. Competition is the＿＿＿＿＿of all games.（台大,師大,政大,中興,文化）
   (A) important (B) escort (C) essence (D) eschew

4. We have not＿＿＿＿＿the proper price for the contract yet.
   (A) estimated (B) allotted (C) collected (D) escated
   　　　　　　　　　　　（台大,師大,中興,文化,中山,中正）

5. Give me a direct answer, and stop＿＿＿＿＿the issue.
   (A) ensuring (B) ethos (C) esteeming (D) evading （淡江,中山）

6. _____, they will build a park here.　　(台大,中興,淡江,交大)

(A) Equality　(B) Eventually　(C) Generally　(D) Excessively

7. This suggests that plays have some benefit in_____and in
culture.　　　　　　　　　　　　　　(台大,政大,中興,中山)

(A) evolution　(B) errand　(C) evaporation　(D) measures

8. Diamond_____gold in value.　　　　　　　(淡江)

(A) dwindles　(B) excessive　(C) exceeds　(D) reduces

*   *   *

☑ **exclude** 〔ɪk'sklud〕　☞ exclusive *adj.* 除外的；排他的

v. 除外；
排除

The price given *excluded* the service charge
or tax. 這個價格並不包括服務費或稅 。

☑ **execute** 〔'ɛksɪ,kjut〕　☞ execution *n.*

v. 處決；
執行

The killer was *executed* in the town common.
那個兇手在鎮上的公地被處決 。

＊ common 〔'kɑmən〕 *n.* 公地

☑ **exemplify** 〔ɪg'zɛmplə,faɪ, ɛg-〕　☞ exemplification *n.* 範例

v. 例示；
作榜樣

The athlete *exemplified* grace, speed, and
strength.
那位選手是優雅、速度與力量的典範 。

☑ **exempt** 〔ɪg'zɛmpt,ɛg-〕　☞ exemption 〔ɪg'zɛmpʃən,ɛg-〕 *n.*

adj. 被免除的
v. 使免除

He was *exempt* from gym class due to his
broken leg.
他因為腿斷了而不必上體育課 。

☑ **exert** 〔ɪgˈzɝt〕　☞ exertion *n.*

v. 運用；　　They had to *exert* a lot of energy to push
　　施行　　　the car out of the ditch.
　　　　　　他們得用很大力氣才能把車子推出水溝。

　　　　　　＊ ditch〔dɪtʃ〕*n.* 排水溝

☑ **exhale** 〔εksˈhel, ɪgˈzel〕　☞ exhalation *n.*

v. 呼氣　　He *exhaled* the smoke out of his lungs in
　　　　　rings. 他從肺裏吐出一圈一圈的煙。

☑ **exhaust** 〔ɪgˈzɔst, εg-〕

v. 耗盡；　　They were *exhausted* from a long day of
　　使力竭　hiking. 一整天的健行使他們筋疲力竭。

☑ **exhibit** 〔ɪgˈzɪbɪt〕　☞ exhibition〔ˌεksəˈbɪʃən〕*n.* 表現；展覽

v. 表現；　He *exhibited* many of the same traits as his
　　展覽　father. 他表現出許多和他父親相同的特點。

　　　　　　＊ trait〔tret〕*n.* 特點

☑ **exhilirating** 〔ɪgˈzɪləˌretɪŋ, εg-〕　☞ exhilirate *v.*

adj. 令人興　The roller coaster ride was *exhilirating*.
　　奮的　坐雲霄飛車非常刺激。

　　　　　　＊ *roller coaster* 雲霄飛車

☑ **exile** 〔ˈεgzaɪl, ˈεksaɪl〕

v. 放逐　He was *exiled* from his country for his
　　　　　political views.
　　　　　他因他的政治理念而被放逐到國外。

☑ **existence** 〔ɪgˊzɪstəns〕 σ exist 〔ɪgˊzɪst〕 *v*. 存在
  n. 存在；
    發生
      Try as they might, they could not find any
      proof of the *existence* of foreign life forms.
      儘管他們一再嘗試，他們仍舊無法發現任何外來生
      命現象存在的證據。

☑ **exotic** 〔ɪgˊzɑtɪk〕 σ exoticism 〔ɪgˊzɑtə,sɪzm〕 *n*. 異國情調
  adj. 奇特美麗
    的；外來的
      The dance hall was decorated with *exotic*
      flowers of all colors.
      跳舞的大廳裏裝飾著各色的奇花異草。

☑ **expand** 〔ɪkˊspænd〕 σ expansion 〔ɪkˊspænʃən〕 *n*.
  v. 膨脹；
    擴張
      The company *expanded* their business by now
      catering to overseas customers as well.
      那家公司現在已經擴展業務，以迎合海外顧客的需
      要。
        * *by now* 現在已經
          cater 〔ˊketɚ〕 *v*. 迎合；滿足

☑ **expatiate** 〔ɪkˊspeʃɪ,et, ɛk-〕 σ expatiatory *adj*. 詳述的
  v. 詳述
      He languidly *expatiated* upon the merits of
      nuclear power over fossil fuels.
      他詳述核能的好處優於化石燃料，但內容枯燥。
        * languidly 〔ˊlæŋgwɪdlɪ〕 *adv*. 枯燥地

☑ **expatriate** 〔ɛksˊpetrɪ,et〕
  n. 流亡國
    外者
      There are numerous *expatriate* from all
      over the world who live in the United States.
      在美國有許多來自世界各國的流亡者。

☑ **expedition** 〔,ɛkspɪ'dɪʃən〕

　n. 探險隊；
　　遠征

The *expedition* was led by a group of trained hunters.

這支探險隊是由一群受過訓練的獵人所率領。

☑ **expense** 〔ɪk'spɛns〕　☞ expend〔ɪk'spɛnd〕*v*. 花費

　n. 費用

Illness, holidays and other *expenses* reduced his bank balance to almost nothing.

疾病、假期和其他的開銷使他的銀行存款幾乎減至零。

☑ **expire** 〔ɪk'spaɪr〕　☞ expiration〔,ɛkspə'reʃən〕*n*. 期滿；終止

　v. 期滿；
　　終止

His gym membership *expired* at the end of the month. 他在體育館的會員資格於月底到期。

☑ **explode** 〔ɪk'splod〕　☞ explosion〔ɪk'sploʒən〕*n*. 爆炸

　v. 爆炸

The crowd *exploded* with laughter at the comedian's jokes.

那個喜劇演員的笑話使群眾哄堂大笑。

The huge *explosion* shook buildings several blocks away.

這次爆炸威力強大，連數條街以外的大樓都會震動。

　　＊ comedian〔kə'midɪən〕*n*. 喜劇演員

☑ **exploitation** 〔,ɛksplɔɪ'teʃən〕　☞ exploit *v*.

　n. 開發；
　　剝削

Their newest plan of *exploitation* brought them to the depths of the jungle.

他們為了最新的開發計畫而來到叢林深處。

☑ **exploration** 〔ˌɛkspləˈreʃən〕 ☞ explore 〔ɪkˈsplor,-ˈsplɔr〕v.
　　n. 探險

In the 1800s, there was vast *exploration* of the west coast by those in search of gold.
十九世紀時，在西海岸有大批的尋金人前往探險。

☑ **export** 〔ɪksˈport,ˈɛksport〕 ☞ exporter *n*. 出口商
　　v.,*n*.出口；
　　輸出

Many countries *export* goods to the United States. 許多國家都出口貨物到美國。

☑ **expose** 〔ɪkˈspoz〕 ☞ exposure 〔ɪkˈspoʒɚ〕 *n*.
　　v. 揭穿；
　　暴露

She *exposed* the mayor's corruption to the shocked public.
她向震驚的群眾揭穿了市長貪污的事實。

☑ **exquisite** 〔ˈɛkskwɪzɪt,ɪkˈs-〕
　　adj. 精緻的

Chinese pottery is famous for its *exquisite* designs and workmanship.
中國的陶器以精緻的設計和手工聞名。

　　＊ pottery 〔ˈpɑtɚɪ〕*n*. 陶器
　　　workmanship 〔ˈwɝkmən,ʃɪp〕 *n*. 技藝

☑ **extensive** 〔ɪkˈstɛnsɪv〕
　　adj.大量的；
　　廣泛的

The museum has an *extensive* collection of Van Gogh paintings.
美術館收藏了很多梵谷的畫。

☑ **extent** 〔ɪkˈstɛnt〕
　　n. 程度；
　　範圍

She knew him to such an *extent* that she could almost predict his every action.
她非常瞭解他，甚至於幾乎可以預測他的每個行動。

☑ **external** 〔ɪkˈstɜnḷ〕

adj. 外部的

Fortunately, his wounds sustained in the accident were only *external*.

幸好，他在意外中受的只是皮肉之傷 。

　　＊ sustain〔 səˈsten〕*v.* 遭受

☑ **extinguish** 〔 ɪkˈstɪŋgwɪʃ 〕　♂ extinguisher *n.* 滅火器

v. 撲滅

The fire fighters *extinguished* the fire in a matter of hours.

消防隊員在幾個小時之內將火撲滅 。

☑ **extortion** 〔ɪkˈstɔrʃən, ɛk-〕　♂ extort 〔ɪkˈstɔrt, ɛk-〕*v.*

n. 勒索

The gangster was arraigned on charges of *extortion* and murder.

那個暴徒因被控勒索及謀殺而遭提訊 。

　　＊ gangster 〔ˈgæŋstɚ〕*n.* 暴徒
　　　arraign 〔əˈren〕*v.* 提訊

☑ **extract** 〔ɪkˈstrækt〕　♂ extraction *n.*

v. 拔取；
摘取

The dentist *extracted* his decayed tooth.

牙醫拔掉他的蛀牙 。

☑ **extravagant** 〔ɪkˈstrævəgənt〕　♂ extravagance *n.*

adj. 奢侈的

He was an *extravagant* man, famous for his wild parties.

他是個奢侈的人，因他揮霍放縱的舞會而聞名 。

☑ **extrinsic** 〔ɛkˈstrɪnsɪk〕

adj. 外在的；
附帶的

Buddhists believe that evil nature is *extrinsic* to man and that no one is born with an evil heart.

佛教徒相信邪惡的天性非人的本質，沒有人天生就是壞心腸 。

☆ EXERCISE 27 ☆

1. They_____him from membership. (台大, 文化)

   (A) excluded (B) neglected (C) evaded (D) included

2. How soon will the resources of the world be_____?

   (A) executed (B) exempt (C) exhausted (D) exerted

   (台大, 師大, 政大, 中興, 文化, 中山)

3. I never saw such an_____of courage. (台大, 中興, 成大)

   (A) honorable (B) admission (C) legislation (D) exhibition

4. You should take all_____into account before building a
   house. (台大, 師大, 文化, 淡江, 靜宜)

   (A) expenses (B) explosions (C) implosions (D) costing

5. He was_____by others his whole life. (政大, 中山, 輔大, 東吳)

   (A) combined (B) expired (C) exploited (D) expanded

6. The country's_____exceeded its imports. (淡江)

   (A) exile (B) credit (C) exports (D) experts

7. He was_____to many harsh realities of life at a very
   young age. (中興, 文化)

   (A) extorted (B) provided (C) external (D) exposed

8. She had_____training in that field.

   (A) expensive (B) extensive (C) mindless (D) exasperated

   (台大, 師大, 中興, 文化, 淡江, 交大, 輔大)

☑ **fable** 〔'febl̩〕

n. 寓言

Many *fables* contain such characters as talking animals and magical wizards.

許多寓言中有會說話的動物和有法力的巫師等角色。

　　＊ wizard 〔'wɪzəd〕*n.* 男巫

☑ **fabricate** 〔'fæbrɪ,ket〕　☞ fabrication *n.*

v. 偽造；
　製造

She *fabricated* her husband's signature on the check so he wouldn't know she withdrew the money.

她偽造她丈夫支票上的簽名，所以他不知道她已把錢提走。

　　＊ withdraw 〔wɪð'drɔ〕*v.* 提款

☑ **faceted** 〔'fæsɪtɪd〕　☞ facet 〔'fæsɪt〕*n.* （事情之）一面

adj. 有小刻
　　面的

A many *faceted* problem often has numerous solutions. 一個多面的問題常有多種解決方法。

☑ **facilitate** 〔fə'sɪlə,tet〕　☞ facilitation *n.*

v. 幫助；
　使便利

His parents sent him money each month to *facilitate* his living expenses.

他的父母每個月寄錢給他,以幫助他支付生活開銷。

☑ **facilities** 〔fə'sɪlətɪz〕

n. pl. 設備

The university's new athletic *facilities* cost a lot of money to construct.

要建造這所大學新的運動設備需要大筆經費。

☑ **faction** 〔'fækʃən〕 ☞ factional *adj.*

n. 小黨派

There was a fanatic religious *faction* that claimed responsibility for many terrorist acts.

有一個激進的宗教派系宣稱,許多恐怖行爲都是他們所做的。

* fanatic 〔fə'nætɪk〕*adj.* 狂熱的
  terrorist 〔'tɛrərɪst〕*n.* 恐怖分子

☑ **factor** 〔'fæktɚ〕

n. 因素

Price is often the deciding *factor* in many people's purchases.

價格常是許多人決定是否購買的主要因素。

* purchase 〔'pɝtʃəs〕*n.* 購買

☑ **factual** 〔'fæktʃʊəl〕 ☞ factuality *n.*

adj. 實際的

The message preceding the program stated that all the events were *factual*, only names had been changed.

這個節目之前有一段說明指出,所有的事件都是眞實的,只有名字是虛構的。

* precede 〔prɪ'sid〕*v.* 在…之前

☑ **faculty** 〔'fækḷtɪ〕 ☞ facultize *v.*

n. 能力

When a person drinks too much he or she will not be in control of his or her *faculties*.

一個人酒喝太多時,就會無法控制自己。

☐ **faithful** 〔'feθfəl〕 ☞ faithfully *adj.*

adj. 忠實的

After the death of his wife, he remained *faithful* to her until the end.
他太太死後，他終身未娶，保持對她的忠實。

☐ **fake** 〔fek〕 ☞ faker *n.*

v. 假裝

The child *faked* an illness in order to miss school. 這個孩子因不想上學而裝病。

☐ **fallacy** 〔'fæləsɪ〕 ☞ fallacious *adj.*

n. 謬論

She claimed that the charges brought against her were nothing but a *fallacy.*
她宣稱那些對她不利的控訴全都是謬論。

☐ **fallibility** 〔,fælə'bɪlətɪ〕 ☞ fallible *adj.*

n. 不可靠性

The *fallibility* of her outrageous story was fairly high.
她所說的故事荒謬絕倫，非常不可靠。

* outrageous 〔aʊt'redʒəs〕 *adj.* 荒謬絕倫的

☐ **false** 〔fɔls〕 ☞ falsehood *n.*

adj. 假的；
錯的

The information they received from him turned out to be *false.*
他們從他那兒得到的情報是假的。

☐ **falter** 〔'fɔltɚ〕 ☞ faltering *adj.*

v. 動搖；
蹣跚

He did not *falter* in his determination to become a professional basketball player.
他想成為職業籃球員的決心並沒有動搖。

☑ **familiarity** 〔fə,mɪlɪ'ærətɪ〕 ☞ familiar *adj.*

　　n. 熟悉

Her *familiarity* with the area was a great
help to the newly arrived visitors.
她對此地的熟悉對剛到的旅客有很大的幫助。

☑ **fanatic** 〔fə'nætɪk〕 ☞ fanatically *adj.*

　　adj. 狂熱的

The *fanatic* fans waited in the pouring rain
for the game to continue.
瘋狂的球迷們在傾盆大雨中等待比賽繼續進行。

　　* *pouring rain* 傾盆大雨

☑ **fantastic** 〔fæn'tæstɪk〕 ☞ fantasy *n.*

　　adj. 不可思議
　　的；奇異的

They did such a *fantastic* job of repairing
the car that it ran almost as good as new.
他們把車修得幾乎和新的一樣好，簡直不可思議。

☑ **fare** 〔fɛr〕

　　n. 車費

She sneaked off the bus without paying her *fare*.
她沒付車費就偷偷地溜下公車。

　　* sneak 〔snik〕 *v.* 偷偷逃走

☑ **fascination** 〔,fæsn'eʃən〕 ☞ fascinate *v.*

　　n. 著迷；
　　魅力

Girls have a *fascination* for Ben; they think
he is really cute.
女孩都很迷戀班，她們覺得他真的很可愛。

☑ **fatal** 〔'fetl〕

　　adj. 致命的；
　　不幸的

The motorcyclist was knocked down by a
truck and received *fatal* injuries.
那個機車騎士被卡車撞到，受到致命的傷害。

　　* injury 〔'ɪndʒərɪ〕 *n.* 傷害

☑ **fatigue** 〔fə'tig〕   ☞ fatiguesome *adj.*
　v. 使疲乏
They were all *fatigued* after the long tennis match. 長時間的網球比賽後，他們都筋疲力竭。

☑ **fatuous** 〔'fætʃuəs〕   ☞ fatuity *n.*
　adj. 愚蠢的
The *fatuous* young woman seemed to have no direction in life.
那個愚蠢的年輕女孩生活似乎沒有目標。

☑ **fault** 〔fɔlt〕   ☞ faultful *adj.*
　n. 過錯
They decided that rather than dwell on whose *fault* it was they would focus on how to solve the problem.
他們決定要專心解決問題，而不要只想著到底是誰的錯。
　　* *dwell on* 注意

☑ **fearsome** 〔'fɪrsəm〕   ☞ fear *v.*
　adj. 可怕的
He donned his *fearsome* warrior's face and went out to battle.
他裝出可怕的戰士臉孔上戰場。
　　* don 〔dɑn〕 *v.* 穿著
　　　warrior 〔'wɑrɪə〕 *n.* 戰士

☑ **feasibility** 〔,fizə'bɪlətɪ〕   ☞ feasible *adj.*
　n. 可行性
Given their low budget, the *feasibility* of the project was almost non-existent.
由於預算太低，這個計畫的可行性幾乎等於零。

☑ **feast** 〔fist〕

n. 饗宴

After their arrival, a huge *feast* was given in their honor.

他們到達後，為了表示對他們的敬意而舉行了一場盛大的宴會。

☑ **feat** 〔fit〕

n. 功績

His brilliant *feats* of athleticism were the envy of many.

他在運動比賽中優異的表現使許多人十分羨慕。

　　* athleticism 〔æθ'lεtəsɪzəm〕 *n.* 運動比賽

☑ **feeble** 〔'fibl〕　σ feebleness *n.*

adj. 無效的；
　　　微弱的

His *feeble* attempt to beat the champion brought him the ridicule of the fans.

他嘗試想打敗冠軍，但沒成功，反而成為拳迷們的笑柄。

　　* ridicule 〔'rɪdɪkjul〕 *n.* 笑柄

☑ **ferocious** 〔fə'roʃəs, fɪ-〕　σ ferocity *n.*

adj. 兇猛的

The *ferocious* lion's roar frightened all the children.

兇猛的獅子大聲地吼叫，把所有的孩子都嚇壞了。

☑ **fertilize** 〔'fɝtl͵aɪz〕　σ fertilizer *n.* 肥料

v. 使肥沃

They *fertilized* the yard with cow manure.

他們用牛的堆肥在院子裏施肥。

　　* manure 〔mə'njʊr〕 *n.* 肥料

☑ **fertile** 〔'fɝtl〕   ☞ fertility *n.*
  adj. 肥沃的   The rich, dark soil near the river is very
                fertile. 河邊黑土非常肥沃 。

☑ **fervor** 〔'fɝvɚ〕
  n. 熱誠   Her *fervor* for the little puppy was touching.
            她對那隻小狗的熱情令人感動 。
                  * puppy 〔'pʌpɪ〕 *n.* 小狗

☑ **fetch** 〔fɛtʃ〕
  v. 請來；   His mother asked him to go *fetch* his father
    取來   for dinner. 他媽媽叫他去請爸爸來吃晚飯 。

☆ EXERCISE 28 ☆

1. Even if the house is well decorated, the_____ are in
   poor state.   （台大,師大,中興,淡江,中正,靜宜）
   (A) facilities   (B) communities   (C) neighborhood   (D) facets

2. Her friendly manner is an important_____in her rapid
   success.   （政大, 中山）
   (A) reasons   (B) fabricate   (C) limp   (D) factor

3. There are too many movies that give a_____impression
   of American life.   （台大,師大,中興）
   (A) falter   (B) flirtatious   (C) false   (D) debase

4. Ever since her childhood, she has had a_____for me-
   dicine.   （台大）
   (A) fascination   (B) relation   (C) party   (D) favorite

5. Their_____was almost unbearable.　　　　　　（台大,師大,政大）

(A) wasting　　(B) fatal　　(C) fatigue　　(D) temperature

6. His_____remarks were not taken seriously.　　　　（淡江）

(A) finalized　　(B) fatuous　　(C) legible　　(D) regarding

7. For many generations, humans pondered the_____of flight.

(A) feasibility　　(B) feast　　(C) fable　　(D) position　　（師大,政大,中興）

8. Bees_____the flowers.　　　　　　　　　　　　　（淡江）

(A) vacate　　(B) fantastic　　(C) civilize　　(D) fertilize

＊　　　　＊　　　　＊

☑ **feverish** 〔'fivərɪʃ〕　☞ fever *n.*

　adj. 發熱的

She had a headache, runny nose, and she was
feverish, so she decided not to go to work.
她頭痛、流鼻水、又發燒,所以她決定不去上班。

☑ **fiber** 〔'faɪbɚ〕　☞ fibrous *adj.*

　n. 纖維

The cloth *fibers* found on the rug matched
those found at his apartment.
地毯上發現的布料纖維和在他的公寓裏發現的一樣。

　＊ rug〔rʌg〕*n.* 地毯

☑ **fictitous** 〔fɪk'tɪʃəs〕　☞ fictitously *adv.*

　adj. 虛構的

The *fictitous* name he gave to the police was
quickly noticed.
他告訴警方的那個名字,很快就被查出是虛構的。

☑ **fiendish** 〔'fɪndɪʃ〕 ☞ fiendishness *n*.

adj. 兇狠的

His *fiendish* grin sent shudders through the hostage. 他兇狠的冷笑使人質不寒而慄 。

* shudder 〔'ʃʌdɚ〕 *n*. 顫抖
  hostage 〔'hɑstɪdʒ〕 *n*. 人質

☑ **figurative** 〔'fɪgjərətɪv〕 ☞ figuratively *adv*.

adj. 比喻的

A hot temper is a *figurative* way to describe someone who easily gets angry.
脾氣暴躁是一種比喻 , 形容人很容易生氣 。

☑ **figurehead** 〔'fɪgjɚˌhɛd,'fɪgɚ-〕

n. 名義上的
    領導者

Their grandmother was the *figurehead* of the family. 他們的祖母是家族中名義上的領導者 。

☑ **filter** 〔'fɪltɚ〕 ☞ filterable *adj*.

n. 過濾器

The water *filter* helped to improve the cleanliness of their tap water.
濾水器有助於改善他們的自來水的水質,變得較純淨。

* *tap water* 自來水

☑ **filth** 〔fɪlθ〕 ☞ filthy *adj*.

n. 污穢

The old miser lived in *filth* and squalor by choice. 那個老守財奴自己選擇要住在污穢骯髒的地方。

* miser 〔'maɪzɚ〕 *n*. 守財奴   squalor〔'skwɑlɚ〕*n*. 骯髒
  by choice 自己選擇

☑ **finale** 〔fɪ'nɑlɪ〕 ☞ final *adj*.

n. 結局 ;
    收場

A trip to the circus was the *finale* of their exciting visit.
他們刺激的旅行中 , 以參觀馬戲團為收場 。

☐ **financial** 〔fə'nænʃəl, faɪ-〕 ☞ finance *n.*
adj. 財務的

In order to cope with his ***financial*** problems, he had to cut down on a lot of expenses.
為了應付他的財務問題，他必須減少很多開銷。

  * ***cope with*** 應付

☐ **finite** 〔'faɪnaɪt〕
adj. 有限的

There is a ***finite*** supply of fossil fuels, neccessatating the need for alternate fuel sources.
化石燃料的供應有限，因此一定需要其他的代用能源。

  * fossil 〔'fɑsl〕 *n.* 化石
  alternate 〔'ɔltənɪt〕 *adj.* 代用的

☐ **fiscal** 〔'fɪskl〕
adj. 財政的；
  會計的

In the next ***fiscal*** year, the government plans to cut down on taxes.
在下一個會計年度，政府計畫要減稅。

☐ **fission** 〔'fɪʃən〕 ☞ fissionable *adj.*
n. 原子核
  分裂

The ***fission*** bomb is a remarkable scientific achievement and a terrifying human threat.
原子彈是科學上的卓越成就，卻也是對人類的一大威脅。

  * ***fission bomb*** 原子彈

☐ **flaccid** 〔'flæksɪd〕
adj. 軟弱的

He was determined to lose his ***flaccid***, embarrassing stomach.
他的胃一直不好，因此他決心要擺脫這個毛病。

  * lose 〔luz〕 *v.* 擺脫（疾病、恐怖等）

☑ **flagrantly** 〔'flegrəntlɪ〕　σ flagrant *adj*.
adv. 明目張膽地

She *flagrantly* displayed her affection for him, much to the amusement of his friends.
她明目張膽地對他示愛，使他的朋友覺得很可笑。

☑ **flamboyant** 〔flæm'bɔɪənt〕　σ flamboyance *n*.
adj. 華麗的；神氣的

His *flamboyant* display of wealth did not impress the young woman.
他神氣地展示他的財富，但那年輕女孩不爲所動。

☑ **flare** 〔flɛr〕　σ flaring *adj*.
v.(火焰)搖曳

The candle began to *flare* in the light breeze.
微風吹得蠟燭開始閃動。

☑ **flash** 〔flæʃ〕　σ flashing *adj*.
n. 閃光

The camera *flash* temporarily blinded them all. 照相機的閃光使他們暫時看不到東西。
* temporarily 〔'tɛmpə,rɛrəlɪ〕 *adv*. 暫時地

☑ **flatten** 〔'flætn〕　σ flat *adj*.
v. 使平坦

She *flattened* the dent by hammering it out and back into shape. 他把凹痕鎚平，恢復原狀。
* dent 〔dɛnt〕 *n*. 凹痕　*hammer out* 鎚平

☑ **fleet** 〔flit〕　σ fleetful *adj*.
n. 船隊；艦隊

A destroyer escorted the *fleet* of merchant ships, as they ploughed through the ocean.
當這隊商船航經這片海域時，有一艘驅逐艦護送他們。
* destroyer 〔dɪ'strɔɪə〕 *n*. 驅逐艦
plough 〔plaʊ〕 *v*. 破浪前進

☑ **flexible** 〔'flɛksəbl〕　☞ flexibility *n*.

adj. 有彈性的；
　　可修改的

Her schedule was *flexible*; she could meet him anytime.

她的時間很有彈性，她隨時可以見他。

☑ **flogging** 〔'flɑgɪŋ〕　☞ flog *v*.

n. 鞭打

He received a solid *flogging* for talking back to his mother.

他因為對媽媽頂嘴而挨了一頓重打。

　　* *talk back* 回嘴

☑ **flounder** 〔'flaʊndɚ〕　☞ flounderingly *adv*.

v. 錯亂地做；
　　掙扎

He *floundered* through algebra and almost didn't pass the exam.

他考代數時胡亂作答，差點兒考不及格。

　　* algebra 〔'æ1dʒəbrə〕 *n*. 代數

☑ **flourish** 〔'flɝɪʃ〕　☞ flourishing *adj*.

v. 茂盛；
　　盛行

Under the rule of the new king, trade between the two kingdoms *flourished*.

在新國王的統治之下，這兩國之間的貿易十分興盛。

☑ **fluctuate** 〔'flʌktʃʊ,et〕　☞ fluctuant *adj*.

v. 升降；
　　波動

In the U.S., the weather often *fluctuates* from warm to cold in early spring.

在美國，早春時天氣非常不穩定，時暖時冷。

☑ **fluster** 〔'flʌstɚ〕

v. 緊張；
　　慌亂

They were all *flustered* after the announcement of a pop-quiz. 臨時宣布要考試之後,他們都很慌張。

　　* pop-quiz 臨時宣布的考試

☑ **flutter** 〔'flʌtɚ〕

v. 急跳；
鼓動

His heart *fluttered* everytime he thought of her. 每次一想到她，他的心就跳個不停。

☑ **foliage** 〔'folɪɪdʒ〕   *☞* foliaged *adj.*

n. 葉子

Many people travel to New England in the fall to view the beautiful *foliage*.
許多人秋天時到新英格蘭旅行，為的是要觀賞美麗的葉景。

☑ **forbear** 〔fɔr'bɛr, fɚ-〕   *☞* forbearance *n.*

v. 自制；
容忍

He could not *forbear* going into the rather gruesome details of the murder.
他無法忍受繼續討論這件謀殺案可怕的細節。

* gruesome 〔'grusəm〕 *adj.* 可怕的

☑ **forefront** 〔'for,frʌnt,'fɔr-〕

*n.*最前面；最
重要的地方

How each candidate would deal with the ailing economy was at the *forefront* of the election campaign.
每位候選人會如何整頓衰退的經濟情勢，是這次選舉活動最重要的地方。

* candidate 〔'kændə,det〕 *n.* 候選人
ailing 〔'elɪŋ〕 *adj.* 生病的

☑ **foreground** 〔'for,graʊnd,'fɔr-〕

n. 前景；
最前面

Being rather shy, he was never in the *foreground* of family photos.
由於他相當害羞，全家福照片中他從不會站在最前面。

☑ **forelock** 〔'for‚lɑk‚'fɔr-〕

　　n. 瀏海

The stern headmaster forced the deviant student to have his *forelocks* cut to conform to the school regulation.

那個學生的頭髮不合規定，校長嚴格強迫他要遵守校規，把前額的瀏海剪掉。

　　＊ deviant 〔'divɪənt〕 *adj.* 脫離常軌的

　　　conform 〔kən'fɔrm〕 *v.* 使依照；遵從

☑ **foreman** 〔'formən‚'fɔr-〕

　　n. 工頭；
　　　領班

The *foreman* shouted out orders to the workers from his office window.

那個工頭從他辦公室的窗子往外喊,命令工人們做事。

☑ **forerunner** 〔'for‚rʌnɚ〕　σ forerun *v.*

　　n. 預兆

Birds flying south is the *forerunner* of cold weather. 鳥兒南飛是天氣要轉冷的預兆。

☆ EXERCISE 29 ☆

1. Trading was at unusually＿＿＿＿＿pace.　　　（台大,政大）

　　(A) impetus　(B) furnish　(C) feverish　(D) fibrous

2. The wonderful party made a fitting＿＿＿＿＿to their visit.

　　(A) finale　(B) starting　(C) fission　(D) detour　　（師大）

3. The＿＿＿＿＿burden of the nation lies on the shoulders of the new President.　　　（政大,中興,淡江,中正,輔大）

　　(A) fusion　(B) confidential　(C) futile　(D) financial

4. The_____of lightning lit up the sky.　　(中興,中山,東海)
   (A) flatten　(B) flash　(C) flesh　(D) squash

5. A_____of cruisers left the port.　　　(台大,淡江)
   (A) flogging　(B) feet　(C) fleet　(D) borough

6. A_____policy for price control is urgently demanded.
   (A) flexible　(B) flushed　(C) hopeful　(D) induced (政大,文化,輔大)

7. The price of grain_____according to the crop output.
   (A) determined　(B) fluctuates　(C) flusters　(D) fickle
   　　　　　　　　　　　　　　　　　　　(師大,政大,淡江)

8. The darkening sky was a_____of rain.　　(台大)
   (A) fortune　(B) skyscraper　(C) prelude　(D) forerunner

　　　　　＊　　　　　＊　　　　　＊

☐ **foresee** 〔for′si,fɔr-〕　☞ foreseer *n*.
　　v. 預知
　　　　　They could *foresee* trouble in the future if
　　　　　they did not confront him directly.
　　　　　如果他們沒有直接見到他,他們就知道以後會很麻煩。
　　　　　　　＊ confront 〔kən′frʌnt〕 *v*. 遭遇；面對

☐ **forfeit** 〔′fɔrfɪt〕　☞ forfeiture *n*.
　　v. 喪失
　　　　　After graduation, he had to *forfeit* his right
　　　　　to use the school′s facilities.
　　　　　畢業後,他就失去了使用學校設備的權利。

☐ **forgery** 〔′fɔrdʒərɪ,′fɔr-〕　☞ forge *v*.
　　n. 偽造品；
　　　偽造
　　　　　They found the paintings were all cheap *for-*
　　　　　geries. 他們發現這些畫都是廉價的贗品。

☑ **forgiveness** 〔fə'gɪvnɪs〕　☞ forgive *v*.
　n. 寬恕　　They prayed for *forgiveness* for their actions
　　　　　　　against their god.
　　　　　　　他們祈求神能寬恕他們不敬神的行為。

☑ **formidable** 〔'fɔrmɪdəbḷ〕　☞ formidability *n*.
　adj. 難以克服　He was a *formidable* opponent, worthy of
　　的；強大的　　your respect.
　　　　　　　他是個強而有力的對手，你得多留意。
　　　　　　　　＊ respect 〔rɪ'spɛkt〕 *n*. 注意；尊敬

☑ **formula** 〔'fɔrmjələ〕　☞ formulaic *adj*.
　n. 配方；　　The secret *formula* was locked up in a vault.
　　公式　　　這個秘方被鎖在保險庫裏。
　　　　　　　　＊ vault 〔vɔlt〕 *n*. 保險庫

☑ **formulate** 〔'fɔrmjə,let〕　☞ formulation *n*.
　v. 設計；　　She was beginning to *formulate* her plan of
　　化成公式　　revenge. 她開始設計她的復仇計畫。

☑ **fortify** 〔'fɔrtə,faɪ〕　☞ fortification *n*.
　v. 加強　　　They brought in more troops to *fortify* their
　　　　　　　position.
　　　　　　　他們帶領更多軍隊來，以鞏固地位。

☑ **fortitude** 〔'fɔrtə,tjud〕　☞ fortitudinous *adj*.
　n. 堅忍；不　She showed incredible *fortitude* battling
　　屈不撓　　the disease.
　　　　　　　她在與病魔搏鬥時，表現出驚人的堅忍精神。

☐ **fortress**〔'fɔrtrɪs〕

n. 堡壘

The elaborate security system made the house a veritable *fortress*.
精密的保全系統使這棟房子成爲眞正的堡壘。

* veritable〔'vɛrətəb!〕*adj.* 眞正的

☐ **fossil**〔'fɑs!〕   ☞ fossilate *v.*

n. 化石

They were able to piece the *fossils* together and make a complete dinosaur.
他們能夠把化石拼湊起來，組成一隻完整的恐龍。

* piece〔pis〕*v.* 拼湊
dinosaur〔'daɪnə,sɔr〕*n.* 恐龍

☐ **foster**〔'fɔstɚ,'fɑs-〕   ☞ fosterage *n.*

v. 看護；
養育

She *fostered* the bird back to health.
她照顧那隻小鳥，直到它回復健康。

☐ **foul**〔faʊl〕   ☞ foully *adv.*

adj. 惡臭的；
污穢的

The rotting fish gave off a *foul* odor.
腐爛的魚發出惡臭。

* rot〔rɑt〕*v.* 腐爛
give off 散發   odor〔'odɚ〕*n.* 氣味

☐ **foundation**〔faʊn'deʃən〕   ☞ found *v.*

n. 基礎；
建立

Equality for all was the *foundation* of the Civil Rights Movement.
民權運動的基礎就是人人平等。

☐ **fraction**〔'frækʃən〕   ☞ fractional *adj.*

n. 部分

He has only completed a small *fraction* of his work. 他僅完成了一小部分的工作。

☐ **fracture** 〔'fræktʃɚ〕

v. 折斷
n. 骨折;破裂

She *fractured* her arm in the car accident.
她在那場車禍中手臂骨折。

☐ **fragile** 〔'frædʒəl〕 ☞ fragility *n.*

adj. 易碎的;
　　脆弱的

The fine crystal glasses are very *fragile* and must be handled with care.
這些精細的水晶玻璃杯非常易碎,必須小心處理。
* crystal 〔'krɪstl〕 *n.* 水晶
  handle 〔'hændl〕 *v.* 處理

☐ **fragment** 〔'frægmənt〕 ☞ fragmentary *adj.*

n. 碎片

A small *fragment* of glass can be very painful if it gets lodged in your foot.
如果一小片碎玻璃扎進腳裏會非常痛。
* lodge 〔lɑdʒ〕 *v.* 扎進

☐ **fragrant** 〔'fregrənt〕 ☞ fragrance *n.*

adj. 芳香的

The *fragrant* flowers relaxed him.
這些芬芳的花朵使他感到很輕鬆。

☐ **frailty** 〔'freltɪ〕 ☞ frail *adj.*

n. 脆弱

The *frailty* of the porcelain vase made it practically useless.
這個瓷器花瓶太過脆弱,沒有什麼實用價值。
* porcelain 〔'porslɪn〕 *adj.* 瓷器製的

☐ **fraudulent** 〔'frɔdʒələnt〕 ☞ fraudulence *n.*

adj. 騙得的

His *fraudulent* wealth was despised by others.
他的財富都是騙來的,因此受人鄙視。
* despise 〔dɪ'spaɪz〕 *v.* 鄙視

☑ **freight** 〔fret〕　☞ freighter *n*.

n. 貨物

The huge *freight* boat pulled into the harbor.

那艘大貨輪駛進港口 。

    * **pull into** 抵達

☑ **frenzy** 〔'frɛnzɪ 〕　☞ frenzied *adj*.

n. 狂亂

Madonna roused her audience to absolute
frenzy with her showmanship.

瑪丹娜的演出使得她的觀衆爲之瘋狂 。

    * showmanship 〔'ʃomən,ʃɪp〕 *n*. 使觀衆喝采的技巧

☑ **friction** 〔'frɪkʃən〕　☞ frictional *adj*.

n. 摩擦

Their mutual suspicion caused much *friction*
between them.

他們對彼此的懷疑導致他們之間有許多摩擦 。

☑ **frustration** 〔frʌs'treʃən〕　☞ frustrate *v*.

n. 挫折

Her *frustration* could be clearly seen on her
face. 她的挫折很清楚地表現在臉上 。

☑ **fulfillment** 〔fʊl'fɪlmənt〕　☞ fulfill *v*.

n. 滿足；
實現

Helping others often gives us a feeling of
fufillment. 幫助他人常給我們一種滿足感 。

☑ **fumblingly** 〔'fʌmblɪŋlɪ 〕　☞ fumble *v*.

adv. 摸索地

She *fumblingly* searched her purse for her
car keys. 她在皮包裏摸索她車子的鑰匙 。

☑ **fundamental** 〔,fʌndə'mɛntl 〕　☞ fundamentally *adv*.

adj. 基本的

Good study habits are *fundamental* to learning.
好的讀書習慣是學習的基本要素 。

☑ **furnish** 〔ˈfɜnɪʃ〕

v. 布置；
陳設

The house was *furnished* with the most modern furniture available.

這間房子是用現在最流行的傢俱布置的。

☑ **furrow** 〔ˈfɜo〕

v. 犁；耕

They planted the seeds in the recently *furrowed* field. 他們把種子種在最近才犁好的田裏。

☑ **fury** 〔ˈfjʊrɪ〕

n. 憤怒

Jim was filled with *fury* when I refused to lend him the money.

當我拒絕借吉姆錢時，他非常生氣。

☑ **fusion** 〔ˈfjuʒən〕　☞ fuse *v.*

n. 核融合；
融合

Scientists are working furiously to develop *fusion* as an economical alternative source of energy.

科學家們正在積極研究，想要發展核融合成為另一個經濟的能源代替品。

☑ **fuss** 〔fʌs〕　☞ fussy *adj.*

v., *n.* 大驚小怪；急躁

She was always *fussing* over the way her children dressed.

她總是連她的孩子穿什麼衣服都要操心。

☑ **futility** 〔fjuˈtɪlətɪ〕　☞ futile *adj.*

n. 無用

His *futility* in a leadership position was duly noted. 身居領導地位，他的無能及時被注意到了。

　　＊ duly 〔ˈdjulɪ〕 *adv.* 及時地

☆ EXERCISE 30 ☆

1. They did not_____any trouble ahead.　　　　　　(政大)
   (A) finite　(B) mourner　(C) forsee　(D) forbid

2. " Sex " is a popular image_____by the media. (台大, 師大)
   (A) fostered　(B) fossil　(C) reckoned　　(D) debased

3. She dropped the bowl and it broke into tiny_____. (台大, 文化)
   (A) frail　(B) fragments　(C) section　(D) legacy

4. The_____was marked as " fragile ".　　　　　(台大, 文化)
   (A) straight　(B) flight　(C) freight　(D) fraud

5. Life can be a series of_____for some.　　　　(師大)
   (A) thrift　(B) friction　(C) frenzied　(D) frustrations

6. The belief in Heaven and Hell is a_____of Catholicism.
   (A) fundamental　(B) sentimental　(C) sequence　(D) furrow
   　　　　　　　　　　　　　　　　　　　　　　　(台大)

7. He could no longer hold back his_____.　　　　(政大)
   (A) patience　(B) furnish　(C) fury　(D) determination

8. Her grandmother was always making a_____over her.
   (A) waft　(B) fuss　(C) fussion　(D) fumble　(台大, 政大, 東吳)

☑ **gaiety** 〔'geətɪ〕　σ gay 〔ge〕 *adj.* 歡欣的

n. 歡樂的氣氛

The *gaiety* of the party affected everyone there. 舞會中歡樂的氣氛感染了在場的每一個人。

During holidays, parks and playgrounds are filled with *gay* voices of children.

每逢假日，公園和遊樂場都充滿了小孩子歡樂的聲音。

☑ **gallery** 〔'gælərɪ, -lrɪ〕

n. 畫廊；美術館

After he became rich his private *gallery* was filled with expensive paintings.

他致富後，他的私人畫廊擺滿了珍貴的畫作。

☑ **gambling** 〔'gæmblɪŋ〕　σ gamble 〔'gæmbl̩〕 *v.*

n. 賭博

Gambling is a large source of revenue to the colonial government in Macau.

賭博是澳門殖民政府每年歲入的一大來源。

＊ revenue 〔'rɛvənju〕 *n.* 歲入
colonial 〔kə'lonɪəl〕 *adj.* 殖民（地）的
Macau 〔mə'kaʊ〕 *n.* 澳門

☐ **gap** 〔gæp〕

n. 差異；
縫隙

There is a wide *gap* in the standard of living between the United States and Mexico.
美國和墨西哥的生活水準有很大的差距。

☐ **gaseous** 〔'gæsɪəs〕　σ gas 〔gæs〕 *n*. 氣體；瓦斯

adj. 氣體的

The *gaseous* odor soon permeated through the entire room.
香氣很快就瀰漫了整個房間。

　　＊ odor 〔'odɚ〕 *n*. 香味
　　　permeate 〔'pɝmɪ,et〕 *v*. 滲透；遍及

☐ **gash** 〔gæʃ〕

n. 深長的
傷口

The blow left a *gash* across his forehead.
這一擊在他額頭上留下了一道很深的傷痕。

☐ **gastronomic** 〔,gæstrə'nɑmɪk〕　σ gastronomy *n*. 美食學

adj. 美食學的；
烹飪學的

The French are a people who emphasize the *gastronomic* part of their lives.
法國人非常重視生活中的美食。

☐ **gauge** 〔gedʒ〕　σ gauger 〔'gedʒɚ〕 *n*. 計量者

n. 軌距；
計量器

The construction of the narrow *gauge* railroad between Chiayi and Alishan was a remarkable feat of engineering.
嘉義和阿里山之間的窄軌鐵路的修築是工程學上的一大事蹟。

　　＊ feat 〔fit〕 *n*. 功績

☐ **gaze** 〔gez〕

v. 凝視；
注視

They *gazed* at the magnificent scenery for a long time. 他們一直注視著那幅壯觀的景象。

☑ **gene** 〔dʒin〕
n. 基因

Gene splicing is a new phenomenon in the field of biological science.

基因的重疊是生物學上的新現象。

* splice 〔splaɪs〕 *v.* 疊接
phenomenon 〔fə'nɑmə,nɑn〕 *n.* 現象

☑ **generic** 〔dʒə'nɛrɪk〕
adj. 普通的

Generic drugs are much cheaper than many prescription drugs.

普通的藥比許多一定要有醫生處方才能買到的藥便宜得多。

* ***prescription drug*** 沒有醫生處方不能購買的藥

☑ **genuine** 〔'dʒɛnjʊɪn〕　♂ genuinely *adv.*
adj. 眞正的

The swindler tried to sell the fake painting by claiming it was genuine.

那個騙子想賣掉這幅假畫而說它是眞品。

* swindler 〔'swɪndlə〕 *n.* 騙子
fake 〔fek〕 *adj.* 假的

☑ **genus** 〔'dʒinəs〕
n. 屬

What genus does that flower belong to?

那朵花是屬於什麼屬的？

☑ **geographical** 〔,dʒiə'græfɪkl̩〕　♂ geography *n.* 地理學
adj. 地理的

Their geographical separation caused the young lovers much sorrow.

分隔兩地是這對年輕戀人莫大的悲哀。

☑ **geometry** 〔dʒi'ɑmətrɪ〕   ☞ geometric *adj.*

n. 幾何學

After passing algebra he went on to study *geometry*. 代數學修過後，他繼續學幾何學。

* algebra 〔'ældʒəbrə〕 *n.* 代數學

☑ **geophysics** 〔,dʒio'fɪzɪks〕   ☞ geophysical *adj.*

n. 地球物
理學

His intensive study of *geophysics* finally earned him a scholarship at a prestigious university. 他在地球物理學上精深的研究終於讓他贏得了一所很有名的大學的獎學金。

* prestigious 〔prɛs'tɪdʒɪəs〕 *adj.* 有聲望的

☑ **germ** 〔dʒɝm〕   ☞ germy 〔'dʒɝmɪ〕 *adj.* 帶菌的

n. 細菌

Germs can cause disease ; so be sure to wash your hands before every meal. 細菌會致病，所以每餐飯前一定要洗手。

☑ **giant** 〔'dʒaɪənt〕

adj. 巨大的

n. 巨人

The *giant* tomato won her a prize at the county fair. 這個巨大的蕃茄使她在全郡的市集中得獎。

* county 〔'kaʊntɪ〕 *n.* 郡   fair 〔fɛr〕 *n.* 市集

☑ **giggle** 〔'gɪgl̩〕

n., v. 傻笑 ;
格格地笑

The young schoolgirls' constant *giggles* annoyed the teacher considerably. 那群年輕女學生一直傻笑，使老師非常生氣。

* considerably 〔kən'sɪdərəblɪ〕 *adv.* 相當地

☑ **gird** 〔gɝd〕

v. 紮緊

The actor *girded* up his clothes before the performance. 那個演員在表演之前把衣服紮緊。

☑ **girdle** 〔'gɜdl〕

n. 腰帶

During the Victorian era was it fashioable for ladies to wear *girdles*?

在維多利亞時代，婦女是不是流行繫腰帶呢？

☑ **glacier** 〔'gleʃɚ〕 ☞ glacial *adj*.

n. 冰河

The magnificient fjords in Norway were gouged out by *glaciers* during the ice age.

挪威壯觀的峽灣是冰河時期被冰河所鑿出來的。

　　＊ fjord 〔fjɔrd〕 *n*. 峽灣
　　gouge 〔gaʊdʒ〕 *v*. 鑿出；挖出

☑ **glade** 〔gled〕

n. 林中空地

The weary hikers stopped to have lunch in the *glade*.

疲乏的徒步旅行者在林中空地停下來吃午餐。

☑ **glance** 〔glæns, glans〕

v. 匆匆一瞥

The driver *glanced* right and left before running the red light.

那司機在闖紅燈前曾先朝左右看一看。

☑ **glide** 〔glaɪd〕 ☞ glider 〔'glaɪdɚ〕 *n*. 滑翔機

v. 滑行

He joined the skaters *gliding* over the frozen lake. 他加入那群正在結冰的湖面上滑冰的人群中。

☑ **glimmer** 〔'glɪmɚ〕

n. 微光

The *glimmer* of the lights became fainter as they got farther and farther away from the city.

他們離城市越來越遠，城市裏的微弱燈光也越來越昏暗。

☑ **glitter** 〔'glɪtɚ〕 ☞ glittery 〔'glɪtərɪ〕 *adj*.

　　n. 閃爍

The *glitter* of the diamonds in the window caused many passersby to stop and take a look.

櫥窗裏閃閃發亮的鑽石使得許多路人都停下來看。

　　* passer-by 〔'pæsɚ'baɪ〕 *n*. 過路人

☑ **globe** 〔glob〕 ☞ global 〔'globl̩〕 *adj*. 全球的；球形的

　　n. 地球儀；
　　　地球

His father bought him a *globe* to help him learn geography.

他父親買了一個地球儀給他，幫助他學地理。

☑ **gloom** 〔glum〕 ☞ gloomy *adj*.

　　n. 憂鬱；
　　　黑暗

There was a feeling of *gloom* in the stands when the home team was losing by 21 points in the fourth quarter.

當地主隊在第四節中還輸21分時，看台上一片愁苦景象。

　　* stand 〔stænd〕 *n*. 看台
　　　quarter 〔'kwɔrtɚ〕 *n*. 比賽的一節(比賽時間的四分之一)

☆ EXERCISE 31 ☆

1. The party was filled with much_____and laughter.

(A) gaiety　(B) glossy　(C) tension　(D) humorous　(政大,中興,文化)

2. They went to the casino and_____all their money away.

(A) rumbled　(B) gluttoned　(C) drizzle　(D) gambled　(淡江,成大)

3. The baseball glove was made out of_____leather.

(A) grazed　(B) genuine　(C) plastic　(D) sinuous　(中興,文化)

4. The students were asked to find the volumes of several
_____ shapes. (師大,淡江,成大)

(A) identified　(B) geometric　(C) geophysic　(D) unbound

5. As the_____melted, it filled the streams with cool,
fresh water. (台大,中山)

(A) blade　(B) glacier　(C) glade　(D) popsicle

6. The kite_____in the light wind. (台大,政大)

(A) donated　(B) collided　(C) glanced　(D) glided

7. Environmental protection is a_____ issue. (台大,師大,中興)

(A) separate　(B) domestic　(C) global　(D) glimmering

8. It was a_____, rainy day. (台大,淡江,中山)

(A) foamy　(B) saddened　(C) gloomy　(D) perturbed

＊　　　　＊　　　　＊

☐ **glorious** 〔'glorɪəs,'glɔr-〕　☞ glory *n.*

adj. 光榮的

After their *glorious* victory in the champion-
ship the members of the team were showered
with gifts and awards.

在冠軍賽中光榮勝利後，隊員們都得到了豐富的禮
物及獎金。

＊ shower 〔'ʃaʊɚ〕 *v.* 大量給予

☐ **gluttony** 〔'glʌtnɪ〕　☞ gluttonous *adj.*

n. 貪食

The fat man was renowned for his *gluttony*.

那個胖子是出了名的貪吃。

＊ renowned 〔rɪ'naʊnd〕 *adj.* 有名的

☑ **gnaw** 〔nɔ〕

   v. 咬;啃

The puppy *gnawed* at the bone for hours.
小狗啃骨頭啃了好幾個小時。

☑ **gobble** 〔'gɑbḷ〕　σ gobbler *n*.

   v. 狼吞虎嚥

The soldiers *gobbled* up their rations in less
than five minutes.
士兵們不到五分鐘就把配給的軍糧狼吞虎嚥地吃光
了。

    * ration 〔'reʃən,'ræʃən〕 *n*. (配給的)糧食

☑ **gracious** 〔'greʃəs〕　σ graciousness *n*.

   adj. 仁慈的

It was most *gracious* of her to come to the
wedding ceremony.
她真是仁慈,來參加這場婚禮。

☑ **grammatical** 〔grə'mætɪkḷ〕　σ grammar 〔'græmə〕 *n*. 文法

   adj. 文法上
    的

It is difficult for Chinese students to grasp
the *grammatical* differences between Chinese
and English.
要瞭解中英文文法上的差異,對中國學生來說相當
困難。

☑ **gramophone** 〔'græməfon〕　σ gramophonic *adj*.

   n. 留聲機

He keeps an antique *gramophone* in his study
to show his guests.
他在書房裏保存了一台古董留聲機以展示給客人看。

    * antique 〔æn'tik〕 *adj*. 古董的
      study 〔'stʌdɪ〕 *n*. 書房

☑ **grandeur** 〔'grændʒə〕 ☞ grand *adj.*

n. 偉大

His delusions of *grandeur* were shattered when she refused to go to a movie with him.
當她拒絕和他一起去看電影時，他的偉大幻想都被粉碎了。

* delusion 〔dɪ'luʒən〕 *n.* 錯覺；妄想

☑ **grant** 〔grænt〕 ☞ grantable *adj.*

n. 授與物；
允許

He was given a *grant* to continue with his research.
他得到贈款而能繼續作研究。

☑ **graphics** 〔'græfɪks〕 ☞ graphic *adj.*

n. 圖表法

Modern computer terminal screens have very clear and colorful *graphics*.
現代電腦終端機螢幕可呈現彩色且清晰的圖表。

☑ **grasp** 〔græsp〕

v. 瞭解；
緊抓

He found it difficult to *grasp* the fundamentals of algebra.
他發現要瞭解代數原理很難。

* fundamentals 〔,fʌndə'mɛntl̩z〕 *n.,pl.* 原理

☑ **gratitude** 〔'grætə,tjud〕 ☞ grateful *adj.*

n. 感謝

They expressed their *gratitude* for what he had done by giving him a small gift.
爲了感謝他所做的，他們送給他一個小禮物。

☑ **gravel** 〔'grævḷ〕

n. 碎石

The *gravel* road became impassable after the first snowfall of the winter.

下了入冬的第一場雪之後，這條碎石子路便無法通行了。

* snowfall 〔'sno,fɔl〕 n. 降雪
   impassable 〔ɪm'pæsəbḷ〕 adj. 不能通行的

☑ **gravity** 〔'grævətɪ〕　♂ grave adj.

n. 嚴重；
地心引力

At first they didn't understand the *gravity* of the situation.

起初，他們並不瞭解事態的嚴重性。

☑ **graze** 〔grez〕　♂ grazer n.

v. 擦傷

The soldier considered himself fortunate to have only been *grazed* by the stray bullet.

那個士兵認為自己非常幸運，只被流彈擦傷而已。

* stray 〔stre〕 adj. 偏離的

☑ **grievance** 〔'grivəns〕

n. 抱怨；
不滿

The peasants shouted out the *grievances* to the king.

農民們向國王高聲抱怨。

* peasant 〔'pɛznt〕 n. 農夫

☑ **grim** 〔grɪm〕　♂ grimness n.

adj. 猙獰的；
可怕的

The *grim* look on his face, as he spoke, made his story seem even more scary.

他說話時臉上猙獰的表情，使他的故事聽起來更可怕。

* scary 〔'skɛrɪ〕 adj. 可怕的

☑ **grin** 〔grɪn〕

v. 露齒而笑

The village idiot just kept *grinning* when the traveller asked for directions.
旅客向那個鄉下傻子問路時，他只是一直傻笑。

☑ **grip** 〔grɪp〕

n. 緊抓

He made sure he had a firm *grip* before climbing over the wall.
要爬過牆之前，他確定他已經抓緊了。

☑ **grizzly** 〔'grɪzlɪ〕　　σ grizzle v.

adj. 灰色的
n. 大灰熊

The sight of the adult *grizzly* bear caused them to flee in panic.
看見了那隻大灰熊，露營的人落荒而逃。
　　* panic 〔'pænɪk〕 n. 驚慌

☑ **groan** 〔gron〕

n. 呻吟

The patient let out a *groan* when the nurse gave him his shot.
護士替那個病人打針時，他發出了一陣呻吟。
　　* shot 〔ʃɑt〕 n. 打針

☑ **grope** 〔grop〕　　σ groping adj.

v. 摸索

She *groped* about in the darkness until she could find the light switch.
她在黑暗中摸索，直到她找到電燈開關為止。
　　* switch 〔swɪtʃ〕 n. 開關

☑ **grossly** 〔'groslɪ〕　　σ gross adj.

adv. 重大地

The damage caused by the storm was *grossly* exaggerated in the local press.
暴風雨所導致的損失被當地新聞媒體大肆渲染。

☑ **guarantee** 〔ˌgærən'ti〕 ☞ guarantor *n.* 保證人
n. 保證書

The products they sell all come with a *guarantee* against defects.
他們販賣的所有產品都附有保證書，保證絕無瑕疵。

☑ **guile** 〔gaɪl〕 ☞ guileful *adj.* 奸詐的
n. 騙術

The *guile* of the trickster shocked the judge.
這個騙子的騙術使法官十分震驚。
* trickster 〔'trɪkstə〕 *n.* 騙子

☑ **gully** 〔'gʌlɪ〕
n. 溝渠

The flash flood turned the *gully* into a raging torrent of water.
山洪爆發使得溝渠變成激烈的急流。
* *flash flood* 爆發的山洪
   torrent 〔'tɔrənt〕 *n.* 急流

☑ **gust** 〔gʌst〕 ☞ gusty *adj.* 颱風的
n. 一陣

A sudden *gust* of wind capsized the little sailboat.
突然一陣狂風吹翻了那艘小帆船。
* capsize 〔kæp'saɪz〕 *v.* 使翻覆
   sailboat 〔'sel,bot〕 *n.* 帆船

☑ **gusto** 〔'gʌsto〕
n. 興味；
享樂

After a hard day at work they ate their meal with *gusto*.
辛苦工作一天後，他們吃起飯來津津有味。

☆ EXERCISE 32 ☆

1. They will_____a loan to her. (中興)
   (A) grant (B) grand (C) condone (D) gravel

2. Someone who_____for too much, may lose everything.
   (A) handles (B) occupies (C) grasps (D) grisps (師大,政大,中興)

3. I am_____to you for your kind offer. (台大,師大,中興,中山)
   (A) grateful (B) absolute (C) uneasy (D) gracious

4. The_____ of the question made us think twice. (台大,東海)
   (A) meaningful (B) gravity (C) guarantee (D) maximum

5. He_____the handle with such force that it almost broke.
   (A) managed (B) grasp (C) grazed (D) gripped (中興,中山)

6. The students_____and mumbled when the teacher assigned them homework. (台大,政大)
   (A) gripped (B) doodled (C) groaned (D) grizzled

7. The company_____a net profit of 3 million dollars.
   (A) engrossed (B) grossed (C) congealed (D) grasped
   (台大,中興,東吳)

8. The police ordered, "_____! In the name of the law!"
   (A) Exalt (B) Corrupt (C) Halt (D) Command
   (台大,政大,文化,淡江,中山)

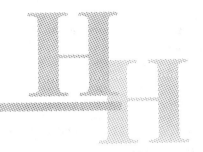

☑ **halt** 〔hɔlt〕
v. 停止前進
n. 立定

"**Halt**! Who goes there?" said the sentry in a loud, gruff voice.
那個哨兵聲音沙啞地大喊:「站住!是誰?」

＊ sentry 〔'sɛntrɪ〕 n. 哨兵
　 gruff 〔grʌf〕 adj. 沙啞的

☑ **hamper** 〔'hæmpɚ〕
v. 妨礙

Strong winds **hampered** the sailors' movements out on deck.
強風阻礙了水手在甲板上的行動。

☑ **handicap** 〔'hændɪ,kæp〕　☞ handicapped adj. 有殘缺的
n. 比賽中強者的讓先差距
v. 使受障礙

Being a better athlete, you should give her a **handicap** when you race with her.
你的運動比她好,所以你和她比賽時,應該讓她一些。

☑ **handle** 〔'hændl̩〕
v. 處理
n. 把手

Glassware should be **handled** with care.
玻璃器皿要小心處理。

☑ **haphazard** 〔'hæp,hæzəd〕
  adj. 隨便的

His movements became more *haphazard* as he kept on drinking.

他繼續喝酒，行爲也變得更隨便。

☑ **hapless** 〔'hæplɪs〕 ☞ hap 〔hæp〕 *n.* 幸運
  adj. 不幸的

Being lost, the *hapless* child cried out for his mother to appear.

因爲迷路了，這個不幸的孩子嚎啕大哭希望他媽媽趕趕快出現。

☑ **harass** 〔'hærəs, hə'ræs〕 ☞ harassment *n.*
  v. 騷擾

The local hoodlums were *harassing* the shop owners for more money.

地方上的流氓正在騷擾商店老板，要更多的錢。

  * hoodlum 〔'hudləm〕 *n.* 流氓

☑ **hardship** 〔'hɑrdʃɪp〕
  n. 辛苦；困難

In order to be what I am today I had to go through a lot of *hardships*.early in life.

早年經歷了許多艱難辛苦，才造就了現在的我。

☑ **harmony** 〔'hɑrmənɪ〕 ☞ harmonious *adj.* 和諧的
  n. 和聲；和諧

In order to join a choir, one has to learn to sing in *harmony* with the rest of the choir members.

要加入合唱團，必須要學會和其他團員一起和聲。

  * choir 〔kwaɪr〕 *n.* 合唱團

☑ **harvest** 〔'hɑrvɪst〕

n. 收穫

The farmers are overjoyed at the prospect of a bumper *harvest* this year.
今年預期會豐收，農民們都欣喜若狂。

> * overjoy 〔'ovɚ'dʒɔɪ〕 *v.* 使狂喜
> prospect 〔'prɑspɛkt〕 *n.* 期望
> bumper 〔'bʌmpɚ〕 *adj.* 豐盛的

☑ **hassle** 〔'hæsl̩〕

n. 奮戰；掙扎
v. 爭論

It is a real *hassle* to have to force oneself onto a crowded bus.
要擠上擁擠的公車實在是不容易。

☑ **haughty** 〔'hɔtɪ〕 ☞ haughtiness *n.*

adj. 傲慢的

The nobles used to treat the common people with *haughty* contempt.
貴族以往都用傲慢輕視的態度對待平民。

☑ **hazardous** 〔'hæzɚdəs〕 ☞ hazard *n.*

adj. 危險的

Trucks carrying *hazardous* cargo are not allowed in that tunnel between 8 am and 6 pm.
載運危險物品的卡車，早上8點到下午6點間不准進入那個隧道。

> * cargo 〔'kɑrgo〕 *n.* 貨物
> tunnel 〔'tʌnl̩〕 *n.* 隧道

☑ **headline** 〔'hɛd,laɪn〕

n. 標題

The election results made the *headlines* of today's papers.
選舉結果是今天報紙的頭條新聞。

☑ **heap** 〔hip〕

n. 堆
v. 堆積

A huge *heap* of garbage piles up every evening outside our front door.
一大堆垃圾每天傍晚都堆在我家大門外。

　　* pile 〔paɪl〕 *v.* 堆積

☑ **hedgehog** 〔'hɛdʒ,hɑg, -hɔg 〕

n. 刺蝟

Hedgehogs roll themselves into a ball when they sense danger.
刺蝟一察覺到危險就會把自己捲成一團。

☑ **herald** 〔'hɛrəld〕

n. 使者;先驅

In England the cuckoo is a *herald* of spring.
在英國,布穀鳥象徵春天的來到。

☑ **hereditary** 〔hə'rɛdə,tɛrɪ 〕　 ♂ heredity 〔hə'rɛdətɪ〕 *n.* 遺傳

adj. 世襲的;
　　遺傳的

Many English people now look on the *hereditary* titles of the old monarchy with derision and scorn.
現在許多英國人都嘲笑並且看不起古代君主世襲的封位。

　　* monarchy 〔'mɑnɚkɪ〕 *n.* 君主政體
　　　derision 〔dɪ'rɪʒən〕 *n.* 嘲笑

☑ **heritage** 〔'hɛrətɪdʒ 〕

n. 遺產

China has a rich cultural *heritage*.
中國有非常豐富的文化遺產。

☑ **hesitation** 〔,hɛzə'teʃən〕　 ♂ hesitate 〔'hɛzə,tet〕 *v.* 猶豫

n. 遲疑;猶豫

He had no *hesitation* in accepting our offer.
他毫不猶豫地接受了我們所提出的。

☑ **hibernate** 〔'haɪbɚ,net〕 ☞ hibernation *n.*
v. 冬眠   Bears *hibernate* in winter.
熊在冬天會冬眠。

☑ **hierarchy** 〔'haɪə,rɑrkɪ〕 ☞ hierarchical *adj.* 階級的
n. 階級制度   Every organization has it's own unique *hierarchy.* 每一個組織都有其獨特的階級制度。

☑ **hinder** 〔'hɪndɚ〕 ☞ hindrance *n.*
v. 妨礙   I have much work that has *hindered* my answering your letter.
我有很多工作要做，所以無法回信給你。

☑ **hindsight** 〔'haɪnd,saɪt, 'haɪn-〕
n. 事後聰明   In *hindsight*, he realized that he shouldn't have trusted her after all.
他事後終於了解根本就不該相信她。

☆ EXERCISE 33 ☆

1. He＿＿＿＿＿the stressful situation very well. (師大,淡江,中山)
   (A) guiled (B) lessen (C) handpicked (D) handled

2. They had to endure cold, hunger, and other＿＿＿＿＿.
   (A) haphazard (B) poverty (C) hardships (D) hapless (師大,中興)

3. They lived in peace and＿＿＿＿＿with their environment.
   (A) harmony (B) testimony (C) hopeful (D) comfortable
   (政大,中興,文化,逢甲)

4. The life of a soldier is full of_____.　　（政大，淡江）

(A) balmy　(B) harvest　(C) marches　(D) hazards

5. Some diseases, such as cancer, are_____.　　（師大）

(A) suspect　(B) hereditary　(C) sanitary　(D) hedge

6. Debts were his only_____.　　（文化，淡江）

(A) itinerary　(B) heritage　(C) baggage　(D) relics

7. He made no_____in accepting our offer.　　（政大，文化）

(A) remarkable　(B) impression　(C) hesitation　(D) flaw

8. She could not_____his progress.　　（師大，中興）

(A) herald　(B) cinder　(C) blunder　(D) hinder

*　　　　*　　　　*

□ **hippie**〔'hɪpɪ〕

　n. 嬉皮

Being a *hippie* was in fashion thirty years ago. 嬉皮在三十年前非常流行。

□ **hollow**〔'halo〕　♂ hollowness *n.*

　adj. 空的；
　　　虛偽的

This pipe has a *hollow* end on both sides. 這根管子兩端是中空的。

□ **hookup**〔'hʊk,ʌp〕

　n. 轉播；
　　　聯播

The Olympics are broadcast around the globe via satellite *hookup.* 奧運透過衛星連線全球轉播。

☑ **horizon** 〔həˈraɪzn 〕　☞ horizontal 〔͵hɑrəˈzɑntl̩〕 *adj.* 水平的
　　n. 地平線　　　The sun setting over the *horizon* was a capti-
　　　　　　　　　vating sight.
　　　　　　　　　地平線上的落日是一幅醉人的景象 。
　　　　　　　　　　＊ captivating 〔ˈkæptɪ͵vetɪŋ〕 *adj.* 令人迷醉的

☑ **horrible** 〔ˈhɑrəbl̩ 〕　☞ horror 〔ˈhɑrɚ〕 *n.* 恐怖
　　adj. 可怖的　The battle-field was a *horrible* sight.
　　　　　　　　戰場是一幅可怖的景象 。

☑ **horrid** 〔ˈhɔrɪd, ˈhɑrɪd〕
　　adj. 可怕的　He had a *horrid* look on his face when he
　　　　　　　　heard the bad news.
　　　　　　　　當他聽到那個噩耗時 , 臉上的表情很可怕 。

☑ **hostile** 〔ˈhɑstɪl〕　☞ hostility 〔hɑsˈtɪlətɪ〕 *n.* 敵意
　　adj. 有敵意　The crowd that was gathered outside the em-
　　　　　的　　　bassy building was so *hostile* that the police
　　　　　　　　had to be called in for protection.
　　　　　　　　聚集在大使館外的群衆敵意甚深 , 所以不得不召來
　　　　　　　　警察以求保護 。
　　　　　　　　　＊ embassy 〔ˈɛmbəsɪ〕 *n.* 大使館　　*call in* 召來

☑ **howl** 〔haʊl 〕
　　v., n. 吠 ；　"Stop *howling* like a wolf ! You're going to
　　　　　 咆哮　wake up the whole neighbourhood. "
　　　　　　　　「別像隻狼似地吼叫了 ！你要把街坊鄰居都給吵醒
　　　　　　　　了 。」

☑ **hue** 〔hju〕　☞ hueless 〔'hjulɪs〕 *adj.* 無色彩的
　　n. 色彩

The sky was filled with a beautiful red *hue* which gradually turned darker as the sun dipped further towards the western horizon.
隨著太陽從西方的地平線逐漸下沈，布滿在空中的一抹美麗的紅暈也漸漸變暗。

　　＊ dip 〔dɪp〕 *v.* 下降

☑ **humanity** 〔hju'mænətɪ〕　☞ human 〔'hjumən〕 *adj.* 人類的
　　n. 人類；
　　　　人性

He was given the award for his scientific discovery which was a benefit to all *humanity*.
他榮獲頒獎，因爲他的科學發現對全人類是一大助益。

☑ **humble** 〔'hʌmbḷ〕　☞ humbleness *n.*
　　adj. 謙遜的；
　　　　卑微的

She has a *humble* attitude and never puts on airs. 她態度謙遜，從不擺架子。

　　＊ *put on airs* 擺架子

☑ **humidity** 〔hju'mɪdətɪ〕　☞ humid 〔'hjumɪd〕 *adj.*
　　n. 潮濕；
　　　　濕度

The heat and *humidity* caused the laborers to feel very uncomfortable.
炎熱又潮濕使得工人們覺得很不舒服。

☑ **humiliate** 〔hju'mɪlɪ,et〕　☞ humiliation *n.* 屈辱；貶抑
　　v. 使蒙羞

The home team was *humiliated* in front of their own fans by a lower ranked opponent.
地主隊在他們的球迷面前敗給了實力較弱的對手。

☑ **hunch** 〔hʌntʃ〕
　　n. 預感

The detective's *hunch* proved correct and the swindler was apprehended.

那個偵探的預感是對的，而騙子也被捕了。

　　* swindler 〔'swɪndlɚ〕 *n.* 騙子
　　　apprehend 〔,æprɪ'hɛnd〕 *v.* 逮捕

☑ **hurl** 〔hɝl〕　　ᵒ hurler 〔'hɝlɚ〕 *n.* 投擲者；投手
　　v. 投擲

The madman *hurled* a rock through the picture window. 那個瘋子向大玻璃窗丟石頭。

　　* *picture window* 大玻璃窗

☑ **hurricane** 〔'hɝɪ,ken〕
　　n. 颶風

The *hurricane* caused severe damage in parts of Florida and Louisiana.

颶風導致了佛羅里達及路易西安那州部分地區的嚴重損害。

　　* severe 〔sə'vɪr〕 *adj.* 劇烈的

☑ **husk** 〔hʌsk〕
　　v. 剝殼

The cook found *husking* the corn to be a tedious task. 廚師覺得剝玉米的工作非常無聊。

　　* tedious 〔'tidɪəs, 'tidʒəs〕 *adj.* 沈悶的

☑ **hydroelectric** 〔,haɪdroɪ'lɛktrɪk〕　　ᵒ hydroelectricity *n.*
　　adj. 水力發
　　　　電的

The proposal to use the river as a source of *hydroelectric* power was met with fierce opposition.

使用那條河作爲水力發電來源的提議遭到强烈的反對。

　　* fierce 〔fɪrs〕 *adj.* 猛烈的

☑ **hygiene** 〔'haɪdʒin, 'haɪdʒɪˌin〕 ☞hygienic *adj.*衛生的；健康的

n. 衛生學；
保健法

Everyone should have a sense of *hygiene* and cleanliness.

人人都應有衛生及愛清潔的觀念。

* cleanliness 〔'klɛnlɪnɪs〕 *n.* 愛清潔

☑ **hypersensitive** 〔ˌhaɪpəˈsɛnsətɪv〕 ☞ hypersensitivity *n.*

adj. 過度敏
感的

You should learn to relax and not be so *hypersensitive*.

你應該學著放輕鬆點，不要太過於敏感。

☑ **hysterically** 〔hɪsˈtɛrɪkḷɪ〕 ☞ hysteria *n.*歇斯底里症

adv. 令人捧腹
地；歇斯底
里地

They laughed *hysterically* at the antics of the circus clown.

他們看著馬戲團小丑滑稽的動作捧腹大笑。

* antics 〔'æntɪks〕 *n. pl.* 滑稽的動作
circus 〔'sɝkəs〕 *n.* 馬戲團
clown 〔klaʊn〕 *n.* 小丑

☆ EXERCISE 34 ☆

1. They watch the sun set on the_____.　　(台大,師大,淡江)

　(A) horizon　(B) treason　(C) hollow　(D) horror

2. They thought the movie was absolutely_____.

　(A) hopeful　(B) triple　(C) hostile　(D) horrible

　　　　　　(台大 , 淡江 , 東海 , 靜宜)

3. Some feel that television has corrupted all of_____.

　(A) humanity　(B) familiarity　(C) amity　(D) humidity

　　　　　　(政大 , 中興 , 淡江 , 交大)

4. He was_____in public.   (中興)

   (A) associated   (B) hated   (C) humiliated   (D) howled

5. He had a_____that he was right.   (台大,中正)

   (A) hurdle   (B) hunch   (C) figure   (D) bunch

6. The_____swept through the village, destroying everything.

   (A) profane   (B) iceberg   (C) hypothesis   (D) hurricane (台大,中興)

7. The fox_____at the full moon.   (師大,師大)

   (A) howled   (B) barked   (C) crashed   (D) hummed

8. She was frantic and_____.   (台大,文化)

   (A) relaxed   (B) hygiene   (C) skeptic   (D) hysterical

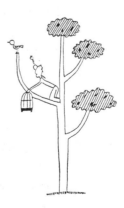

☑ **iceberg** 〔'aɪs,bɝg 〕
n. 冰山

The ocean liner rammed into an *iceberg* off the coast of Alaska.
那艘輪船撞上了阿拉斯加外海的一座冰山。

* liner 〔'laɪnɚ〕 *n.* 郵輪　　ram 〔ræm〕 *v.* 撞擊

☑ **ideal** 〔aɪ'dil, aɪ'dɪəl 〕　☞ idealize *v.*
adj. 理想的

A quiet, well-lit room is the *ideal* place for studying. 安靜、燈光充足的房間是讀書的理想地方。

☑ **identity** 〔aɪ'dɛntətɪ 〕　☞ identify *v.*
n. 身分；同一

The *identity* of the suspect was not revealed to the public because he was a minor.
嫌疑犯的身分並未向大衆公開宣布，因爲他尚未成年。

* suspect 〔'sʌspɛkt〕 *n.* 嫌疑犯
minor 〔'maɪnɚ〕 *n.* 未成年者

☑ **ideology** 〔,aɪdɪ'aləʤɪ, ,ɪd-〕　☞ ideological *adj.*
n. 意識形態

The *ideology* of that religious cult is so bizarre that few outsiders can comprehend it.
那個宗教派系的意識形態非常奇怪，外人很少能了解。

* cult 〔kʌlt〕 *n.* 敎派　bizarre 〔bɪ'zɑr〕 *adj.* 奇怪的
comprehend 〔,kɑmprɪ'hɛnd〕 *v.* 充分了解

☑ **ignorance**〔ˈɪɡnərəns〕　☞ ignorant *adj*.

n. 無知

His ***ignorance*** was no excuse for his poor behavior. 無知不能作爲他行爲不良的藉口。

Many parents are ***ignorant*** of their children's actions outside the home.
許多父母對他們的子女在外的行爲一無所知。

☑ **illegal**〔ɪˈliɡl̩〕　☞ illegality *n*.

adj. 不合法的

Gambling is ***illegal*** in many states in the U.S.
賭博在美國許多州都是非法的。

☑ **illegible**〔ɪˈlɛdʒəbl̩〕　☞ illegibility *n*.

adj. 難認的

Her handwriting was too ***illegible*** to decipher.
她的筆跡實在太難辨認了。

　　＊ decipher〔dɪˈsaɪfə〕*v*. 判讀

☑ **illicit**〔ɪˈlɪsɪt〕　☞ illicitness *n*.

adj. 禁止的；
非法的

The ***illicit*** sale of drugs has become a menace in big American cities.
非法販賣毒品成爲美國大城市的一大威脅。

　　＊ drug〔drʌɡ〕*n*. 毒品
　　　menace〔ˈmɛnɪs〕*n*. 威脅

☑ **illuminate**〔ɪˈlumə,net, ɪˈlju-〕　☞ illumination *n*.

v. 照亮

The Christmas lights ***illuminated*** the house in green and red.
耶誕燈光把整個房子照得紅紅綠綠的。

☑ **illusion**〔ɪˈljuʒən〕　☞ illusive *adj*.

n. 幻象；錯覺

The magician's trick was merely an ***illusion***.
魔術師的魔術僅是幻覺而已。

☑ **illustration** 〔ɪ,ləs'treʃən,ɪ,lʌs-〕 ☞ illstrate *v.*
n. 插圖;例證
Children's books often contain *illustrations* to go along with the story.
兒童書籍中故事情節常配有插圖。

☑ **image** 〔'ɪmɪdʒ〕 ☞ imagery *n.*
n. 形象;想像
He constantly had to uphold his *image* as a powerful leader.
他必須一直維持他強悍的領導者形象。
  * uphold 〔ʌp'hold〕 *v.* 維持

☑ **imbue** 〔ɪm'bju〕 ☞ imbuement *n.*
v. 影響;灌注
They were *imbued* with awe at the speed of the sports car. 他們被這輛跑車的速度所震懾。
  * awe 〔ɔ〕 *n.* 敬畏 *sports car* 跑車

☑ **imitate** 〔'ɪmə,tet〕 ☞ imitation *n.*
v. 模仿;效法
Many comedians *imitate* famous people as a joke. 許多喜劇演員都以模仿名人為笑料。
  * comedian 〔kə'mɪdɪən〕 *n.* 喜劇演員

☑ **immature** 〔,ɪmə'tjʊr〕 ☞ immaturity *n.*
adj. 未成熟的
She told him he was too *immature* and he needed to grow up.
她告訴他,說他太不成熟,還需要成長。

☑ **immense** 〔ɪ'mɛns〕 ☞ immensity *n.*
adj. 廣大的
The cargo plane is so *immense* that a dozen tanks can fit inside.
那架貨機非常大,甚至可以載運十二輛坦克車。

☑ **immerse** 〔ɪ'mɝs〕 ☞ immersion *n.*

v. 浸入；
　　使沈迷

She *immersed* herself completely in the foreign culture. 她對外國文化十分熱中。

　　* *immerse oneself in* ～ 埋首於；熱中於

☑ **immigrant** 〔'ɪməgrənt,-,grænt〕 ☞ immigrate *v.*

n. 移民

Their grandfather was one of the early *im-migrants* to enter the country.
他們的祖父是這個國家早期的移民之一。

☑ **imminent** 〔'ɪmənənt〕

adj. 即將來
　　臨的

By the look of the dark clouds and the strong wind, I'd say a storm is *imminent*.
看到烏雲和強風，我敢說暴風雨就快來了。

☑ **immunization** 〔,ɪmjʊnə'zeʃən,-naɪ-〕 ☞ immunize *v.*

n. 免疫作用

She had to get *immunization* from several diseases before she entered the country.
在進入那個國家之前,她必須先對幾種疾病有免疫力。

☑ **immunotherapy** 〔,ɪmjʊnə'θɛrəpɪ〕

n. 免疫療法

He had to undergo *immunotherapy* to rebuild his immune system.
他必須接受免疫療法，恢復他的免疫系統功能。

　　* immune 〔ɪ'mjun〕 *adj.* 免疫的

☑ **impact** 〔'ɪmpækt〕

n. 撞擊

The glass shattered on *impact* after it fell off the table.
那個玻璃從桌上掉下來，撞到地上後就碎裂了。

　　* shatter 〔'ʃætɚ〕 *v.* 粉碎

☑ **impair** 〔ɪm'pɛr〕　☞ impairment *n.*
v. 損害

　　Drinking alcohol *impairs* a person's ability to drive. 喝酒會影響人的駕駛能力。

☑ **impartial** 〔ɪm'parʃəl〕　☞ impartiality *n.*
adj. 公平的

　　He was an *impartial* third party and avoided becoming involved in their arguement.
　　他是公平的第三者，並且也避免介入他們之間的紛爭。

☑ **impassability** （ˌɪmpæsə'bɪlətɪ, ɪmˌpæs-）　☞ impassable *adj.*
n. 不能通行

　　The *impassability* of many mountain passes hampered efficient transport of goods and people.
　　山路無法通行阻礙了貨物的運輸以及人們的通行效率。

☑ **impatient** 〔ɪm'peʃənt〕　☞ impatience *n.*
adj. 不耐煩的

　　The *impatient* drivers did not wait for the light to turn green and went when it was still red.
　　不耐煩的駕駛人不等號誌燈變綠燈，就闖紅燈了。

☑ **impeachment** 〔ɪm'pitʃmənt〕　☞ impeach *v.*
n. 彈劾；指責

　　The *impeachment* of a president can shake the trust of an entire nation in their government.
　　彈劾總統會動搖全國人民對政府的信任。

☑ **impeccable** 〔ɪm'pɛkəbl̩〕　☞ impeccability *n.*
adj. 無瑕疵的

　　She was an *impeccable* dresser who never seemed to be behind the latest fashion.
　　她穿衣服似乎毫無瑕疵，永遠走在流行的尖端。

☆ EXERCISE 35 ☆

1. He has been concealing his＿＿＿＿＿under a false name.
   (A) identity　(B) chastity　(C) idle　(D) ingenuity　（師大,淡江,成大）

2. I am in complete＿＿＿＿＿of his plan.　（政大,中興,文化,淡江）
   (A) ignorance　(B) insurance　(C) mashap　(D) decline

3. The＿＿＿＿＿were very entertaining.　（台大）
   (A) illicit　(B) illustrations　(C) illusion　(D) imbue

4. His careless,＿＿＿＿＿attitude got him fired.　（中興,中正）
   (A) illegal　(B) immune　(C) immature　(D) responsible

5. The＿＿＿＿＿sofa could not fit through the door.　（台大）
   (A) intense　(B) reclined　(C) imminent　(D) immense

6. He＿＿＿＿＿himself in his studies.　（台大,師大,中興,交大）
   (A) dispersed　(B) immersed　(C) pretended　(D) impaired

7. The doctor＿＿＿＿＿them from several common diseases.　（中興）
   (A) immunized　(B) imploded　(C) impacted　(D) imitated

8. She was＿＿＿＿＿in administering justice.　（台大,淡江）
   (A) fairness　(B) impartial　(C) bias　(D) celestial

＊　　　　＊　　　　＊

☐ **impede** 〔ɪm′pid〕　☞ impediment *n.*
　　v. 妨礙
　　　　　　Her repeated absence *impeded* the progress of the
　　　　　　group project. 她一直缺席,妨礙了小組計畫的進行。

☐ **impending** 〔ɪm′pɛndɪŋ〕　☞ impend *v.*
　　adj. 即將發
　　　　生的
　　　　　　His *impending* departure caused much consternation
　　　　　　amongst his colleagues. 他即將離去使同事們十分驚訝。
　　　　　　＊ consternation 〔,kɑnstə′neʃən〕 *n.* 驚愕

☑ **impenetrable** 〔ɪm'pɛnətrəbḷ〕
   adj. 不能穿   The heavily guarded fortress was virtually
       過的   *impenetrable.*
                那個堡壘防衛森嚴，幾乎無法攻破。

              * fortress 〔'fɔrtrɪs〕 *n.* 堡壘
                virtually 〔'vɝtʃʊəlɪ〕 *adv.* 幾乎

☑ **imperceptibility** 〔,ɪmpɚ,sɛptə'bɪlətɪ〕
   n. 無法察覺   Her *imperceptibility* to see to the root of
              the problem was typical.
              無法察覺問題的根源所在正是她的特點。

☑ **imperial** 〔ɪm'pɪrɪəl〕
   adj. 皇帝的   The *imperial* seal was that of a dragon and
              a sword.
              皇帝的玉璽上刻的是一隻龍和一把劍。

☑ **impetuous** 〔ɪm'pɛtʃʊəs〕   ☞ impetuosity *n.*
   adj. 衝動的;   His *impetuous* comments often got him into
       猛烈的   trouble.
              他常因衝動鹵莽的評論而惹上麻煩。

☑ **implacable** 〔ɪm'plekəbḷ, -'plæ-〕   ☞ implacability *n.*
   adj. 難和解的   The IRA is an *implacable* enemy of the
              British government.
              愛爾蘭共和軍和英國政府是死對頭。

              * IRA (*Irish Republican Army*) 愛爾蘭共和軍

☐ **implement** 〔'ɪmplə,mɛnt〕　☞ implementary *adj*.

　v. 執行；
　　實現

They planned on *implementing* a new economic program to relieve the current economic stress. 他們計畫要執行一項新的經濟方案來減輕目前的經濟壓力。

☐ **imply** 〔ɪm'plaɪ〕　☞ implication *n*.

　v. 暗示；意含

Although no one said so directly, it was *implied* that attendance was required. 儘管沒有人明說，但還是暗示著一定要出席。

☐ **import** 〔ɪm'port,-'pɔrt〕　☞ importable *adj*.

　v. 進口；輸入

The United States *imports* far more than it exports. 美國進口比出口多得多。

☐ **impose** 〔ɪm'poz〕　☞ imposition *n*.

　v. 強制

The police *imposed* an evening curfew during the riots. 暴動時，警方強制實施宵禁。

　　＊ curfew 〔'kɝfju〕 *n*. 宵禁
　　　riot 〔'raɪət〕 *n*. 暴動

☐ **impoverished** 〔ɪm'pɑvərɪʃt〕　☞ impoverish *v*.

　adj. 極窮的

The *impoverished* villagers were barely able to make a living. 那些村民非常貧窮，幾乎無法謀生。

　　＊ barely 〔'bɛrlɪ〕 *adv*. 幾乎不

☐ **impression** 〔ɪm'prɛʃən〕　☞ impressive *adj*.

　n. 印象

She gave them a very good *impression* of herself. 她留給他們很好的印象。

☑ **imprint** 〔ˈɪmprɪnt〕
n. 痕跡

His fingers left an *imprint* on the recently cleaned windows.
他的手指在剛擦乾淨的窗戶上又印下了痕跡。

☑ **imprison** 〔ɪmˈprɪzn〕 ☞ imprisonment *n.*
v. 入獄

Throughout history, many people have been *imprisoned* for their political beliefs.
縱觀歷史，許多人因政治理念不同而入獄。

☑ **improve** 〔ɪmˈpruv〕 ☞ improvement *n.*
v. 進步；改善

She *improved* her score on the test by ten points. 她的考試成績進步了十分。

☑ **impulse** 〔ˈɪmpʌls〕 ☞ impulsive *adj.*
n. 突然的衝動；推動

It was bought on *impulse*; I saw it, I liked it, I bought it.
這是突然衝動而買的；我看到了，又很喜歡，就把它買下來了。

☑ **impurity** 〔ɪmˈpjʊrətɪ〕 ☞ impure *adj.*
n. 不純；雜質

Any *impurity* in a diamond drastically reduces its value.
鑽石中若有雜質，就會大大減低它的價值。

　　* drastically〔ˈdræstɪkəlɪ〕*adv.* 徹底地；激烈地

☑ **inaccessible** 〔ˌɪnəkˈsɛsəbḷ,ˌɪnæk-〕 ☞ inaccessibility *n.*
adj. 無法到達的

The log cabin was *inaccessible* by car.
那間圓木小屋光靠車子是無法到達的。

☑ **inaccuracy** [ɪnˈækjərəsɪ]　☞ inaccurate *adj.*

n. 錯誤　　When mixing chemicals, any *inaccuracy* can be fatal. 混合化學藥物時，任何一點錯誤都可能致命。

☑ **inanimate** [ɪnˈænəmɪt]　☞ inanimation *n.*

adj. 無生命的　　A rock is an *inanimate* object ; it does not move. 岩石是無生命的物體，它不會移動。

☑ **incapacity** [ˌɪnkəˈpæsətɪ]

n. 無能　　His *incapacity* to read hindered his ability to find work. 他目不識丁，使他無法找到工作。

＊ hinder [ˈhɪndə] *v.* 妨礙

☑ **incessant** [ɪnˈsɛsnt]　☞ incessancy *n.*

adj. 不斷的　　The *incessant* noise from the street below kept him awake all night.
樓下街道傳來連續不斷的噪音使他整夜難眠。

☑ **incident** [ˈɪnsədənt]

n. 事件　　This most recent *incident* would not be soon forgotten. 最近發生的事件不會很快就被遺忘。

☑ **incisive** [ɪnˈsaɪsɪv]

adj. 鋒利的　　His *incisive* mind helped him to quickly solve most of his problems.
他敏銳的頭腦幫助他很快地解決大部分的問題。

☑ **incite** [ɪnˈsaɪt]　☞ inciting *adj.*

v. 鼓動；引起　　The protesters *incited* a riot in front of the courthouse. 抗議者在法院前面引起一場暴動。

＊ courthouse [ˈkort͵haʊs, ˈkɔrt-] *n.* 法院

☑ **inclination** [ˌɪnkləˈneʃən] ☞ incline *v.*

n. 傾斜度；
傾向

The *inclination* of the roof allowed the rain to roll off, into the gutter.
屋頂的傾斜度能讓雨水直接流入排水道。

　　* gutter [ˈgʌtə] *n.* 排水道

☑ **inclusion** [ɪnˈkluʒən] ☞ include *v.*

n. 包括

His *inclusion* in the ceremony was well appreciated. 非常感謝他來參加這個典禮。

☆ EXERCISE 36 ☆

1. A new monetary policy was_____by the government.
   (A) moved　(B) implemented　(C) impeded　(D) stifled （台大,文化,逢甲）

2. What do you think the_____of his remarks is？（台大,政大,文化）
   (A) implication　(B) messages　(C) intoxication　(D) credit

3. Their foreign_____increased last year. （中正,交大,成大,輔大）
   (A) imports　(B) purports　(C) knoll　(D) larva

4. They_____a new drinking law. 　　（台大,政大,中興,中正）
   (A) implied　(B) reposed　(C) imposed　(D) impoverish

5. The lecture made a deep_____on my mind. 　（台大,中興）
   (A) motive　(B) expression　(C) impression　(D) malady

6. She was_____for bank robbery. 　　（台大,師大,淡江）
   (A) approved　(B) improved　(C) manipulated　(D) imprisoned

7. There was a series of unexplainable_____in the neigh-
borhood.   (台大,中山)
(A) mechanics (B) incidents (C) indents (D) inhabitants

8. She has a strong_____toward sports. (台大,淡江,中正,東吳)
(A) elimination (B) inclination (C) intonation (D) levy

＊   ＊   ＊

☐ **incompatible** 〔͵ɪnkəm'pætəbḷ〕 ☞ incompatibility *n.*

adj. 不能共
存的

Their respective personalities were totally
incompatible. 他們的個性完全不合 。
* respective 〔rɪ'spɛktɪv〕 *adj.* 個別的

☐ **incomprehensible** 〔͵ɪnkɑmprɪ'hɛnsəbḷ〕

adj. 不能理
解的

His garbled speech was completely *incompre-*
hensible.
他的演說被斷章取義 ，令人完全無法現解 。
* garbled 〔'gɑrbḷd〕 *adj.* 被斷章取義的

☐ **inconsiderate** 〔͵ɪnkən'sɪdərɪt〕 ☞ inconsideration *n.*

adj. 不體貼
別人的

She was very *inconsiderate* of other's feel-
ings and only thought of herself.
她只爲自己想 ，完全不顧及他人的感覺 。

☐ **inconsistent** 〔͵ɪnkən'sɪstənt〕 ☞ inconsistency *n.*

adj. 不一致
的

His *inconsistent* grades led the teacher to
believe he was cheating.
他的分數前後相差很多 ，使老師認爲他作弊 。

☑ **incorporate** 〔ɪn'kɔrpə,ret〕 ☞ incorporation *n.*
v. 併入;編入

They *incorporated* an art program into the daily curriculum.
他們將一項藝術課程編入每日的課程中。

　　＊ curriculum 〔kə'rɪkjələm〕*n.* 課程

☑ **incredibly** 〔ɪn'krɛdəblɪ〕 ☞ incredible *adj.*
adj. 難以置信的

Incredibly, he was able to lose all the weight he needed to make the team.
他竟然能將體重減到符合那個隊伍的標準,真令人難以相信。

☑ **incriminate** 〔ɪn'krɪmə,net〕 ☞ incrimination *n.*
v. 控告

They had several photos of him meeting with a criminal, which would certainly *incriminate* him.
他們有數張他與罪犯會面的照片,絕對足以控告他。

☑ **incumbent** 〔ɪn'kʌmbənt〕 ☞ incumbency *n.*
adj. 有義務的

It is *incumbent* upon us to be aware of the dangers facing our environment.
我們有義務要察覺我們的環境所面臨的危險。

☑ **indecent** 〔ɪn'disn̩t〕 ☞ indecency *n.*
adj. 不禮貌的

It was rather *indecent* of him to have scolded me in public. 他當眾指責我,相當不禮貌。

　　＊ scold 〔skold〕*v.* 責罵

☑ **indefatigable** 〔,ɪndɪ'fætɪgəbl̩〕 ☞ indefatigability *n.*
adj. 不疲倦的

These *indefatigable* worker bees work nonstop till the time they die.
這些勤奮不倦的工蜂不停地工作,直到死去為止。

☑ **indefeasible** 〔,ɪndɪˈfizəbḷ〕　☞ indefeasibility *n.*

adj. 不能廢
除的

No matter what law the government passes,
the democratic rights of the people remain
indefeasible.

無論政府通過任何法案，人民的民權是絕不會被廢
除的。

☑ **indefensible** 〔,ɪndɪˈfɛnsəbḷ〕　☞ indefensibility *n.*

adj. 無法辯
解的

His crime was totally *indefensible*; he would
definitely be punished for it.

他犯的罪完全無法辯解；他勢必要接受處罰。

☑ **indeflectible** 〔,ɪndɪˈflɛktəbḷ〕

adj. 不屈不
撓的

Inspite of going through many hardships in
life, his faith in God remained *indeflectible*.

儘管生命中遭受許多困境，他依然虔誠信仰上帝。

☑ **index** 〔ˈɪndɛks〕　☞ indexical *adj.*

n. 表徵；指標

The increasing sale of luxury goods was an
index of the country's prosperity.

奢侈品銷售量的增加是國家繁榮的表徵。

☑ **indicate** 〔ˈɪndə,ket〕　☞ indication *n.*

v. 指出；顯示

The arrow on the map *indicates* where the
accident happened.

地圖上箭頭所指之處代表意外發生的地點。

☑ **indifference** 〔ɪnˈdɪfərəns〕　☞ indifferent *adj.*

n. 漠不關心

Henry's *indifference* to others was very an-
noying to Mary.

亨利對別人漠不關心，使瑪麗感到很生氣。

☐ **indignant** 〔ɪnˈdɪgnənt〕 ☞ indignation *n.*
 adj. 憤慨的

John became ***indignant*** when the policeman
accused him of stealing the nuclear weapon.
當警察控告約翰竊取核子武器時，約翰變得很憤慨。

☐ **indiscernible** 〔ˌɪndɪˈzɜnəbl̩, -ˈsɜn-〕 ☞ indiscernibleness *n.*
 adj. 難辨認的

Flaws in his character, though ***indiscernible***
at first, began to surface under pressure.
他品格上的缺點起初雖然看不出來，但是在受到壓
力後就開始顯露出來了。

☐ **indispensable** 〔ˌɪndɪsˈpɛnsəbl̩〕
 adj. 不可缺
　少的

Air, food and water are ***indispensable*** to life.
空氣、食物和水對生命而言是不可或缺的。

☐ **individual** 〔ˌɪndəˈvɪdʒuəl〕 ☞ individually *adv.*
 n. 個人

The rights of the ***individual*** are as important
as the rights of society as a whole.
個人的權利與社會整體的權利同等重要。

☐ **induce** 〔ɪnˈdjus〕 ☞ inducement *n.*
 v. 誘導；引誘

Reward ***induces*** people to work hard.
報酬誘導人們努力工作。

☐ **indulge** 〔ɪnˈdʌldʒ〕 ☞ indulgent *adj.*
 v. 熱中於；
　沈迷於

A good citizen does not ***indulge*** in illegal
activities.
好國民不會沈迷於非法活動中。

☐ **industrialization** 〔ɪnˌdʌstrɪələˈzeʃən〕　☞ industrialize *v.*
n. 工業化

The Third World countries need to adopt a policy of ***industrialization*** in order to become self-sufficient.
第三世界國家如想自給自足，必須採行工業化政策。

☐ **inert** 〔ɪnˈɝt〕　☞ inertness *n.*
adj. 遲鈍的；
不活潑的

The comatose accident patient lay in bed, ***inert*** and barely breathing.
那個車禍傷患在病床上昏迷不醒，動也不動，呼吸十分微弱。

　　　＊ comatose 〔ˈkɑməˌtos〕 *adj.* 昏迷狀態的

☐ **inescapable** 〔ˌɪnəˈskepəbl̩〕
adj. 不可避
免的

We were forced to the ***inescapable*** conclusion that he was an embezzler.
我們必須作出這不可避免的結論，那就是他挪用了公款。

　　　＊ embezzler 〔ɛmˈbɛzlɚ〕 *n.* 挪用公款者

☐ **inevitable** 〔ɪnˈɛvətəbl̩〕
adj. 不可避
免的

Death is ***inevitable*** — someday or the other everyone dies.
死亡是不可避免的，總有一天，人人都會死。

☐ **inexplicable** 〔ɪnˈɛksplɪkəbl̩〕　☞ inexplicability *n.*
adj. 不可解
釋的

His ***inexplicable*** theories were inconvincing to us.
他那些無法解釋的理論無法說服我們。

☑ **infamy** 〔′ɪnfəmɪ〕 σ infamize *v.*

n. 不名譽；
　恥辱

The former police officer lived a life of *infamy* after the court convicted him of accepting bribes from criminals.

那個人曾經身爲警官，但自從法院判定他接受犯人的賄賂後，他就生活在恥辱中。

＊ convict〔kən′vɪkt〕*v.* 判罪

☆ EXERCISE 37 ☆

1. He was an _____, spiteful old man.　　　　　　（師大）
   (A) indignant　(B) hardened　(C) cruel　(D) implore

2. His input was_____to the project.（中興,淡江,成大,輔大,東吳）
   (A) indispensable　(B) worthy　(C) multitude　(D) excusable

3. The_____end is death.　　　　（台大,師大,政大,中興,淡江）
   (A) irritable　(B) loaf　(C) correcting　(D) inevitable

4. Each student has their own,_____desk.　　　　　（台大）
   (A) mediate　(B) eventual　(C) individual　(D) interim

5. Too much food can_____sleepiness.　　　　（台大,成大）
   (A) seduced　(B) induce　(C) produce　(D) mellow

6. He allowed himself to_____in one sweet snack a day.
   (A) revenge　(B) influence　(C) divulge　(D) indulge　（台大,政大）

7. The_____, modern world is much different from that of
   our ancestors.　　　　　　　　　　　　　　（中興,東吳）
   (A) industrialized　(B) patronized　(C) harmonized　(D) immortalized

8. His_____excuses were not fooling anyone.　（政大,中興）
   (A) ingnorance　(B) inexplicable　(C) indisputable　(D) infamy

☐ **infancy** 〔ˈɪnfənsɪ〕

n. 初期；
幼兒期

Man is still in the ***infancy*** of the space age.
人類尚處於太空時代的初期。

☐ **infect** 〔ɪnˈfɛkt〕　☞ infection *n.*

v. 感染；影響

Mary's high spirits ***infected*** all the girls in
class. 瑪麗的好心情感染了全班的女同學。

☐ **infer** 〔ɪnˈfɝ〕　☞ inference *n.*

v. 推論

I hadn't heard the score, but the silence in
the locker room led me to ***infer*** that we
had lost the game.
我沒聽見比數是多少，但更衣室的一片安靜使我推
論，我們輸了這場比賽。

　　* ***locker room*** 更衣室

☐ **inferior** 〔ɪnˈfɪrɪɚ〕

adj. 較劣的

Though they might look good, these products
are ***inferior*** in quality.
這些貨品看起來雖然不錯，但品質較差。

☐ **inflate** 〔ɪnˈflet〕

v. (灌氣)使
脹大

The baloon is likely to burst if you ***inflate***
it with too much air.
如果你在氣球裏灌太多氣，氣球可能會爆開。

☐ **inflation** 〔ɪnˈfleʃən〕

n. 通貨膨脹

Developing countries like Brazil and Mexico,
have a very high ***inflation*** rate.
像巴西和墨西哥等開發中國家，通貨膨脹率都很高。

☑ **inflict** 〔ɪn'flɪkt〕 ☞ inflictable *adj*.

v. 使負擔；
課加

The severest possible penalty that a judge could *inflict* is the death penalty.

法官所可能判處的最重的刑罰就是死刑。

* penalty 〔'pɛnḷtɪ〕 *n*. 刑罰

☑ **influential** 〔,ɪnflʊ'ɛnʃəl〕 ☞ influence *v*., *n*.

adj. 有影響
力的

Labour unions have played an *influential* role for manual laborers.

工會對於勞工具有很大的影響力。

* *labour union* 工會
manual 〔'mænjʊəl〕 *n*. 手工的

☑ **inform** 〔ɪn'fɔrm〕 ☞ informer *n*.

v. 通知

I *informed* the post office of the change of my address. 我通知郵局我的地址已經變更了。

☑ **information** 〔,ɪnfɚ'meʃən〕 ☞ informative *adj*.

n. 資料；消息

A museum is a good source of historical *information*. 博物館是歷史資料很好的來源。

☑ **infuse** 〔ɪn'fjuz〕 ☞ infusion *n*.

v. 灌輸；鼓舞

The captain *infused* his soldiers with fresh courage. 那個上尉振奮了士兵們的勇氣。

☑ **ingenious** 〔ɪn'dʒinjəs〕 ☞ ingenuity *n*.

adj. 靈敏的

He has an *ingenious* mind; no problem is too difficult for him to solve.

他的頭腦靈敏，對他而言，沒有太難而無法解決的問題。

☑ **ingenuous** 〔ɪnˈdʒɛnjʊəs〕

adj. 坦白的；
率直的

His apology was so *ingenuous* that I im-
mediately felt sorry for him.

他的道歉如此坦白，我立刻覺得對他過意不去。

☑ **ingredient** 〔ɪnˈgridɪənt〕

n. 原料；成分

MSG（monosodium glutamate）is a common
ingredient in all Chinese dishes.

味精是所有的中國菜裏常用的材料之一。

＊ *monosodium glutamate* 味精

☑ **inhabit** 〔ɪnˈhæbɪt〕　　☞ inhabitant *n.* 居民

v. 居住

Is it possible for man to *inhabit* the moon
in the future? 將來人類有可能在月球上居住嗎?

☑ **inherent** 〔ɪnˈhɪrənt〕　　☞ inherency *n.*

adj. 固有的

The power *inherent* in the office of President
must not be abused. 總統的職權絕對不能被濫用。

＊ abuse 〔əˈbjuz〕 *v.* 濫用

☑ **inherit** 〔ɪnˈhɛrɪt〕　　☞ inheritance *n.*

v. 繼承；遺傳

He is lucky to have *inherited* so much for-
tune from his father.

他眞幸運，能繼承他父親大筆的財產。

☑ **inhibited** 〔ɪnˈhɪbɪtɪd〕　　☞ inhit *v* 抑制；壓抑

adj. 拘謹的

Being an *inhibited* person, Ben rarely attends
any social events.

由於班很拘謹，他很少參加社交活動。

☑ **initial** 〔ɪˈnɪʃəl〕　☞ initiate *v.*
adj. 起初的；
　　開始的
The *initial* talks formed the basis of the later agreement.
起初的會談是後來協定的基礎。

☑ **injection** 〔ɪnˈdʒɛkʃən〕　☞ inject *v.*
n. 注射
After taking an *injection*, my arm always hurts for days.
打過針後，我的手臂總會痛上好幾天。

☑ **injure** 〔ˈɪndʒɚ〕　☞ injury *n.*
v. 傷害
He was badly *injured* in a car accident two years ago. 他在兩年前的一場車禍中受重傷。

☑ **inmate** 〔ˈɪnmet〕
n. 同屋居住
　　者
When David was in prison, he shared his room with three other *inmates*.
大衛坐牢時，與其他三人同住一間房間。

☑ **innovate** 〔ˈɪnə‚vet〕　☞ innovation *n.*
v. 革新；
　　發明
An electronics industry needs to keep on *innovating* new products in order to survive.
電子工業必須不斷地開發新產品，才能繼續經營下去。

☑ **inscription** 〔ɪnˈskrɪpʃən〕　☞ inscribe *v.*
n. 題字；
　　碑銘
The *inscriptions* on the wall were so tiny that I could not read them clearly.
牆上刻的字非常小，所以我看不清楚。

☐ **inscrutable** 〔ɪn'skrutəbļ〕 ☞ inscrutability *n.*

*adj.*不可測 度的

Men may very well never understand the *inscrutable* ways of women.

女人難以測度的行爲，男人可能永遠都無法了解 。

☐ **insider** 〔ɪn'saɪdə〕 ☞ inside *adj.*, *n.*

*n.*內部的人

I took the help of an *insider* in order to gain access to the company's files.

爲了要拿到那家公司的檔案資料，我請一位公司內 部的員工幫忙 。

* *gain access to* 接近

☐ **insight** 〔'ɪn,saɪt〕

*n.*洞察力

When he spoke, she had an unpleasant *insight* into what life would be as his wife.

當他說話時，她能洞察到做他的妻子，生活可能不 太好過 。

☐ **insignificant** 〔,ɪnsɪg'nɪfəkənt〕 ☞ insignificance

*adj.*無關緊 要的

He was so *insignificant*-looking that no one noticed him leaving the place.

他看起來實在太無足輕重，所以沒人注意到他離開 了那個地方 。

☐ **insinuate** 〔ɪn'sɪnju,et〕 ☞ insinuation *n.*

*v.*暗示

" Instead of trying to *insinuate*, why don't you tell me straight-forwardly ? "

你不必要想暗示我，你爲何不乾脆直接告訴我呢 ？

☆ EXERCISE 38 ☆

1. The wound became_____from the lack of treatment.
   (A) scarred   (B) infant   (C) infected   (D) interior   (台大,師大,東海)

2. From her statements, they could_____that she was not
   present.   (政大,中興,淡江)
   (A) prefer   (B) defer   (C) refer   (D) infer

3. The rate of_____is currently rising.
   (A) inflation   (B) connection   (C) government   (D) corrupt
   (台大,中興,中山,中正,輔大)

4. Can you give me any_____about the spaceship?   (師大)
   (A) formation   (B) information   (C) lessons   (D) directions

5. She has an_____, honest smile.   (台大,中興)
   (A) fraud   (B) ingenuous   (C) happy   (D) pretty

6. The_____talks formed the basis of the later agreement.
   (A) initial   (B) front   (C) cursory   (D) injure
   (台大,文化,淡江,中正)

7. He_____his name on the book.   (輔大)
   (A) prescribed   (B) described   (C) inquired   (D) inscribed

8. He has keen_____into human character.   (台大,淡江)
   (A) insight   (B) aspiration   (C) implication   (D) ambition

☑ **insist** 〔ɪn'sɪst〕　☞ insistence *n.*

v. 堅持

> They ***insisted*** that we stay for dinner and a few drinks.
> 他們堅持要我們留下來吃晚餐，再喝點飲料。

☑ **inspect** 〔ɪn'spɛkt〕　☞ inspection *n.*

v. 檢閱；
檢查

> The captain ***inspected*** his troops before letting them go for a weekend leave.
> 隊長在部隊週末放假前檢閱部隊。

☑ **inspiration** 〔,ɪnspə'reʃən〕　☞ inspirational *adj.*

n. 啓示；
靈感

> Many people get their ***inspiration*** from religious texts. 許多人從宗教經文中得到啓示。

☑ **inspire** 〔ɪn'spaɪr〕　☞ inspiring *adj.*

v. 鼓舞；
激勵

> The coach ***inspired*** them with a great desire to win the game.
> 教練鼓勵他們要有贏得比賽的強烈企圖心。

☑ **instill** 〔ɪn'stɪl〕　☞ instillation *n.*

v. 灌輸

> She ***instilled*** into them a sense of hope for the future. 她灌輸他們對未來要有希望的觀念。

☑ **instinct** 〔'ɪnstɪŋkt〕　☞ instinctive *adj.*

n. 本能；
直覺

> When he returned home, his ***instincts*** coupled with the unusual silence in his house, told him that something happened.
> 當他回到家時，他的直覺和房子裏不尋常的安靜告訴他，一定發生了什麼事。

☑ **institute** ［'ɪnstə,tjut］

n. 學會

The university plans to establish an *institute* for Chinese studies.

那所大學計畫要設立中文研究學會。

☑ **institution** ［,ɪnstə'tjuʃən］　σ institutional *adj.*

n. 機構；設立

The university was an *institution* strongly dedicated to the education of the country's finest students.

那所大學是專爲教育全國最好的學生而設立的。

☑ **instruction** ［ɪn'strʌkʃən］　σ instruct *v.*

n. 教授；指導

Ben never did anything on his own; throughout his life he had been following *instructions*.

班從未做過他自己想做的事，他一生都在遵循別人的指示。

☑ **instrument** ［'ɪnstrəmənt］　σ instrumental *adj.*

n. 樂器；器具

Many children learn to play an *instrument* when they are young.

許多兒童都在小時候學習彈奏樂器。

☑ **insulting** ［ɪn'sʌltɪŋ］　σ insult *v.,n.*

adj. 侮辱的；無禮的

She found his sexist comments rather *insulting*.

她覺得他的評論帶有性別歧視，相當没禮貌。

☑ **insurance** ［ɪn'ʃʊrəns］　σ insure *v.*

n. 保險

Health *insurance* in the U.S. is incredibly expensive.

在美國，健康保險的費用貴得離譜。

☑ **intact** 〔ɪn'tækt〕 ☞ intactness *n.*

adj. 完整的；
未受傷的

Despite the severity of the crash, everything appeared to be *intact*.
儘管撞擊非常嚴重，每件東西看起來都沒有損壞。

☑ **integrate** 〔'ɪntə,gret〕 ☞ integration *n.*

v. 整合

The committee will try to *integrate* the different ideas into one uniform plan.
這個委員會會設法將不同意見整合成共同的計畫。

☑ **integrity** 〔ɪn'tɛgrətɪ〕

n. 正直

The *integrity* of a person is much more important than his wealth.
一個人的正直比他的財富重要得多。

☑ **intelligent** 〔ɪn'tɛlədʒənt〕 ☞ intelligence *n.* 智力

adj. 有才智的

An *intelligent* person knows his own limits.
聰明人能夠了解自己能力的極限。

His *intelligence* was rather remarkable for a boy of his age.
對於一個像他這麼大的男孩來說，他的智力相當高。

☑ **intend** 〔ɪn'tɛnd〕 ☞ intention *n.*

v. 打算；
意欲

She *intends* to become a successful doctor someday. 她打算將來要當一個成功的醫生。

☑ **intense** 〔ɪn'tɛns〕 ☞ intensity *n.*

adj. 激烈的；
緊張的

There was *intense* competition between them for the pretty woman's attention.
他們彼此競爭激烈,想引起那位漂亮小姐的注意。

☑ **interaction** 〔,ɪntɚˈækʃən〕 ☞ interactive *adj*.
　　n. 交互作用

The scientists carefully monitored the ***interactions*** of the animals to see how they related to each other.
科學家仔細地監看動物之間的交互作用，以了解其相互關係。
　　* monitor 〔ˈmɑnətɚ〕 *v*. 監視

☑ **interdependence** 〔,ɪntɚdɪˈpɛndəns〕 ☞ interdependent *adj*.
　　n. 互賴

The nations' ***interdependence*** made them strong allies.
這些國家彼此互相倚賴使他們成爲堅强的聯盟。
　　* ally 〔əˈlaɪ〕 *n*. 聯盟

☑ **interfere** 〔,ɪntɚˈfɪr〕 ☞ interference *n*.
　　v. 干涉；
　　　　砥觸

It is rude to ***interfere*** in other people's business. 干涉別人的事是很無禮的。

☑ **interlock** 〔,ɪntɚˈlɑk〕
　　v. 連結

While he was marooned in an island, he made a raft by ***interlocking*** logs, using vine as rope.
當他被放逐在無人島上時，他以籐爲繩，連結木頭做成一個木筏。
　　* maroon 〔məˈrun〕 *v*. 放逐於無人島上
　　　raft 〔ræft〕 *n*. 木筏　vine 〔vaɪn〕 *n*. 籐

☑ **intermediary** 〔,ɪntɚˈmidɪ,ɛrɪ〕 ☞ intermediate *v*.
　　n. 調停者

He acted as an ***intermediary*** between his classmates and the school officials.
他扮演了同學和學校行政人員之間的調停者的角色。

☐ **interminable** 〔ɪnˈtɝmɪnəbl̩〕　☞ interminably *adv*.

　adj.無終止的；
　　冗長的

They thought his ***interminable*** speech would never come to an end.

他們認爲他冗長的演說好像永遠都不會結束。

☐ **intermingle** 〔ˌɪntɚˈmɪŋgl̩〕　☞ interminglement *n*.

　v.混合；
　　交融

The terrorists ***intermingled*** among the tourists so as not to draw attention to themselves.

爲避免受人注意，所以恐怖分子混雜在遊客之間。

＊ terrorist 〔ˈtɛrərɪst〕 *n*. 恐怖份子

☐ **internal** 〔ɪnˈtɝnl̩〕

　adj.內部的

He died from ***internal*** bleeding that was not detected by the initial diagnosis.

他死於內出血，但在初次診斷時並沒有檢查出來。

＊ diagnosis 〔ˌdaɪəgˈnosɪs〕 *n*. 診所

☐ **interpretation** 〔ɪnˌtɝprɪˈteʃən〕　☞ interpret *v*.

　n.解釋；闡釋

There can be many different ***interpretations*** of a poem's meaning.

詩的意思有許多不同的解釋。

☐ **interrelation** 〔ˌɪntɚrɪˈleʃən〕　☞ interrelated *adj*.

　n.相互關係

Interrelations between the two competing companies were not good.

這兩家公司彼此競爭，相互間的關係並不好。

☐ **interrupt** 〔ˌɪntɚˈrʌpt〕　☞ interruption *n*.

　v.打斷

The history class was ***interrupted*** by a message from the principal.

歷史課因校長傳來的口信而中斷。

☑ **interview** ［ˈɪntə͜ˌvju］

v., n. 面談；
訪問

The music star did not like to be ***interviewed***.
那位音樂家不喜歡接受訪問。

☑ **intolerance** ［ɪnˈtɑlərəns］　☞ intolerant *adj.*

n. 不能忍耐

The boss's ***intolerance*** of cigarette smoke
resulted in no one being allowed to smoke
in the company.
由於老板受不了煙味，所以公司上下都不准抽煙。

☑ **intrigue** ［ɪnˈtrig］　☞ intriguing *adj.*

v. 引起興趣；
使好奇

Ann was so ***intrigued*** by oriental cultures
that she decided to select Chinese as her
major in college.
安對東方的文化非常感興趣，所以上大學時她決定
主修中文。

☆ EXERCISE 39 ☆

1. Their luggage was_____at the border.　　　（台大，淡江）

　(A) inspected　(B) expected　(C) knocked　(D) insisted

2. The teacher_____us to great deeds.　　　（政大，淡江）

　(A) aspired　(B) inspired　(C) specified　(D) associated

3. The government_____a consumer protection agency.

　(A) plant　(B) instinct　(C) instituted　(D) compelled

　　　　　　　　　　　　　　　（台大,中興,淡江,中正,交大）

4. The_____manual was missing, so they didn't know what to do.

　(A) construction　(B) booklet　(C) monitor　(D) instruction　（政大,中興）

5. The senator's＿＿＿＿＿is questionable.　　(台大,中興,文化,輔大)

(A) rarity　(B) impart　(C) integrity　(D) gravity

6. He did not＿＿＿＿＿for things to turn out the way they did.

(A) respect　(B) interpret　(C) extend　(D) intend

(台大,師大,文化,中山,成大,東海)

7. He was＿＿＿＿＿in his pursuit of her.　　(台大,中興,淡江,中山)

(A) aggravate　(B) intense　(C) insured　(D) pleading

8. She was infamous for her＿＿＿＿＿of misbehavior.(師大,文化)

(A) intolerance　(B) dealing　(C) justice　(D) vision

＊　　　　＊　　　　＊

☑ **intrinsic** 〔ɪn'trɪnsɪk〕

*adj.*實質的；
固有的

Jim is a true philanthropist; he has an *in-trinsic* urge to help others.

吉姆是個眞正的慈善家，他有一股本能的衝動想幫助別人。

＊ philanthropist 〔fə'lænθrəpɪst〕 *n.* 慈善家

☑ **invalid** 〔ɪn'vælɪd〕　☞ invalidate *v.*

*adj.*無效的

She tried to use an *invalid* passport to get into the country and was arrested.

她試圖使用一張無效的護照進入該國，但失敗被捕。

☑ **invariably** 〔ɪn'vɛrɪəblɪ〕　☞ invariable *adj.*

adv. 一定地

All children *invariably* find out that Santa Claus does not exist.

所有的小孩一定都會發現耶誕老人其實並不存在。

☐ **invasion** 〔ɪn'veʒən〕 ♂ invade *v.*
　n. 侵犯
The illegal search was an ***invasion*** of their civil rights.
非法的搜查是種侵犯他們民權的行為。

☐ **invest** 〔ɪn'vɛst〕 ♂ investment *n.*
　v. 投資
It is foolish of Ben to use all his life's savings to ***invest*** in such a risky venture.
班要把畢生的積蓄投資在如此冒險的事業上，真是太愚蠢了。

☐ **investigate** 〔ɪn'vɛstə,get〕 ♂ investigation *n.*
　v. 調查
The police were ***investigating*** the murder.
警察正在調查這件謀殺案。

☐ **involuntary** 〔ɪn'vɑlən,tɛrɪ〕 ♂ involuntarily *adv.*
　adj. 本能的
Breathing is an ***involuntary*** bodily function.
呼吸是身體的本能。

☐ **ironically** 〔aɪ'rɑnɪk!ɪ〕 ♂ ironical *adj.*
　adv. 諷刺地
The famous marriage counselor was, ***ironically***, a divorcee herself.
那位著名的婚姻諮詢顧問自己卻是個離了婚的人，真是一大諷刺。
＊ counselor〔'kaʊnslə〕 *n.* 顧問
　divorcee〔də,vor'si〕 *n.* 離婚者

☐ **irrational** 〔ɪ'ræʃən!〕 ♂ irrationality *n.*
　adj. 不理性的
Starving yourself is an ***irrational*** way to lose weight. **靠著挨餓來減肥是不理智的方法。**

☑ **irrefutable**〔ɪˈrɛfjʊtəbḷ〕
adj. 不能反駁
的;明確的

It was *irrefutable* that he was the best player
on the team. 很明顯的,他是全隊最好的選手。

☑ **irrelevant**〔ɪˈrɛləvənt〕　☞ irrelevance *n.*
adj. 不相關的

If he can do the job well, his age is *irrelevant*.
如果他能把工作做好,那他的年紀就無關緊要了。

☑ **irresistible**〔ˌɪrɪˈzɪstəbḷ〕　☞ irresistibility *n.*
adj. 不可抵
抗的

He found her charm to be completely *irre-
sistible*. 他發現她具有令人難以抗拒的魅力。

☑ **irreversible**〔ˌɪrɪˈvɝsəbḷ〕　☞ irreversibility *n.*
adj. 不能改
變的

It is rather unfortunate that most of the damage
caused to the environment *irreversible*.
不幸的是我們對環境造成的大部分損害都是無法改變的。

☑ **irrevocable**〔ɪˈrɛvəkəbḷ〕　☞ irrevocability *n.*
adj. 不能更
改的

The couple had broken up many times in the past,
but this time their breakup is *irrevocable*.
那對情侶過去已經分手好幾次,但是這次他們分手
已經無法挽回了。
　　＊ breakup〔ˈbrekˌʌp〕*n.* 分開

☑ **irrigation**〔ˌɪrəˈgeʃən〕　☞ irrigate *v.*
n. 灌溉

Irrigation can greatly increase the quality
and quantity of farmland.
灌溉能夠大量增加農地的質與量。

☑ **irritable**〔ˈɪrətəbḷ〕　☞ irritate *v.* 激怒
adj. 易怒的

He was always very *irritable* early in the
morning. 他在清晨時,總是很容易發脾氣。

☑ **jabber** 〔'dʒæbə〕

*v.*快而含
糊地說

" Stop *jabbering* like a monkey！"
別像隻猴子似地吱吱喳喳說個不停！

☑ **jam** 〔dʒæm 〕

n., v. 擁塞；
窘境

The increasing number of both vehicles and
people has led to severe traffic *jams* in the
city.
車輛和人逐漸增加，造成都市裏嚴重的交通阻塞。

☑ **janitor** 〔'dʒænətə 〕 *σ* janitress 〔'dʒænətrɪs〕 *n.* 女工友

n. 工友；
管理員

Someone has to clean the floor today because
the *janitor* is sick and unable to come.
今天得有人掃地，因為工友生病了不能來。

☑ **jargon** 〔'dʒɑrgən, -gɑn 〕

n. 專門術語

The use of *jargon* words is getting increas-
ingly popular these days.
最近專門術語的使用越來越普遍了。

☑ **jeopardize** 〔 ˈdʒɛpəd͵aɪz 〕　☞ jeopardy 〔 ˈdʒɛpədɪ 〕 *n.* 危險
　v. 危害

A pulled muscle *jeopardized* my chances of winning the race.
肌肉扭傷可能會使我失去贏得比賽的機會。

☑ **jocund** 〔 ˈdʒɑkənd 〕　☞ jocundity *n.*
　adj. 高興的

He is such a *jocund* person; everyone likes to be in his company.
他是個很快樂的人,所以每個人都喜歡和他在一起。

☑ **journalism** 〔 ˈdʒɝnl͵ɪzəm 〕　☞ journalist *n.* 新聞記者
　n. 新聞學

After taking a course in *journalism*, I plan to become a reporter.
修過新聞學後,我想要當記者。

☑ **jubilation** 〔 ͵dʒubl̩ˈeʃən 〕　☞ jubilate *v.*
　n. 歡呼

When David heard the good news, he shouted in *jubilation*.
大衛聽到這個好消息時,就大聲歡呼。

☑ **junction** 〔 ˈdʒʌŋkʃən 〕
　n. 會合;
　　交叉口

The World Trade Center is located at the *junction* of Keelung Road and Hsin Yi Road.
世貿中心在基隆路和信義路的交叉口。

☑ **justify** 〔 ˈdʒʌstə͵faɪ 〕　☞ justification *n.*
　v. 爲~辯護

The accused *justified* his killing a burglar by saying he had done it in self-defense.
被告爲自己辯護說他殺死竊賊完全是出於自衛。
　　* burglar 〔 ˈbɝglə 〕 *n.* 竊賊

☐ **juvenile** 〔 ˈdʒuvənḷ, -ˌnaɪl 〕

adj. 少年的
n. 少年

The young offender was taken to a *juvenile* court for trial.

那少年罪犯被送往少年法庭審判。

＊ offender 〔 əˈfɛndɚ 〕 *n.* 罪犯

trial 〔ˈtraɪəl〕 *n.* 審判

☆ EXERCISE 40 ☆

1. His degree was＿＿＿＿＿＿in this country.　　　（政大, 中正）
   (A) coupled　(B) invalid　(C) invaded　(D) varied

2. The police＿＿＿＿＿＿the robbery.　　　（台大, 政大, 淡江, 交大）
   (A) allocated　(B) postoned　(C) investigated　(D) invested

3. When the teacher left the room, the urge to talk was
   ＿＿＿＿＿＿＿.　　　（台大, 中興, 淡江）
   (A) strongly　(B) irrelevant　(C) ironical　(D) irresistible

4. Artificial watering of farmland is called＿＿＿＿＿＿.　　　（淡江）
   (A) irrigation　(B) infuriation　(C) plowing　(D) furrowing

5. He was in a＿＿＿＿＿＿and needed some money fast.
   (A) dam　(B) gem　(C) jam　(D) hem　　　（師大, 政大, 淡江）

6. She studied＿＿＿＿＿＿in college.　　　（台大, 政大, 文化, 淡江）
   (A) testimonial　(B) journalism　(C) junction　(D) juvenile

7. The＿＿＿＿＿＿system of that country is very fair.（台大, 淡江）
   (A) crucial　(B) control　(C) jubilation　(D) judicial

☑ **keen** 〔 kin 〕　☞ keenly *adv*.

　adj. 渴望的；
　　　敏銳的

Even as a kid, Einstein had a *keen* interest
in mathematics.
愛因斯坦從孩提時代就對數學非常有興趣。

☑ **ken** 〔 kɛn 〕

　n. 知識範圍
　v. 知道；
　　　認識

It is beyond my *ken* to understand the theory
of relativity.
我無法瞭解相對論的原理。

　　＊ relativity 〔 ͵rɛlə'tɪvətɪ 〕 *n*. 相對論

☑ **knack** 〔 næk 〕　☞ knacky 〔 'nækɪ 〕 *adj*. 有技巧的

　n. 技巧；
　　　能力

Sean has the *knack* of making even the worst
of problems appear simple.
即使是最糟糕的問題，西恩也有能力使它們看起來
很簡單。

☑ **knit** 〔 nɪt 〕　☞ knitting *n*. 編織

　v. 編織；
　　　結合

The two families are *knit* together with
common interests.
這兩個家庭因共同利益而結合在一起。

☑ **knob** 〔 nɑb 〕　σ knobbed *adj.* 有把手的

   v. 裝以把手

Turn the door **knob** clockwise, if you want to open the door.

如果你要開門，就把門柄往右轉。

   * clockwise 〔 'klɑk,waɪz 〕 *adv.* 順時針方向；右旋地

☑ **koala** 〔 kə'ɑlə 〕

   n. 無尾熊

The **koala** bear has been considered an endangered species but is now increasing in numbers again.

無尾熊曾被認為是瀕臨絕種的動物，但現在數量又逐漸增加了。

   * species 〔 'spiʃɪz 〕 *n.* 種

☑ **laboratory**〔ˈlæbrə,torɪ〕

n. 實驗室

A scientist usually spends more time in a *laboratory* than at home.

通常科學家待在實驗室的時間，比待在家裡還多。

☑ **labyrinth**〔ˈlæbə,rɪnθ〕

n. 迷宮

Each of the fifty floors in the office was like a *labyrinth* of dark corridors and passageways.

這棟五十層辦公大樓的每一層，都像是由黑暗的走廊和通道構成的迷宮。

　　＊ corridor〔ˈkɔrədɚ〕*n.* 走廊
　　　passageway〔ˈpæsɪdʒ,we〕*n.* 通路

☑ **lackey**〔ˈlækɪ〕

n. 諂媚者

There is a fine line between being a *lackey* and an obedient person.

做一名諂媚者或服從者，其中的界線是很細微的。

☐ **laden** 〔'ledn〕
adj. 滿載的

The trees in the orchard are **laden** with apples. 果園裏的樹結滿了蘋果。
* orchard 〔'ɔrtʃəd〕 n. 果園

☐ **lament** 〔lə'mɛnt〕
v., n. 悲嘆

They **lamented** over their depressing situation. 他們因令人沮喪的情況而悲嘆。

☐ **languish** 〔'læŋgwɪʃ〕 ☞ languor n.
v. 變得無
生氣

The formerly eager accountant **languished** in his tedious job at the stock exchange.
那位原本充滿熱忱的會計,因證券交易所無聊的工作,而變得毫無生氣。
* **stock exchange** 證券交易所

☐ **lava** 〔'lɑvə〕
n. 火山岩

The molten stream of **lava** destroyed everything in its path as it flowed down the slopes of the erupting volcano.
岩漿從爆發的火山斜坡流下時,破壞了它流過的所有東西。

☐ **lavish** 〔'lævɪʃ〕
adj. 慷慨的
v. 揮霍

Although he was rich, he was never **lavish** in giving money to charity.
雖然他很富有,但卻從來不會對慈善機構慷慨解囊。

☑ **leaflet**〔'liflɪt〕
　n. 傳單

> When I was in school, I used to distribute
> *leaflets* on the street for my pocket-money.
> 以前念書時，我常常在街上發傳單賺取零用錢。

☑ **league**〔lig〕
　n.,*v.* 聯盟

> The *League* of Nations was formed in 1919
> after the First World War.
> 同盟國是在第一次世界大戰後，一九一九年建立的。

☑ **leap**〔lip〕
　n.,*v.* 跳躍

> Neil Armstrong had said that though his first
> step on moon was a small one, it was a
> giant *leap* for mankind.
> 尼爾‧阿姆斯壯曾說過，雖然他在月球上跨的是一
> 小步，但對全人類而言，卻是一大步。

☑ **ledge**〔lɛdʒ〕
　n. 壁架

> One should not keep things on window *ledges*,
> lest they fall down and hit someone on the
> head.
> 窗邊的架子上不應該放置物品，以免東西掉落，砸
> 到路人的頭。

☑ **leftist**〔'lɛftɪst〕
　n. 左派的人
　adj. 左派的

> His being wrongly depicted as a *leftist* led
> to his abrupt dismissal from his job.
> 他被誤認是左派份子，使得他意外地被解雇。
>
> ＊ depict〔dɪ'pɪkt〕*v.* 描繪
> 　dismissal〔dɪs'mɪsl〕*n.* 解雇

☑ **leftover** 〔'lɛft,ovɚ 〕
   adj. 吃剩的
   n. 剩餘的
      飯菜

The beggar gratefully accepted all the *leftover* food we gave him.
那乞丐很感激地收下我們給他的剩飯。

☑ **legacy** 〔'lɛgəsɪ 〕
   n. 遺產

The *legacy* of the corrupt government was chaos, despair and financial ruin.
那腐敗政府留下的是一團混亂、失望及財政的破產。

☑ **legal** 〔'ligl 〕
   adj. 法律的；
      合法的

The policemen had no right to enter his premises without a *legal* search warrant.
若沒有搜索票，警察無權進入他的屋內。
    * premises〔'prɛmɪsɪz 〕*n*., *pl*. 房產
      search warrant 搜索票

☑ **legend** 〔'lɛdʒənd 〕 ☞ legendary *adj*.
   n. 傳說

Legends often exaggerate the truth of the story. 傳說常會誇大故事的眞實性。

☑ **legible** 〔'lɛdʒəbl 〕 ☞ legibility *n*.
   adj. 易讀的

I couldn't understand your message; your handwriting was not *legible* to me.
我看不懂你留的字，因爲你的字跡很難辨認。

☑ **legislation** 〔,lɛdʒɪs'leʃən 〕 ☞ legislative *adj*.
   n., *adj*. 立法

The major function of the Congress is to introduce *legislation*.
國會的主要功能是制定法律。

☑ **legitimate** 〔lɪˈdʒɪtəmɪt〕 *adj*. ☞〔lɪˈdʒɪtəˌmet〕*v*. 合法化
　　　　adj. 合理的

"Do you have a *legitimate* reason for not showing up at work?"
你有不來上班的正當理由嗎？

☑ **lessen** 〔ˈlɛsn〕 ☞ less *adj*. 較少的
　　　v. 減低

A bullet-proof vest is used to *lessen* the impact of a bullet or other projectiles hitting the wearer's body.
防彈背心是用來減輕子彈，或其他東西射擊到身體時的撞擊力。
　　* projectile 〔prəˈdʒɛktḷ〕 *n*. 發射物

☑ **liable** 〔ˈlaɪəbḷ〕 ☞ liability *n*. 責任
　　adj. 應負責的

According to the contract, he was *liable* for any accident.
合約上規定，他必須對所有的意外負責。

☆ EXERCISE 41 ☆

1. A place where scientific experiments are done is called a
　　_____.　　　　　　　　　　　　　（台大,政大,淡江）
　(A) dormitory　(B) workshop　(C) factory　(D) laboratory

2. He_____his acting career at the age of sixty.（台大,師大）
　(A) lavished　(B) lava　(C) launched　(D) rocketed

3. They handed out_____on the street advertising the
　sale.　　　　　　　　　　　　　　　　　（台大,淡江）
　(A) snacks　(B) gleams　(C) laurels　(D) leaflets

4. The faucet had a _____ that dripped all night long.
   (A) leak   (B) model   (C) seam   (D) league   (台大,師大)

5. _____ often exaggerate the truth of the story. (台大,中興)
   (A) History   (B) Models   (C) Legends   (D) Legacy

6. The major function of Congress is _____.   (中興,文化,淡江)
   (A) negotiation   (B) persecution   (C) execution   (D) legislation

7. He claimed that he had _____ rights to the throne.
   (A) illegal   (B) wired   (C) legitimate   (D) righteous (輔大,淡江)

8. She would be held _____ if anything happened to him.
   (A) liable   (B) incredible   (C) affordable   (D) endurable
                                              (師大,文化,靜宜)

*   *   *

☑ **liberal** 〔ˈlɪbərəl〕   ☞ liberalism *n.* 自由主義
   adj. 自由主 　Democrats are traditionally more ***liberal***
   義的 　　　than Republicans.
   　　　　　在傳統上,民主黨比共和黨更崇尚自由。

☑ **librarian** 〔laɪˈbrɛrɪən〕   ☞ library *n.* 圖書館
   n. 圖書館員 　The ***librarian*** was very helpful in finding
   　　　　　books for his research project.
   　　　　　爲了找與研究計劃有關的書,那位圖書館員幫了他
   　　　　　不少忙。

☑ **license** 〔 ′laɪsn̩s 〕

n. 執照
v. 許可

In the United States, one can obtain a driver's *license* at the age of sixteen and one-half years.
在美國,十六歲半就可以取得駕照。

☑ **lightning** 〔 ′laɪtnɪŋ 〕

n. 閃電

Lightning lit up the dark, stormy sky during the night's storm.
暴風雨的夜晚,閃電照亮了黑暗的天空。

☑ **likelihood** 〔 ′laɪklɪˌhʊd 〕

n. 可能性

The *likelihood* of snow in the middle of August is not good. 八月中旬不太可能會下雪。

☑ **limb** 〔 lɪm 〕

n. 枝幹

The bird made its nest on the highest *limb* of the tree. 鳥在樹梢上築巢。

☑ **limp** 〔 lɪmp 〕

v. 跛行

Her sore ankle caused her to *limp* from class to class. 她腳踝很痛,使她得一拐一拐地走去上課。

☑ **linger** 〔 ′lɪŋgɚ 〕

v. 徘徊

Several stray dogs *lingered* about waiting for unwanted scraps.
一些走失的狗在那裏徘徊不去,等著人家丟棄不要的剩飯。

　　* stray 〔 stre 〕 *adj*. 走失的
　　　scraps 〔 skræps 〕 *n.,pl*. 剩飯

☑ **linguistic** 〔 lɪŋ'gwɪstɪk 〕 *σ* linguistics *n.* 語言學

   adj. 語言
       學的

The experiments were designed to study the *linguistic* skills of primates.
設計這些實驗，是爲了要研究靈長類動物的語言。

    * primate 〔'praɪmɪt 〕*n.* 靈長類動物

☑ **liquid** 〔 'lɪkwɪd 〕

   n. 液體
   adj. 液體的

She could not tell what the *liquid* leaking out of her car was.
她不知道從她車子漏出來的液體是什麼。

☑ **liquor** 〔 'lɪkɚ 〕

   n. 烈酒

In the U.S., *liquor* is not sold to those under twenty-one.
在美國，烈酒不准賣給二十一歲以下的人。

☑ **lisp** 〔 lɪsp 〕

   n. 口齒不清

His *lisp* made all his "s" sound like "th".
他口齒不清，把"s"都唸成"th"的音。

☑ **literacy** 〔 'lɪtərəsɪ 〕

   n. 會讀書和
      寫字

They had to pass a *literacy* exam before entering the class.
他們必須先通過讀寫能力測驗才能進這個班級。

☑ **loan** 〔 lon 〕

   v. 借給
   n. 貸款

She *loaned* him five dollars that she never expected to get back.
她從沒指望能要回借給他的五塊錢。

☑ **locality** 〔 loˈkælətɪ 〕　☞ locate v. 位於

　　n. 地點

They were not able to give their exact location, just their general *locality*.
他們無法指出確切的位置，只能說出大概的地點。

☑ **locust** 〔 ˈlokəst 〕

　　n. 蝗蟲

The farmer's crops were destroyed by an army of hungry *locusts*.
那位農夫的穀物被一大群飢餓的蝗蟲摧毀了。

　　＊ *an army of* 一大群

☑ **lodging** 〔 ˈlɑdʒɪŋ 〕　☞ lodge v.

　　n. 住宿

They could not find *lodging* for the night, since all the hotels were full.
他們找不到晚上住宿的地方，所有的旅館都客滿了。

☑ **lofty** 〔 ˈlɔftɪ 〕

　　adj. 高遠的

He had *lofty* aspirations of becoming a lawyer. 他志向遠大，以後想當律師。

☑ **loiter** 〔 ˈlɔɪtɚ 〕

　　v. 閒蕩

The youths *loitered* around the park all night with nothing to do.
年輕人整晚在公園裡無所事事地閒蕩。

☑ **loll** 〔 lɑl 〕

　　v.（疏懶地）
　　　坐或躺

With the day off, she *lolled* about the house all day and relaxed.
休假時，她整天懶洋洋地窩在家裡休息。

☑ **loom**〔lum〕
v. 逐漸迫近

There was a crucial exam which *loomed* ahead of them.

他們將有一場重要的考試。

* crucial〔'kruʃəl〕*adj.* 重要的

☑ **loose**〔lus〕
adj. 寬鬆的
v. 使自由

The light, *loose* clothing was very comfortable in the hot sun.

在炎熱的太陽下，穿著輕而寬鬆的衣服是非常舒服的。

☑ **lucid**〔'lusɪd〕 ☞ lucidity *n.*
adj. 清楚的

He had such a *lucid* dream that he believed it really happened.

他所做的夢是如此清晰，使他信以為眞。

☑ **lucrative**〔'lukrətɪv〕 ☞ lucre *n.* 賺頭
adj. 有利的

After several very *lucrative* business deals, they were able to buy a larger house.

經手幾筆利潤豐厚的交易後，他們已有能力買一棟較大的房子。

☑ **ludicrous**〔'ludɪkrəs〕
adj. 愚蠢的

He was often mocked for his *ludicrous* ideas.

他常因一些愚蠢的想法而被人嘲弄。

* mock〔mɑk〕*v.* 嘲弄

☑ **luggage** 〔'lʌgɪdʒ〕
n. 行李

The porter carried their *luggage* up to their room for them.
脚夫幫他們把行李搬到房間裏。

☑ **lukewarm** 〔'luk'wɔrm〕
adj. 微溫的

His dinner was now only *lukewarm*, because it had been sitting out too long.
他的晚餐因放置太久，已經不熱了。

☑ **lumber** 〔'lʌmbɚ〕
v. 笨重地走

The huge, friendly dog came *lumbering* down the stairs to greet his master.
那隻友善的大狗笨重地走下樓，去迎接牠的主人。

☑ **lump** 〔lʌmp〕 ☞ lumpy *adj.*
n. 塊

He likes to have two *lumps* of sugar with his coffee.
他喜歡喝咖啡時加兩塊糖。

☑ **luster** 〔'lʌstɚ〕
n. 光澤

Her beautiful eyes have a unique *luster* to them.
他們覺得她漂亮的眼睛裏有種獨特的光澤。

☑ **lusty** 〔'lʌstɪ〕 ☞ lustily *adv.*
adj. 精力充
沛的

The *lusty* old man was very lively for his age. 那位精力充沛的老人真是老當益壯。

☆ EXERCISE 42 ☆

1. His_____ideas were not well received by his conservative
   colleagues.   (台大,輔大)
   (A) liberal   (B) liable   (C) loosened   (D) material

2. Flashes of_____lit up the dark, stormy sky. (文化,中山)
   (A) thunder   (B) brilliance   (C) limbs   (D) lightning

3. The bank approved her_____.   (師大,淡江)
   (A) credit   (B) loam   (C) loan   (D) locality

4. The huge Redwood trees_____high above them.
   (A) lifted   (B) loomed   (C) landed   (D) loot   (台大,淡江)

5. After work, his tie hung_____around his tired neck.
   (A) languid   (B) lucid   (C) lousy   (D) loose   (台大,淡江,中山,輔大)

6. She often came up with the most_____of ideas.
   (A) ludicrous   (B) luxurious   (C) lukewarm   (D) strange
                                                           (台大,師大)

7. He put their_____in the trunk.   (師大,中興)
   (A) lunatic   (B) limbs   (C) luggage   (D) baggages

8. She added a generous_____of sugar to her coffee.
   (A) lump   (B) spoon   (C) lull   (D) luster   (師大,東海)

☐ **magnanimous** 〔mæg′nænəməs 〕　☞ magnanimity *n*.

adj. 寬宏大量的

The ***magnanimous*** family was always entertaining guests, contributing to charity, or generally helping others.

那一家人非常寬宏大量,總是娛樂客人,捐助慈善機構,或廣泛地幫助他人。

☐ **magnet** 〔′mægnɪt 〕　☞ magnetic *adj*.

n. 磁鐵

They used a ***magnet*** to hang up pictures on the refrigerator.

他們用磁鐵將圖片固定在冰箱上。

☐ **magnificent** 〔mæg′nɪfəsn̩t 〕　☞ magnificence *n*.

adj. 壯觀的

We have a ***magnificent*** view of the sea from our balcony. 我們從陽台可看到大海壯麗的景觀。

＊ balcony 〔′bælkənɪ 〕 *n*. 陽台

☐ **magnify** 〔′mægnə‚faɪ 〕

v. 放大

An electron-microscope can ***magnify*** objects more than a hundred thousand times.

電子顯微鏡可以把物體放大十萬倍以上。

☑ **maim** 〔 mem 〕

   v. 使殘廢

His hand was *maimed* in a car accident.
他的手在一場車禍中殘廢了。

☑ **mainstream** 〔 'men‚strim 〕

   n. 主流

Their unusual customs made them feel set
apart from the *mainstream* of society.
他們覺得其不尋常的風俗，和社會的主流有所差別。

     * *set apart* 使有區別；使受人注目

☑ **maintain** 〔 men'ten 〕   ☞ maintenance *n*.

   v. 維持

You have to *maintain* a high grade point
average in graduate school.
你唸研究所時須維持高分的成績。

☑ **majesty** 〔 'mædʒɪstɪ, -dʒə- 〕

   n. 陛下

They greeted the visiting king as "Your
Majesty." 他們恭稱「國王陛下」，以迎接來訪的國王。

☑ **makeshift** 〔 'mek‚ʃɪft 〕

   adj. 代用的
   n. 代用品

They used a clotheshanger as a *makeshift*
antenna. 他們用衣架來暫時取代天線。

☑ **maladjusted** 〔 ‚mælə'dʒʌstɪd 〕   ☞ maladjustment *n*.

   adj. 適應不
     良的

The *maladjusted* young man did not fit into
society. 那年輕人無法適應社會環境。

☑ **malady** 〔 'mælədɪ 〕

   n. 疾病

The flu was the latest *malady* he was suf-
fering from. 他最近感染的疾病是流行性感冒。

☑ **malign** 〔 məˈlaɪn 〕

　v. 誹謗

Politicians typically *malign* their opponents in the newspaper.
政客都會在報上攻擊他們的對手。

☑ **malnutrition** 〔 ˌmælnjuˈtrɪʃən 〕

　n. 營養失調

Many poor children suffer from *malnutrition* in African countries.
在非洲國家，有許多小孩營養不良。

☑ **maneuver** 〔 məˈnuvə 〕

　v., n. 軍事
　　演習

The pilots' daring flying *maneuvers* impressed the crowd.
飛行員英勇的飛行演習，留給群衆十分深刻的印象。

☑ **manufacture** 〔 ˌmænjəˈfæktʃə 〕　☞ manufacturing n. 製造業

　v. 製造

The company *manufactures* the replicas of the Eiffel Tower.
該公司製造艾菲爾鐵塔的複製品。

　　＊ replica 〔ˈrɛplɪkə〕 n. 複製品

☑ **marathon** 〔 ˈmærəˌθən 〕

　n. 馬拉松

A *marathon* is serious challenge for even the most capable of athletes.
即使是體力最佳的運動選手，馬拉松乃是一項艱鉅的挑戰。

☑ **marble** 〔 ˈmɑrbl 〕

　n. 彈珠；
　　大理石

The children played *marbles* on the living room rug. 小孩子在客廳的地毯上玩彈珠。

☐ **march** 〔 mɑrtʃ 〕

v. 行軍

The troops *marched* up and down the square.
軍隊在廣場上行軍。

＊ square 〔 skwɛr 〕 *n*. 廣場

☐ **margarine** 〔 'mɑrdʒə‚rin 〕

n. 人造奶油

Margarine is a far off second to butter as far as taste goes.
人造奶油和眞正奶油比起來，味道差多了。

＊ *second to* 次於　　*as far as ～ goes* 就～而言

☐ **margin** 〔 'mɑrdʒɪn 〕　☞ marginal *adj*.

n. 空白；
差距

Before typing the papers, remember to set the *margins*.
在打這些文件之前，要記得設定行間距。

☐ **marital** 〔 'mærətl 〕

adj. 婚姻的

Their *marital* problems were beginning to affect their job performance.
他們的婚姻問題，開始影響到他們的工作表現。

☐ **marrow** 〔 'mæro 〕

n. 骨髓

A bone *marrow* transplant is a very complicated and dangerous operation.
骨髓移植是一項非常複雜且危險的手術。

＊ transplant 〔 træns'plænt 〕 *n*. 移植

☐ **martial** 〔 'mɑrʃəl 〕

adj. 勇武的

Many young people are fascinated by the *martial* arts. 許多年輕人對武術非常着迷。

☑ **martyr** 〔'mɑrtɚ〕

　　n. 殉道者

　　A true ***martyr*** will die for a worthy cause.
　　一位眞正的殉道者會爲崇高的目標而死。

　　　　* cause〔kɔz〕*n*. 目標

☑ **marvelous** 〔'mɑrvḷəs〕

　　adj. 令人驚
　　　　嘆的；
　　　　棒極了

　　They thought the movie was absolutely
　　marvelous and planned on seeing it again
　　when they had the time.
　　他們覺得那部電影棒極了，而且計劃有空時，還
　　要再看一次。

☑ **masculine** 〔'mæskjəlɪn〕

　　adj. 男子的

　　Insecure men will often exaggerate their
　　masculine qualities to prove their "manliness".
　　缺乏安全感的男人，常會誇大他們的男性特質，來
　　證明他們的「男子氣慨」。。

　　　　* manliness〔'mænlɪnɪs〕*n*. 男子氣慨

☑ **mass**〔mæs〕

　　n. 多量

　　There was a ***mass*** of phone calls inquiring
　　about the reward. 有許多詢問獎品的電話。

☑ **massacre**〔'mæsəkɚ〕

　　n., *v*. 大屠殺

　　They could not bear to go back to the sight
　　of the ***massacre***.
　　他們無法忍受再回顧那場大屠殺的情景。

　　　　* ***go back to*** ～ 回顧～

☆ EXERCISE 43 ☆

1. They hung the children's drawings with_____on the
   refrigerator. (中興,文化,淡江,成大,東海)
   (A) nails (B) tacks (C) magnitude (D) magnets

2. This microscope_____objects 500 times. (台大,文化)
   (A) magnifies (B) enlightens (C) clarifies (D) maims

3. It is becoming harder and harder to_____economic
   comfort. (台大,政大,中興,文化,淡江,逢甲,輔大)
   (A) withdraw (B) maintain (C) multiply (D) reward

4. He used a_____influence to corrupt the others.
   (A) bigot (B) malign (C) makeshift (D) malted (淡江,中山)

5. The gymnast performed daring_____on the uneven bars.
   (A) rolls (B) maneuvers (C) dances (D) accomplish (台大,淡江)

6. That factory_____1,000 cars per month.
   (A) manages (B) margins (C) manufactures (D) complete
   (台大,政大,中興,淡江,交大,靜宜)

7. The band_____in rhythm to the song. (台大,中興)
   (A) marched (B) hiked (C) climbed (D) marbled

8. _____Law has been declared in the town. (台大)
   (A) Martial (B) Martyr (C) Material (D) Magical

☑ **mastermind** 〔'mæstɚ,maɪnd 〕
n. 策劃人

They never found out who the ***mastermind*** behind the plot to assasinate the president was.
他們一直無法查出到底誰是暗殺總統的幕後主使者。

☑ **masterpiece** 〔'mæstɚ,pis〕
n. 傑作

The "Sistinc Chapel" is Leonardo Da Vinci's most noted ***masterpiece***.
「席斯汀小教堂」是達文西最著名的作品。

☑ **match** 〔 mætʃ 〕
n. 一對

The couple seemed to be a perfect ***match***.
那對夫婦似乎是很完美的一對。

☑ **material** 〔 məˈtɪrɪəl 〕
n. 材料
adj. 物質的

Silk is a very soft, sensuous ***material***.
絲是一種觸感非常柔軟的質料。

* sensuous 〔 'sɛnʃʊəs 〕 *adj.* 感覺的

☑ **maternal** 〔 məˈtɝnl 〕   ☞ maternality *n.*
adj. 母性的

Her ***maternal*** instincts got the better of her when she saw how frail the orphan was and she immediately took him up for adoption.
當她看到那個柔弱的孤兒，心中即湧現出母性的本能，於是就把那孤兒抱起，領養了他。

☑ **matrix** 〔 'mætrɪks 〕
n. 鑄型

Something is wrong with the ***matrix***, for the moulded products have flaws in them.
那個鑄模一定有問題，因為鑄出來的產品有瑕疵。

* moulded 〔 'moldɪd 〕 *adj.* 鑄造而成的

☑ **mature** 〔 mə'tjʊr 〕

adj. 成熟的

When his father passed away he was just a little boy and not *mature* enough to understand the gravity of the situation then.
當他父親過世時，他只是一個小孩子，並沒有成熟到了解當時情況的嚴重性。

　　* gravity〔'grævətɪ〕*n.* 嚴重性

☑ **maxim** 〔 'mæksɪm 〕

n. 座右銘

He lives his life according to the *maxim* that it is better to give than to receive.
他把「施比受更有福」當作人生的座右銘。

☑ **maximum** 〔 'mæksəməm 〕

adj. 最高的

Yesterday, the *maximum* temperature was only twenty-five degrees Celsius.
昨天最高溫度只有攝氏二十五度。

☑ **maze** 〔 mez 〕

n. 迷宮

Jim always gets lost in this *maze* of narrow alleys. 吉姆總是會在這條迷宮般的巷道裡迷路。

☑ **mechanism** 〔 'mɛkə,nɪzəm 〕　☞ mechanical *adj.* 機械的

n. 機械結構

The *mechanism* of the complicated machinery is beyond my scope of comprehension.
我無法理解這台機器複雑的結構。

☑ **medal** 〔 'mɛdl̩ 〕

n. 獎牌

She won a gold *medal* in 1992 Summer Olympics. 她在一九九二年夏季奧運中贏得金牌。

☑ **medium**〔'midɪəm〕

adj. 中等的
n. 媒體

She wears a ***medium***-sized T-shirt.
她穿中號的 T 恤 。

☑ **mediate**〔'midɪˌet〕 ☞ mediation *n.*

v. 調解

Joe carried messages back and forth between
the estranged husband and wife in the hope
of ***mediating*** their differences.
喬幫那對感情失和的夫婦傳話 , 希望能調解他們的
不和 。

　　＊ estranged〔ə'strendʒd〕*adj.* 疏遠的

☑ **mediocre**〔'midɪˌokɚ〕 ☞ mediocrity *n.*

adj. 平庸的

Though Dan had only been a ***mediocre*** student
in high school, his performance during college
was exemplary.
雖然丹在中學時只是個成績平平的學生 , 但他在大
學時的表現卻是可圈可點的 。

☑ **meditation**〔ˌmɛdə'teʃən〕 ☞ meditate *v.*

n. 沈思

The Buddhist monk has been in ***meditation***
for days without any food or water.
那位和尚已不吃不喝地打坐了好幾天 。

☑ **melancholy**〔'mɛlənˌkɑlɪ〕

adj. 悲傷的
n. 憂鬱

The ***melancholy*** news shattered everyone's
morale. 這件悲傷的消息動搖了每個人的士氣 。

　　＊ morale〔mo'ræl〕*n.* 士氣

☑ **mellow** 〔'mεlo 〕

adj. 柔美的

The *mellow* sound of the birds chirping in the trees was almost intoxicating to me.
樹上小鳥所發出啁啾的甜美聲音，令我十分陶醉。

> * chirp 〔 tʃɝp 〕 *v.* 發出啁啾聲
> intoxicating 〔ɪn'tɑksə,ketɪŋ〕 *adj.* 使人陶醉的

☑ **memoir** 〔'mεmwɑr 〕

n. 回憶錄

He had forgotten to include in his *memoir* the time he had spent in England on a holiday.
他忘了在回憶錄裡記下那段在假日時到英國度過的時光。

☑ **mend** 〔 mεnd 〕

v., n. 改正

You'd better *mend* your ways now before it's too late.
你最好及時改正你的行為。

☑ **mendacity** 〔 mεn'dæsətɪ 〕 ☞mendacious *adj.*

n. 說謊

Bill has no major character flaws except for occasional *mendacity*.
比爾除了偶爾撒個謊之外，個性上沒有什麼大缺點。

☑ **menial** 〔'minɪəl 〕

adj. 傭人的
n. 傭人

He does not like to perform such *menial* tasks as washing pots and pans.
他不喜歡做洗鍋子、碗盤這種傭人做的工作。

☑ **merchandise** 〔ˈmɝtʃənˌdaɪz 〕

n. 商品

The illegal truck was stopped by the police and all its *merchandise* was seized.
那輛違法的卡車被警方攔截，車上所有的貨品都被沒收了。

* seize 〔 siz 〕 *v.* 沒收

☑ **merchant** 〔ˈmɝtʃənt 〕

n. 商人

The *merchants* did a thriving business, trading in furs and spices.
那些商人的毛皮及香料的生意，做得很成功。

☑ **mercury** 〔ˈmɝkjərɪ 〕

n. 水銀

Mercury, though a metal, is a liquid at room temperature.
水銀雖然是金屬，但在常溫下卻是液態。

* *room temperature* 室溫；常溫

☑ **merit** 〔ˈmɛrɪt 〕

n. 優點

There isn't much *merit* in giving away things you don't value or want.
送給別人你不喜歡或不要的東西，並沒有什麼可取的。

☑ **mess** 〔 mɛs 〕

n. 雜亂

The room is in a *mess*; it hasn't been cleaned for days. 這房間一團亂；已經好幾天沒人打掃了。

☑ **metallic** 〔 məˈtælɪk 〕　σmetal 〔ˈmɛtl̩ 〕 *n.*

adj. 金屬的

Some boots have *metallic* tips for durability.
有些靴子為了能經久耐磨，在前端會鑲上金屬。

* durability 〔 ˌdjʊrəˈbɪlətɪ 〕 *n.* 耐久性

☆ EXERCISE 44 ☆

1. That movie is the director's finest_____.　　　（台大）
   (A) mastermind　(B) masterpiece　(C) match　(D) mushroom

2. Her dress was made from the finest_____available.
   (A) clothes　(B) masters　(C) material　(D) sewing　　（中山）

3. He was related to her by his_____grandmother.　（政大）
   side.
   (A) belated　(B) mature　(C) material　(D) maternal

4. The bus holds a_____of 65 people.　　　（台大,淡江,逢甲）
   (A) maximum　(B) holding　(C) minister　(D) deploy

5. The_____ran the debate.　　　　　（台大,政大,交大）
   (A) mediator　(B) office　(C) mechanic　(D) morose

6. _____is a good way to relax and clear your mind.
   (A) Malice　(B) Meditation　(C) Manifestion　(D) Stressing
   　　　　　　　　　　　　　　　　　　　　　（文化,逢甲）

7. He had to_____the holes in his jeans.　　（師大,中山）
   (A) maintain　(B) memoir　(C) mend　(D) menial

8. The_____at the night market were experts at barg-
   aining.　　　　　　　　　　　　　　　　　　（政大）
   (A) merchants　(B) merits　(C) mermaid　(D) mess

☑ **meteor**〔'mitɪɚ〕

n. 流星

The face of the moon is scarred with depressions; it is frequently bombarded by *meteors*.
月球表面有許多凹洞，這是由於常被流星撞擊所致。

＊ depression〔dɪ'prɛʃən〕*n.* 窪地

☑ **meteorological**〔ˌmitɪərə'lɑdʒɪkl〕　♂ meteorology *n.*

adj. 氣象的

Meteorological studies have show that there is no existing life on Mars.
根據氣象學的研究顯示，火星上沒有任何生命現象。

☑ **microcosm**〔'maɪkrəˌkɑzəm〕

n. 微觀世界

As a philosophy *microcosm* is not as popular as it used to be.
微觀世界的哲學思想，現在已不如以前盛行了。

☑ **microscope**〔'maɪkroˌskop〕　♂ microscopic *adj.*

n. 顯微鏡

A *microscope* is an integral part of a biological laboratory.
顯微鏡在生物實驗室裡是不可或缺的。

＊ integral〔'ɪntəgrəl〕*adj.* 必要的

☑ **migrate**〔'maɪgret〕　♂ migration *n.*

v. 遷徙

Many birds *migrate* south for the winter in search of warmer climate.
許多鳥類到了冬天，就往南方遷移，尋找較溫暖的氣候。

☑ **millionaire** 〔ˌmɪljən'ɛr 〕

　　n. 百萬富翁

She became a ***millionaire*** after she won the lottery.
她中了彩券後，就成了百萬富翁。

☑ **miner** 〔'maɪnɚ 〕　　☞mineral *n*. 礦物

　　n. 礦工

A ***miner's*** job is very dangerous.
礦工的工作十分危險。

☑ **miniature** 〔'mɪnɪetʃɚ 〕

　　adj. 小型的
　　n. 縮小模型

His ***miniature*** toy car looked just like his father's real car.
他的袖珍型玩具車，看起來跟他父親的車很像。

☑ **minimum** 〔'mɪnəməm 〕

　　adj. 最低的
　　n. 最低量

You have to keep a ***minimum*** balance of one hundred dollars in your checking account.
你的活期存款帳戶裡，至少要有一百元的存款。

☑ **minister** 〔'mɪnɪstɚ 〕　　☞ministerial *adj*. 內閣的

　　n. 部長

At thirty years of age he became the youngest prime ***minister*** in the history of the nation.
他三十歲時，即成爲該國有史以來最年輕的首相。

☑ **minor** 〔'maɪnɚ 〕　　☞minority *n*. 少數

　　n. 未成年人

He did not go to jail for the crime since he was still a ***minor***.
他並沒有因犯罪而入獄，因爲他尚未成年。

☑ **miracle** 〔'mɪrəkḷ 〕　☞ miraculous 〔mə'rækjələs 〕 *adj*.

　n. 奇蹟

It was a ***miracle*** that they were all able to safely escape.

他們全部都能安全地逃脫，眞是奇蹟。

☑ **mirror** 〔'mɪrɚ 〕

　n. 鏡子
　v. 反映

She was very vain and always looked at herself in the ***mirror***.

她很愛慕虛榮，總喜歡照鏡子看自己的模樣。

☑ **mirth** 〔 mɝθ 〕　☞ mirthful *adj*.

　n. 歡樂

Her anger turned to ***mirth*** when she realized her mistake.

當她知道自己所犯的錯時，即轉怒爲喜。

☑ **misconception** 〔 ,mɪskən'sɛpʃən 〕

　n. 誤解

He was very honest and did not want to leave any ***misconceptions*** about his ideas.

他非常的誠實，而且不想讓別人誤解他的想法。

☑ **miserably** 〔'mɪzərəblɪ 〕　☞ miserable *adj*.

　adv. 悲慘地

After such a bad day, he ***miserably*** walked home and went to bed.

度過這樣糟糕的一天之後，他可憐兮兮地走回家睡覺。

☑ **misgivings** 〔 mɪs'gɪvɪŋz 〕

　n.,*pl*. 疑惑;
　　　不安

She had ***misgivings*** about his motives.

她對他的動機感到很疑惑。

☑ **missile** 〔'mɪsḷ〕
    n. 飛彈

The fighter planes launched their *missiles* on the enemy target with acute precision.
戰鬥機準確地對準敵軍發射飛彈。

    * *fighter plane* 戰鬥機   launch〔lɔntʃ〕*v*. 發射
    acute〔ə'kjut〕*adj*. 敏銳的

☑ **mission** 〔'mɪʃən〕   σ missionary *n*. 傳教士
    n. 使命

She felt that her *mission* in life was to help others. 她覺得幫助別人是她的天職。

☑ **misuse** 〔mɪs'jus〕*n*. 〔mɪs'juz〕*v*.
    n., *v*. 誤用

Any *misuse* of power is an abuse of power.
任何權力的誤用，就是一種權力的濫用。

    * abuse〔ə'bjus〕*n*. 濫用

☑ **mockery** 〔'mɑkərɪ〕   σ mock *v*.
    n. 嘲弄

They laughed in *mockery* at him for his dim-witted ways. 他們嘲笑他愚蠢的行為。

    * dim-witted〔'dɪm,wɪtɪd〕*adj*. 愚蠢的

☑ **modify** 〔'mɑdə,faɪ〕   σ modification *n*.
    v. 修正

The design has been *modified* to improve fuel consumption.
這項設計已做了修正，以減少燃料的消耗。

☑ **modulate** 〔'mɑdʒə,let〕   σ modulation *n*.
    v. 轉變聲調

His voice *modulated* to a pitch higher when he got excited. 當他興奮時，聲音就會變得比較高亢。

    * pitch〔pɪtʃ〕*n*. 聲調

☑ **moist**〔mɔıst〕　☞ moisture *n.*

adj. 潮溼的

The ground was *moist* after the light rain the evening before.

昨天傍晚下了一場小雨後,路面就變得溼溼的。

☑ **mold**〔mold〕

v. 鑄造

The machine *molded* each part exactly as the one before.

那部機器鑄造出和先前那個一模一樣的產品。

☑ **momentum**〔mo'mɛntəm〕

n. 動力

The struggle for independence was gaining *momentum* every day.

爭取獨立的奮鬥每日都在凝聚力量。

☆ EXERCISE 45 ☆

1. The_____streaked through the night sky.　　（淡江,東海）
   (A) moons　(B) runners　(C) meteor　(D) commit

2. Birds_____to the south for the winter to avoid the cold.
   (A) deplore　(B) microcosm　(C) migrate　(D) mini（台大,中興,逢甲）

3. That was the_____required of the participants.
   (A) minimum　(B) median　(C) minus　(D) marrow　（台大,淡江,中正）

4. The team needs a_____to win the game.　　（台大）
   (A) points　(B) mirth　(C) miracle　(D) radical

5. He failed his driver's test_____.　　　　　　（台大,文化）

(A) confident　(B) miserably　(C) lastly　(D) factually

6. Their_____was to protect the President.　　（師大,中興）

(A) misuse　(B) mock　(C) source　(D) mission

7. The fresh,_____cake was delicious.　　（師大,淡江,輔大）

(A) moist　(B) stale　(C) messy　(D) moldy

8. The political movement was gaining_____everyday.

(A) momentum　(B) votes　(C) press　(D) monitors

＊　　　　＊　　　　＊

☑ **monarchy** 〔'mɑnəkɪ 〕

　n. 君主政體

The British **monarchy's** efforts to retain the U.S. as a colony failed.
大英帝國努力要讓美國繼續當它的殖民地,但是失敗了。

☑ **monetary** 〔'mɑnə,tɛrɪ 〕　☞money *n.*

　adj. 貨幣的

The **monetary** value of her jewelry was much less than its sentimental value.
她珠寶的實際價值,遠低於感情上的價值。

　＊ sentimental 〔,sɛntə'mɛnt!〕*adj.* 情感的

☑ **monitor** 〔'mɑnətə 〕

　v. 監聽

The instrument **monitors** the patient's heart-rate. 這台儀器能監聽病人的心跳速度。

☑ **monograph** 〔'mɑnə,græf 〕

n. 專業論文

They published a detailed *monograph* of the effects of pollution.
他們刊登一篇論文,詳盡地討論污染所造成的影響。

☑ **monologue** 〔'mɑnl,ɔg 〕

n. 獨白

Her *monologue* went on for over twenty minutes. 她的獨白超過二十分鐘。

☑ **monopoly** 〔 mə'nɑplɪ 〕   ☞ monopolize *v.*

n. 獨占企業

The large corporation tried to buy out all its smaller competitors and create a *monopoly*.
那家大公司企圖買下規模較小的競爭業者,以成立獨占企業。

☑ **monumental** 〔,mɑnjə'mɛntl 〕

adj. 歷史
性的

The advent of space travel was a *monumental* event in the history of the modern world.
人類能夠在太空中旅行,是近代史上一件歷史性的事件。

* advent 〔'ædvɛnt 〕 *n.* 到來

☑ **moral** 〔'mɔrəl 〕

n. 寓意
adj. 道德的

What is the *moral* of the story?
這篇故事的寓意是什麼?

☑ **mortality** 〔 mɔr'tælətɪ 〕   ☞ mortal *adj.* 不免一死的

n. 死亡人數

Babies born to mothers who are addicted to drugs, have a high *mortality* rate.
染有毒癮的母親所生下的嬰孩,死亡率很高。

* *be addicted to* 沈迷   drug 〔 drʌg 〕 *n.* 毒品

☑ **moss** 〔mɔs〕　☞ mossy *adj.* 生苔的
　n. 苔
　　　　　Moss grew on the thick trunk of the redwood tree. 美國杉樹粗大的樹幹上長滿了青苔。

☑ **motivate** 〔'motə,vet〕　☞ motivation *n.* 誘因
　v. 激發
　　　　　She had to *motivate* herself to get out of bed and go to class.
　　　　　她得想辦法使自己起床去上課。

☑ **motto** 〔'mɑto〕
　n. 標語
　　　　　The company's *motto* was well known to the public at large.
　　　　　該公司的標語，人盡皆知。
　　　　　* *at large* 一般的

☑ **mount** 〔mɑʊnt〕
　v. 安裝
　　　　　The deer's head was preserved and *mounted* on the wall like a prize.
　　　　　這隻鹿的頭被保存下來,釘在牆上如同一面獎牌。

☑ **mountaineer** 〔,mɑʊntn'ɪr〕　☞ mountaineering *n.* 登山
　n. 登山者
　　　　　The *mountaineer* led the group through the difficult pass.
　　　　　那位登山專家領著隊伍,通過難走的山路。
　　　　　* pass 〔pæs〕*n.* 山道

☑ **mourn** 〔mɔrn〕　☞ mournful *adj.*
　v. 哀悼
　　　　　The family *mourned* the loss of their old uncle. 這家人哀悼他們年邁的舅舅的死去。

☑ **muddle** 〔ˈmʌdḷ〕　☞ muddled *adj.*

　v. 使…混亂

Her scream *muddled* their plan to sneak into the house unnoticed.

他們本來打算要偷偷地潛入屋內，但被她的尖叫聲給破壞了。

☑ **mule** 〔mjul〕　☞ mulish *adj.* 頑固的

　n. 騾子

They loaded the equipment on the *mules* and headed into the mountains.

他們把裝備放在騾子身上，往山區前進。

☑ **multitude** 〔ˈmʌltəˌtjud〕

　n. 多數

A *multitude* of voices sang out against the government. 有許多人高聲反對政府。

☑ **murmur** 〔ˈmɝmɚ〕

　n. 微弱的
　　　人聲
　v. 喃喃低語

There was a distant *murmur* of children playing in the park.

遠方傳來孩童們在公園裡玩耍的聲音。

☑ **muscle** 〔ˈmʌsḷ〕　☞ muscular 〔ˈmʌskjəlɚ〕 *adj.*

　n. 肌肉

If you don't properly stretch before you exercise, you can easily pull a *muscle*.

如果運動前沒有做適當的伸展運動，很容易就會拉傷肌肉。

☑ **muster** 〔ˈmʌstɚ〕

　v. 鼓起

He had to *muster* up the courage to speak out against his boss.

要開口向老板反駁，他必須鼓起很大的勇氣。

☑ **mutual** 〔'mjutʃʊəl 〕　☞ mutuality 〔,mjutʃʊ'ælətɪ〕*n.*
　adj. 相互的　　They had a *mutual* distaste for each other.
　　　　　　　　他們互相討厭對方。

☑ **mystery** 〔'mɪstərɪ 〕　☞ mysterious *adj.*
　n. 神秘　　　The origin of language is still wrapped in
　　　　　　　mystery. 語言的起源仍是一個謎。

☑ **mysticism** 〔'mɪstə,sɪzəm 〕　☞ mystic *n.* 神秘主義者
　n. 神秘主義　*Mysticism* is a popular religious faith in
　　　　　　　which one meditates in order to know God.
　　　　　　　神秘論是一種普遍的宗教信念，它認爲人須藉由
　　　　　　　沈思，才能了解上帝。

☑ **mythical** 〔'mɪθɪkl̩ 〕　☞ myth *n.*
　adj. 神話的　The *mythical* monsters in her dreams were
　　　　　　　soon forgotten.
　　　　　　　她很快就忘了夢裏的神話中的怪獸。

☑ **mythology** 〔 mɪ'θɑlədʒɪ 〕
　n. 神話　　　Greek *mythology* is a fascinating subject.
　　　　　　　希臘神話是一門吸引人的科目。

☆ EXERCISE 46 ☆

1. The＿＿＿＿＿was overthrown and a democracy was set up.
　(A) monarch　(B) money　(C) communism　(D) moody（台大,師大,政大）

2. The coach＿＿＿＿＿them to go out and win.　　　（中興,中正）
　(A) muscles　(B) motivated　(C) mount　(D) presumed

3. This discovery has_____significance to the world of
   medicine. (台大,政大)
   (A) sentimental (B) mortal (C) monumental (D) environmental

4. _____restricts the natural operation of supply and
   demand. (師大)
   (A) Competition (B) Monopoly (C) Tradings (D) Monograph

5. A great_____of followers flocked to the temple.
   (A) numbers (B) murmur (C) multitude (D) mule
   (文化,淡江,逢甲,東吳)

6. It still remians a_____to me. (台大,成大,東海)
   (A) mystery (B) mutual (C) scared (D) myth

7. They gathered around to listen to the_____fortune-teller.
   (A) agent (B) mystic (C) dealer (D) muster (台大)

8. The_____tales of ancient Greece are very interesting.
   (A) mutual (B) moronic (C) super (D) mythical (台大)

☑ **narrative** 〔'nærətɪv〕　☞ narrate *v.* 敍述
　　n. 故事

　　　She told a short ***narrative*** to keep the
　　　students occupied until the teacher arrived.
　　　在老師到達之前，她說了一個小故事，來吸引學生
　　　們的注意力。

☑ **naturalist** 〔'nætʃərəlɪst〕　☞ naturalistic *adj.*
　　n. 自然主
　　　義者

　　　There was a community of ***naturalists*** who
　　　lived outside the town with no running water
　　　or electricity. 。
　　　有一群崇尚自然主義的人住在鎮外，那裏既沒有自
　　　來水也沒有電。

☑ **naughty** 〔'nɔtɪ〕　☞ naughtiness *n.*
　　adj. 頑皮的

　　　The ***naughty*** children often played tricks on
　　　their poor teacher.
　　　那群頑皮的小孩常常捉弄他們可憐的老師。

☑ **navigation** 〔,nævə'geʃən〕　☞ navigate *v.*
　　n. 航行

　　　The ***navigation*** of a war ship is no easy task.
　　　駕駛戰艦十分不容易。

☐ **necessitate** 〔 nəˈsɛsəˌtet 〕　☞ necessity *n.* 必需品

v. 使成爲
必要

The recent cold weather *necessitated* the
wearing of a jacket.
由於最近天氣寒冷 , 所以一定要加件夾克 。

☐ **neglect** 〔 nɪˈglɛkt 〕

v. 忽視

He *neglected* his role as a father and left
them. 他忽視了身爲父親應盡的職責而離開他們。

☐ **negligence** 〔 ˈnɛglədʒəns 〕　☞ negligent *adj.*

n. 粗心

Parental *negligence* was the cause of the
child's death.
父母的疏失導致那小孩的死亡 。

☐ **negligible** 〔 ˈnɛglədʒəbl̩ 〕

adj. 微不足
道的

She discovered there was a *negligible* amount
of money missing from her purse.
她發現皮包裡有一小筆錢掉了 。

☐ **negotiate** 〔 nɪˈgoʃɪˌet 〕　☞ negotiation *n.*

v. 交涉

The lawyer *negotiated* with the judge to drop
the charges brought against his client.
律師和法官交涉 , 想要撤銷對他的當事人所提出的
告訴 。

☐ **neurosis** 〔 njʊˈrosɪs 〕　☞ neurotic *adj.*

n. 精神官
能症

Her *neurosis* was caused by her being
excessively pampered as a child.
她罹患精神官能症 , 其原因是她小時候被寵壞了 。

　　＊ pamper 〔 ˈpæmpɚ 〕 *v.* 縱容

☐ **neutral** 〔'njutrəl 〕 ☞ neutrality *n.*
adj. 中立的

He was **neutral** on the subject and held no strong opinion for either side.
他對這個議題保持中立，不偏袒任何一方。

☐ **nimble** 〔'nɪmbl 〕 ☞ nimbleness *n.*
adj. 敏捷的

Her sharp, **nimble** mind made her a first-rate chess player.
她敏銳、機智的頭腦，使她成爲一流的棋手。

☐ **nitrogen** 〔'naɪtrədʒən 〕
n. 氮

Nitrogen composes about four-fifths of the atmosphere.
大氣層中約有五分之四是氮。

☐ **nominee** 〔 ,nɑmə'ni 〕 ☞ nominate *v.*
n. 被提名者

There were three **nominees** for the award.
這個獎項有三位入圍者。

☐ **noncombatant** 〔 nɑn'kɑmbətənt 〕
n. 非戰鬥
人員

His capacities in the Armed Forces was as a **noncombatant** field surgeon.
他在軍隊裏的職務是名不參與軍務的戰地外科醫生。

☐ **nonviolent** 〔 nɑn'vaɪələnt 〕 ☞ nonviolence *n.*
adj. 非暴
力的

His **nonviolent**, relaxed behavior made him very easy to be with.
他爲人既溫和又平易近人，是個很容易相處的人。

☑ **norm** 〔 nɔrm 〕

　　n. 標準

Her rebellious attitude went against every ***norm*** of society.

她態度叛逆，違背所有 的社會規範 。

　　＊ ***go against*** ～ 與～相反 ；違背～

☑ **nostalgia** 〔 nɑˈstældʒɪə 〕　☞ nostalgic *adj.*

　　n. 懷舊

Their looking through the knick-knacks in the attic gave them a strong feeling of ***nostalgia***.

看見頂樓上所擺設的物品 ，使他們心中湧上一陣濃濃的懷舊情緒 。

　　＊ knickknack 〔 ˈnɪkˌnæk 〕 *n.* 小擺飾物品

☑ **notify** 〔 ˈnotəˌfaɪ 〕　　☞ notification *n.*

　　v. 通知

They were ***notified*** of a rent increase by the landlord.

房東通知他們要漲房租了 。

☑ **notoriety** 〔 ˌnotəˈraɪətɪ 〕　☞ notorious *adj.* 惡名昭彰的

　　n. 惡名

Her ***notoriety*** as a writer was almost legendary.

她成爲一位惡名昭彰的作家 ，其過程十分傳奇 。

☑ **nourish** 〔 ˈnɝɪʃ 〕

　　v. 養育

A mother's milk ***nourishes*** an infant during its first few months.

嬰兒出生後的前幾個月 ，是由母親哺育的 。

☑ **nuclear** 〔'njuklɪɚ〕
adj. 核子的

The close proximity of the **nuclear** power plant reduced property values considerably.
由於鄰近核能發電廠，使得該地房地產價格大跌。

* proximity 〔prɑk'sɪmətɪ〕 *n.* 接近

☑ **nudge** 〔 nʌdʒ 〕
v. 以肘輕觸

He **nudged** the old man awake when they got to their stop.
當他們到站時，他就以手肘輕輕搖醒那位老人。

☑ **nuisance** 〔'njusṇs 〕
n. 令人討厭
的人或事

Pollution is not only a **nuisance**, but a health hazard as well.
污染不僅令人討厭，而且也會危害健康。

* hazard 〔'hæzəd 〕 *n.* 危險

☑ **nurture** 〔'nɝtʃɚ 〕
v. 給予營
養物

She **nurtured** the sick dog back to health.
她照料那隻生病的小狗，讓牠恢復健康。

☑ **nutritional** 〔 nju'trɪʃənl 〕 ☞ nutrition *n.*
adj. 營養的

Junk food has no **nutritional** value.
垃圾食物沒有任何營養價值。

☆ EXERCISE 47 ☆

1. She wrote a short_____about her experiences abroad.
   (A) nominative　(B) narrative　(C) phrase　(D) naughty
   （台大,中興,輔大）

2. The player's agents_____their contracts. （師大,淡江,輔大）
   (A) confided　(B) argued　(C) nimbled　(D) negotiated

3. _____, by itself is rather unstable.　　　（台大,淡江）
   (A) Nominee　(B) Neutral　(C) Nitrogen　(D) Nucleus

4. Martin Luther King preached of change and equality through
   _____.　　　　　　　　　　　　　（政大,靜宜）
   (A) notes　(B) nonviolence　(C) normal　(D) negotiation

5. They were not_____of the game's cancellation.(成大,靜宜)
   (A) notified　(B) inform　(C) pleaded　(D) recommended

6. Oatmeal is a very_____breakfast.　　　（政大,中興）
   (A) nudge　(B) helpful　(C) nourishing　(D) plausible

7. What a_____having to wait so long !　　（中興,淡江）
   (A) noise　(B) pleasure　(C) nuisance　(D) nonesense

8. We should try to eat_____, well-balanced meals. （台大）
   (A) nutritious　(B) national　(C) notional　(D) nocturnal

☑ **obligation** [ˌɑbləˈgeʃən]　♂ obligate *v.* 使負義務
　n. 義務；
　　責任

I am helping you not because I'm under any
obligation to do so, but because I want to.
我幫你不是出於義務，而是我自願的。

☑ **oblivious** [əˈblɪvɪəs]　♂ oblivion *n.*
　adj. 健忘的

Old age had made the retired professor
oblivious of all his old theories.
那位退休的教授因年紀太大，常常會忘了他自己以
前的理論。

☐ **obscene** [əbˈsin]
　adj. 猥褻的；
　　淫亂的

The young boy, having never seen such an
obscene magazine before, wasted no time
in stashing it in his bookbag.
那個年輕的小男孩，以前沒見過這麼淫穢的雜誌，
於是就趕忙把它塞入書包裏。
　　＊ *waste no time* 立刻　　stash [stæʃ] *v.* 隱藏

☐ **obscure** [əbˈskjur]　♂ obscurity *n.*
　adj. 朦朧的；
　　含糊的

The features of the forest grew ***obscure*** as night
fell. 當夜晚來臨時，森林的景象便逐漸模糊了。

☐ **observe** 〔əb'zɝv〕　☞ observation *n.* 觀察

v. 遵守；
觀察
Few drivers ***observe*** the traffic rules in
Taipei nowadays.
現在台北的駕駛人很少會遵守交通規則。

☐ **obsolete** 〔'absə,lit〕

adj. 作廢的；
過時的
The use of manual type-writers is becoming
more and more ***obselete***.
傳統式的打字機現在已經越來越少人使用了。
＊ᵐanual〔'mænjʊəl〕*adj.* 用手操作的

☐ **obstacle** 〔'abstəkl̩〕

n. 障礙
Dan wouldn't let any ***obstacles*** stand in his
way to success.
丹不會讓任何障礙阻撓他成功。

☐ **obstinate** 〔'abstənɪt〕　☞ obstinacy *n.*

adj. 頑固的；
固執的
Obstinate persons are most difficult to get
along with.
固執的人比較難相處。

☐ **obstruction** 〔əb'strʌkʃən〕　☞ obstruct *v.*

n. 妨礙；
障礙
The construction of the Rapid Transit System
has caused a lot of traffic ***obstruction***.
捷運系統的建造，對交通造成相當大的妨礙。

☐ **obtrude** 〔əb'trud〕　☞ obtrusion *n.*

v. 強迫接受；
闖入
" You have no right to ***obtrude*** upon our
privacy！"「你無權干涉我們的隱私。」
＊ privacy〔'praɪvəsɪ〕*n.* 隱私

☐ **occupant** 〔'ɑkjəpənt〕　☞ occupy *v.*

n. 佔有者；
居住者

All the ***occupants*** of this house are non-smokers.
住在這屋內的人都不吸煙。

☐ **odious** 〔'odɪəs〕　☞ odium *n.*

adj. 討厭的；
醜惡的

The neighbors all find the old miser ***odious*** and avoid him.
鄰居都覺得那個小氣的老頭十分討厭，所以都避著他。

☐ **offend** 〔ə'fɛnd〕　☞ offense *n.*

v. 觸怒；
冒犯

I don't really care if my candid remarks have ***offended*** a lot of people.
我實話實說，不在乎是不是會冒犯很多人。

　　* candid〔'kændɪd〕*adj.* 坦白的

☐ **offspring** 〔'ɔf,sprɪŋ, 'ɑf-〕

n. 子女；
子孫

Being the ***offspring*** of a scientific genius and a ballet dancer, Jim turned out to be a very talented person himself.
父親是科學天才，母親是芭蕾舞者，吉姆他自己也是個非常有才華的人。

☐ **ointment** 〔'ɔɪntmənt〕

n. 軟膏

I don't like to apply greasy ***ointments*** on my face.
我不喜歡在臉上塗油膩膩的軟膏。

　　* greasy〔'grizɪ〕*adj.* 油膩膩的

☐ **ominous** 〔'ɑmənəs〕　♂ ominousness *n.*

adj. 不祥的；
預兆的

There was an ***ominous*** silence when the two bullies were about to fight.
當這兩個惡霸要開打時，周圍出現了一陣不祥的沈默。

　　* bully〔'bʊlɪ〕*n.* 恃強欺弱者；土霸

☐ **opportunity** 〔,ɑpɚ'tjunətɪ〕

n. 機會

Ann is so busy with her work that she has few ***opportunities*** of meeting interesting people.
安工作十分繁忙，她很少有機會遇見風趣的人。

☐ **opposition** 〔,ɑpə'zɪʃən〕　♂ oppose *v.*

n. 反對

The ***opposition*** party will criticize any bill the government passes.
反對黨對任何政府通過的法案都會加以批評。

☐ **optimistic** 〔,ɑptə'mɪstɪk〕　♂ optimism *n.* 樂天主義

adj. 樂觀的

Being an ***optimistic*** person, John never gives up on anything he sets out to do.
約翰是個樂觀的人，一旦他開始做任何事，他絕不會中途放棄。

☐ **option** 〔'ɑpʃən〕　♂ optional *adj.* 隨意的　*n.* 選修科目

n. 選擇 (權)

While in high school we had the ***option*** of taking up either French or Chinese.
高中時我們可以選修中文或是法文。

☐ **orally** 〔'orəlɪ , 'ɔrəlɪ〕

adv. 口頭上

If you can answer these questions well enough ***orally***, you won't have to sit for the written test.
如果你口試表現得很好，就可以不用參加筆試。

☐ **oration** 〔o'reʃən, ɔ-〕   ☞ orator *n.* 演說者

n. 演說；
致辭

The funeral *oration* was so touching that
everyone was moved to tears.
喪禮上的致辭十分感人，使每個人都感動得落淚。

☐ **orbit** 〔'ɔrbɪt〕   ☞ orbital *adj.*

v. 循軌道
運行

The moon *orbits* round the earth approxi-
mately once in every twenty-eight days.
月球大約每二十八天依循軌道繞地球一次。

* approximately 〔ə'prɑksəmɪtlɪ〕 *adv.* 大約地

☆ EXERCISE 48 ☆

1. I have an_____to give them financial support.
   (A) obligation   (B) contract   (C) orders   (D) obsess
   (師大,政大,輔大)

2. His speech was full of_____, little known facts.
   (A) insecure   (B) obscure   (C) obscenity   (D) popular
   (台大,師大,輔大)

3. Her_____, stubborn attitude made her hard to work
   with.   (師大,文化)
   (A) neutral   (B) obtuse   (C) originate   (D) obstinate

4. An_____drink is not at all bad for your health.   (台大)
   (A) frequent   (B) occasional   (C) occupational   (D) obtrude

5. He did not mean to_____her as he did. (師大,淡江)
   (A) offspring   (B) occupy   (C) offend   (D) arguement

6. When presented with such an＿＿＿＿＿＿, one should take it.
(A) chance　(B) opponent　(C) orally　(D) opportunity　(中興)

7. They＿＿＿＿＿the government's use of their tax money.
(A) opposed　(B) oration　(C) refused　(D) suspect
(台大,師大,淡江,中山,中正)

8. An＿＿＿＿＿sees the glass as half full, not half empty.
(A) optimist　(B) pessimist　(C) optional　(D) scientist
(台大,政大,淡江,中山,中正)

＊　　　＊　　　＊

☑ **orchard** 〔'ɔrtʃəd〕
n. 果園

The workers each carried a basket full of ripe apples out of the *orchard*.
從果園裏出來的工人，手上都提了滿滿一籃的成熟的蘋果。

☑ **orchestra** 〔'ɔrkɪstrə〕
n. 管弦樂團

The conductor of the *orchestra* was sick today so their performance had to be cancelled.
管弦樂團的指揮今天生病了,所以表演必須取消。

☑ **ore** 〔ɔr, or〕
n. 礦物;
礦沙

This district is rich in iron *ore*, so there are many iron and steel industries here.
這地區有豐富的鐵礦,所以設有許多鋼鐵工廠。

☐ **organ** 〔'ɔrgən〕　☞ organic *adj.* 有機的；器官的
n. 器官；
風琴

The liver is the largest glandular *organ* in the human body.
肝臟是人體中最大的有腺器官。
　　＊glandular〔'glændʒələ〕*adj.* 有腺的

☐ **organization** 〔,ɔrgənə'zeʃən, -aɪ'ze-〕　☞ organize *v.*
n. 組織

There are more than five hundred members in this *organization*.
這組織有五百多個成員。

☐ **oriental** 〔,orɪ'ɛntl̩, ,ɔr-〕
adj. 東方的
n. 東方人

The bearded little *oriental* man had a mysterious air about him.
那蓄有鬍子、矮小的東方人，渾身上下都帶有一種神秘的感覺。

☐ **oriented** 〔'orɪ,ɛntɪd, 'ɔr-〕　☞ orientation *n.* 朝東；適應
adj. 取向的；
　　使適應的

All businessmen are money *oriented* people.
生意人都是一些以金錢為取向的人。

☐ **originate** 〔ə'rɪdʒə,net〕　☞ origination *n.*
v. 起源；
開始

Nobody is quite sure of where that strange custom *originated*.
沒有人知道那奇特的風俗習慣究竟起源於哪裏。

☐ **ornament** 〔'ɔrnəmənt〕　☞ ornamental *adj.*
n. 裝飾

Before Christmas many *ornaments* are hung onto Christmas trees.
聖誕節前，會在聖誕樹上掛很多裝飾品。

☑ **oscillate** 〔'ɑsḷ‚et〕   ☞ oscillation *n.*

v. 振盪；
游移不定

The mud-slinging between the two candidates caused public opinion to ***oscillate*** in favor of one and then the other.
那兩位候選人彼此互相人身攻擊，使得一般民眾游疑不定，一會兒支持這個，一會兒又支持另外一個。
* mud-slinging〔'mʌd‚slɪŋɪŋ〕*n.* 人身攻擊

☑ **outbreak** 〔'aʊt‚brek〕

n. (疾病的)
爆發

The ***outbreak*** of disease came at a very bad time as the hospital was already understaffed.
疾病爆發得真不是時候，因為醫院正缺人手。
* understaffed〔‚ʌndɚ's tæft,-'s tɑft〕*adj.* 人手不足的

☑ **outgoing** 〔'aʊt‚goɪŋ〕

adj. 外向的
n. 支出

She is a very ***outgoing*** person.
她非常外向。

☑ **outlet** 〔'aʊt‚lɛt〕

v. 出口；
插座

There aren't enough electrical ***outlets*** for all of these appliances. 插座不夠所有的電器使用。
* appliance〔ə'plaɪəns〕*n.* 電器用品

☑ **outlive** 〔aʊt'lɪv〕

vt. 比～長命

The dog ***outlived*** its master.
那條狗活得比主人久。

☑ **output** 〔'aʊt‚pʊt〕

n. 出產；
產品

The industrial ***output*** of the nation increased by 3% that year.
該國那一年的工業產品產量增加了百分之三。

☐ **outrageous** 〔 aʊtˊredʒəs 〕 ☞ outrage *n.*

adj. 殘暴的；
極無禮的

Her *outrageous* behavior shocked everyone in the audience.
她殘暴的行為讓所有的觀衆都十分震驚。

☐ **outskirts** 〔 ˊaʊt͵skɝts 〕

n., pl. 市郊；
郊區

His house is on the *outskirts* of town.
他的房子位於城鎮的郊區。

☐ **outsmart** 〔 aʊtˊsmɑrt 〕

v. 以機智
勝過

She failed in her attempt to *outsmart* the teacher.
她想以機智勝過老師，但失敗了。

☐ **outweigh** 〔 aʊtˊwe 〕

v. 勝過；
重於

The risk of the venture *outweighed* the potential financial rewards.
所冒的風險多於可能的經濟報酬。

＊ venture 〔ˊvɛntʃɚ〕 *n.* 冒險
potential 〔pəˊtɛnʃəl〕 *adj.* 可能的

☐ **overhaul** 〔 ͵ovɚˊhɔl 〕 ☞ 〔ˊovɚ͵hɔl〕 *n.*

v., n. 徹底檢查
翻修

The car needed a complete *overhaul* after the accident.
這部車在發生車禍以後需要徹底檢修一番。

☐ **overlook** 〔 ͵ovɚˊlʊk 〕

v. 忽略；
俯視

If you *overlook* just one small detail, your efforts may be wasted.
如果你忽略了小細節，你的努力將會功虧一匱。

☑ **oversee** 〔,ovə'si 〕   ☞ overseer *n.* 監督者；工頭
  v. 監督
It was his duty to *oversee* all of the laborers. 他負責監督所有的工人 。

☑ **overt** 〔'ovɜt 〕
  adj. 公然的；
  明顯的
Overt discrimination in hiring is against the law.
雇用員工時明顯的歧視行爲是違法的 。

☑ **overtake** 〔,ovə'tek 〕
  v. 超(車)；
  追過
You shouldn't try to *overtake* when you can't see the oncoming traffic.
當你看不到後方來車時 , 就不該超車 。
  * oncoming 〔'ɑn,kʌmɪŋ,'ɔn-〕 *adj.* 接近的；即將來臨

☑ **overthrow** 〔,ovə'θro 〕 ☞〔'ovɚ,θro 〕*n.*
  v. 推翻；
  廢除
The *overthrow* of the tyrant led to a democratic government being established.
暴君被推翻 , 建立了民主政體 。

☑ **overwhelming** 〔,ovə'hwɛlmɪŋ 〕
  adj. 壓倒性的；
  無法抵抗的
I found the task *overwhelming* and had to ask for help.
我覺得這工作令我承受不起了, 必需找人幫忙 。

☑ **oxygen** 〔'ɑksədʒən 〕 ☞ oxygenate *v.* 使氧化
  n. 氧
We must have *oxygen* to be able to breathe.
我們必須有氧氣才能呼吸 。

☆ EXERCISE 49 ☆

1. The Boston Symphony_____performed last night.
   (A) Orchestra (B) Orchard (C) Ore (D) Group （台大，政大）

2. They have not quite yet_____themselves to their new environment.
   (A) settle (B) oriented (C) occupied (D) overwhelmed
   （政大，中興，淡江）

3. They lived in a large house on the_____of town. （台大）
   (A) outskirts (B) outline (C) outsmart (D) overhead

4. The movie was_____supposed to be filmed in black and white. （中興，淡江）
   (A) immediate (B) outgoing (C) originally (D) oscillating

5. He needed an_____for his tension and anger. （師大）
   (A) optional (B) outlet (C) output (D) outbreak

6. The house_____the mountains and the lake. （逢甲）
   (A) expects (B) examine (C) straightens (D) overlooks

7. Our production cannot_____the demand. （台大）
   (A) overdue (B) overt (C) obtuse (D) overtake

8. The king was_____by the angry peasants. （師大）
   (A) overthrown (B) outdone (C) overt (D) poached

☐ **pace** 〔pes〕

n. 速度

He was unable to keep *pace* with the lead runners and soon fell behind.

他跟不上那些領先的跑者，所以很快就落後了。

* ***keep pace with*** 同速前進；並駕齊驅

☐ **pacify** 〔'pæsə,faɪ〕

v. 使平靜

Her attempts to *pacify* the spoiled child were fruitless.

她試圖使那個被寵壞的小孩安靜下來,但是沒有用。

* fruitless 〔'frutlɪs〕 *adj.* 失敗的

☐ **packet** 〔'pækɪt〕

n. 包裹

The trinkets were gathered together and put in a small *packet*.

那些小裝飾品被收進小包裹裏。

* trinket 〔'trɪŋkɪt〕 *n.* 小裝飾品

☐ **painstaking** 〔'penz,tekɪŋ〕

adj. 勞苦的；
苦心的
n. 辛苦

His *painstaking* research finally led to the invention that made him rich.

他苦心研究所做出來的發明使他致富。

☑ **pamper** 〔'pæmpɚ〕　☞ pampered *adj*.

　　v. 嬌縱

The child was ***pampered*** excessively and thus had trouble getting along with his classmates.
那小孩被寵壞了，所以和同學都處不來。

☑ **paperback** 〔'pebɚ‚bæk〕

adj. 平裝的
n. 平裝書

When will the ***paperback*** edition of the novel come out？這本小說的平裝版何時上市？

☑ **par** 〔pɑr〕

　n. (高爾夫球)
　　標準桿數

It is difficult to shoot below ***par*** on this golf course.
要在這座高爾夫球場打出低於標準桿的成績，十分不容易。

　　＊ ***golf course*** 高爾夫球場

☑ **paragon** 〔'pærə‚gɑn, -gən〕

　n. 模範

The nun was a ***paragon*** of virtue and did nothing but help the poor and sick.
那位修女是美德的典範，專門幫助窮苦和生病的人。

☑ **parallel** 〔'pærə‚lɛl〕

adj., *n*.
　平行 (的)

Parallel lines never intersect.
平行線不會相交。

　　＊ intersect 〔‚ɪntɚ'sɛkt〕*v*. 相交

☑ **paralyze** 〔'pærə‚laɪz〕　☞ paralysis *n*.

v. 使麻痺；
　使癱瘓

He was ***paralyzed*** from the accident.
那場車禍使得他癱瘓了。

☑ **parasite** 〔'pærə,saɪt〕　☞ parasitic 〔,pærə'sɪtɪk〕 *adj.*

　　n. 寄生蟲

He is known as a ***parasite***,so everyone avoids him. 他是有名的寄生蟲，所以每個人都躲著他。

☑ **parch** 〔pɑrtʃ〕

　　v. 使枯乾

The land becomes ***parched*** late in the dry season. 在乾燥季節的末期，土地都枯乾了。

☑ **parliament** 〔'pɑrləmənt〕　☞ parliamental *adj.*

　　n. 國會

She was elected to ***parliament*** with 52% of the vote. 她得到百分之五十二的選票,當選爲國會議員。

☑ **partial** 〔'pɑrʃəl〕　☞ partiality *n.*

　　adj. 偏袒的

A good referee is never ***partial*** to any side.
一個好的仲裁者不會偏袒任何一方。
　* referee 〔,rɛfə'ri〕 *n.* 仲裁

☑ **participate** 〔pɑr'tɪsə,pet〕　☞ participation *n.*

　　v. 參與

Anyone over the age of 18 is allowed to ***participate***. 十八歲以上的人都可以參加。

☑ **particle** 〔'pɑrtɪkl̩〕

　　n. 微粒

The ***particles*** of dust made her cough.
灰塵嗆得她咳嗽。

☑ **partisan** 〔'pɑrtəzn̩〕　☞ partisanship *n.* 黨派行爲

　　adj. 政黨的

Partisan politics is the integral part of democracy. 政黨政治是民主政體不可或缺的一部份。
　* integral 〔'ɪntəgrəl〕 *adj.* 不可或缺的

☐ **passenger** ［'pæsṇdʒɚ］
　　n. 旅客

How many *passengers* are on board that cruise ship？那艘郵輪上有多少乘客？

　　* *on board* 在船上
　　cruise ship 載運乘客作長程航行的郵輪

☐ **passion** ［'pæʃən］　σ passionate *adj.*
　　n. 熱情

The two young lovers were filled with *passion*. 這兩個年輕情侶十分熱情。

☐ **paste** ［pest］
　　n. 黏土

The artist had used high quality *paste* to make these vases.
這位藝術家用品質最好的黏土來做這些花瓶。

☐ **pastime** ［'pæs,taɪm, 'pɑs-］
　　n. 消遣

Watching a baseball game on a summer afternoon is a popular American *pastime*.
在夏日午后觀看棒球比賽，是美國人常做的消遣。

☐ **patent** ［'petṇt, 'pætṇt］
　　n. 專利權

The inventor already has a *patent*.
這個發明家已經有專利權了。

☐ **paternalistic** ［pə,tɝnə'lɪstɪk］　σ paternal *adj.* 父親的;世襲的
　　adj. 家長式
　　　　統治的

It's a pity that many schools still use *paternalistic* teaching methods.
可惜的是許多學校仍採行家長權威式的教學方法。

☑ **patriarchal**〔ˌpetrɪˈɑrkḷ〕　☞ patriarchy *n.* 父制權

adj. 家長的

The Japanese society is extremely *patriachal*; the wife has to obey her husband without questions.

日本是個極端的大男人主義的社會；妻子必須完全聽命於丈夫。

☑ **patrol**〔pəˈtrol〕

n., v. 巡邏

The soldier was out on *patrol* all night.

那位士兵整夜在外巡邏。

☑ **patron**〔ˈpetrən〕　☞ patronage *n.* 贊助

n. 贊助者

She is well known as a *patron* of the arts.

她是有名的藝術贊助者。

☑ **pavement**〔ˈpevmənt〕　☞ pave *v.* 鋪路

n. 人行道

The dirt road was covered over with *pavement*.

這條泥路被鋪成人行道。

☑ **peak**〔pik〕

n. 山頂

The view from the *peak* is magnificent on a sunny day.

在陽光普照的日子，從山頂所看到的景致是非常壯觀的。

☑ **peasant**〔ˈpɛznt〕

n. 佃農；
農夫

The *peasants* all resented the landowner's ostentatious display of wealth.

所有的佃農都很討厭地主炫耀他的財富。

　　＊ resent〔rɪˈzɛnt〕*v.* 厭惡
　　　ostentatious〔ˌɑstənˈteʃəs〕*adj.* 炫耀

☐ **pebble** ［'pɛbl̩］

   n. 鵝卵石

The many *pebbles* on the beach made it a pretty sight.

美麗的海灘上有許多鵝卵石。

☐ **pedagogue** ［'pɛdə,gɑg,-gɔg］

   n. 賣弄學問
    的老師

The students all despised the teacher and called him a *pedagogue* behind his back.

學生很鄙視那位老師，都在背後說他喜歡賣弄學問。

☆ EXERCISE 50 ☆

1. The British_____consists of the House of Lords and the House of Commons. （台大，淡江）

  (A) Parliament (B) Congressional (C) Boredom (D) Partisan

2. She was_____blind in one eye. （台大，政大）

  (A) passenger (B) partially (C) professional (D) patriot

3. The_____were chosen by a random drawing. （淡江，靜宜）

  (A) poses (B) peasants (C) participants (D) ecstacy

4. We could see dust_____floating in the air. （師大，政大）

  (A) pollen (B) feather (C) portable (D) particles

5. She had a_____on her new invention. （中興，輔大）

  (A) plate (B) patent (C) patient (D) patience

6. All＿＿＿＿＿of the restaurant were asked not to smoke.
   (A) persons　(B) patrons　(C) patrols　(D) members　（台大，中山）

7. It took eight hours to hike to the＿＿＿＿＿.　（政大，淡江，成大）
   (A) pamper　(B) peasant　(C) trolley　(D) peak

8. He had a＿＿＿＿＿caught in his shoe.　（台大，中興）
   (A) boulder　(B) pavement　(C) pebble　(D) gamble

＊　　　　＊　　　　＊

☐ **peddle**〔'pɛdl〕　σ peddler *n.* 小販
　v. 叫賣
　　　Fed up with office politics, he decided to
　　　peddle goods on the street instead.
　　　由於對辦公室的管理制度十分厭煩，所以他決定要
　　　去街頭販賣東西。

☐ **pedestrian**〔pə'dɛstrɪən〕
　n. 行人
　　　Pedestrians and motorcycles crowd the side-
　　　walk in the city.
　　　那城市裏的人行道上都擠滿了行人和摩托車。
　　　　＊ sidewalk〔'saɪd,wɔk〕*n.* 人行道

☐ **pediatrician**〔,pidɪə'trɪʃən,,pɛdɪ-〕　σ pediatrics *n.* 小兒科
　n. 小兒科醫生
　　　Pediatricians' patients are mostly children.
　　　小兒科醫生的病人大多數是兒童。

☐ **peel**〔pil〕
　v. 剝
　　　She was *peeling* a banana when he came in.
　　　當他進來時，她正在剝香蕉皮。

☐ **peer** 〔pɪr〕 *σ* peerless *adj.* 無與倫比的
　　n. 同儕

His *peers* all regarded him as an eccentric and tended to avoid him.
他的同儕都認為他是個怪人，因此都避著他。
　　* eccentric 〔ɪk'sɛntrɪk, ɛk-〕 *n.* 古怪的

☐ **penetrate** 〔'pɛnə,tret〕 *σ* penetrating *adj.*
　　v. 穿透；
　　　　滲透

The enemy was unable to *penetrate* their defenses. 敵人無法穿透他們的防線。

☐ **pension** 〔'pɛnʃən〕
　　n. 退休金
　　v. 給退休金

She lives on a modest *pension*.
她靠著微薄的退休金過活。

☐ **pent-up** 〔'pɛnt'ʌp〕
　　adj. 鬱積的；
　　　　抑制的

It isn't good for a person to have too much *pent-up* hostility.
人最好不要在心中積壓太多的敵意。
　　* hostility 〔hɑs'tɪlətɪ〕 *n.* 敵意

☐ **perceive** 〔pɚ'siv〕 *σ* perception *n.*
　　v. 察覺

Everyone *perceived* her to be from an upper-class family.
每個人都察覺到她出身於上流階層的家庭。

☐ **percussion** 〔pɚ'kʌʃən〕 *σ* percuss *v.*
　　n. 敲擊

The drums started beating with a deafening *percussion* as the procession passed us by.
當隊伍經過我們身邊時，鼓隊開始發出震耳欲聾的鼓聲。
　　* procession 〔prə'sɛʃən〕 *n.* 列隊

☐ **perennial** 〔pə'rɛnɪəl〕　☞ perennially *adv*.
　　adj. 四季不
　　斷的
　　　　　　Rainfall is virtually ***perennial*** on this island.
　　　　　　這個島全年有雨。

　　　　　　　* virtually 〔'vɝtʃʊəlɪ〕*adv*. 實際上

☐ **perfectionist** 〔pə'fɛkʃənɪst〕　☞ perfect *adj*., *n*. 完美
　　n. 完美主義者
　　　　　　The man is such a ***perfectionist*** that others
　　　　　　find him hard to deal with.
　　　　　　這個人是個十足的完美主義者，大家都覺得他很難
　　　　　　相處。

☐ **peril** 〔'pɛrəl〕　☞ perilous *adj*.
　　n. 危險
　　　　　　Someone told him that he was about to face
　　　　　　a great ***peril***.
　　　　　　有人告訴他說他將面臨很大的危險。

☐ **perish** 〔'pɛrɪʃ〕　☞ perishable *adj*. 易死的
　　v. 毀滅
　　　　　　Due to the sudden climatic change, the newly
　　　　　　imported Polar bears soon ***perished*** in their
　　　　　　cages of the Taipei Zoo.
　　　　　　由於氣候突然的變化，剛進口的北極熊很快地就死
　　　　　　於台北動物園的籠裏。

☐ **permanent** 〔'pɝmənənt〕　☞ permanence *n*.
　　adj. 終身的；
　　　永久的
　　　　　　After his retirement, his home by the sea
　　　　　　became his ***permanent*** residence.
　　　　　　退休之後，他會在海邊的房子安渡晚年。

　　　　　　　* residence 〔'rɛzədəns〕*n*. 住所

☑ **pernicious** 〔pəˈnɪʃəs〕
 *adj.*有害的

Such behavior is ***pernicious*** to discipline amongst the troops and will not be tolerated.
軍隊裏不容許有這種違反軍紀的行為。

☑ **perpetual** 〔pəˈpɛtʃʊəl〕　☞ perpetuate *v.*
 *adj.*不斷的

The pendulum of a clock keeps on moving ***perpetual*** swinging motion.
鐘擺一直不停地擺動著。
　　＊ pendulum 〔ˈpɛndʒələm〕 *n.* (鐘)擺

☑ **persist** 〔pəˈzɪst, -ˈsɪst 〕　☞ persistence *n.*
 *v.*堅持

Inspite of his age, the veteran player ***persisted*** and finally even won the match.
雖然年紀很大，那位資深的棋手仍堅持到底，最後終於贏了比賽。
　　＊ veteran 〔ˈvɛtərən〕 *adj.* 老練的

☑ **personage** 〔ˈpɝsnɪdʒ〕
 *n.*顯貴

Many important ***personages*** were present during the banquet.
許多重要的知名人物都出席這場宴會。
　　＊ banquet 〔ˈbæŋkwɪt〕 *n.*宴會

☑ **perspective** 〔pəˈspɛktɪv〕
 *n.*透徹的看法

His being in the audience gave him a better ***perspective*** of what people thought of his performance.
置身於觀眾群中，讓他能更透徹地看出觀眾對他表演的看法。

☑ **persuade** 〔pɚ'swed〕 *σ* persuasion *n.*
　v. 說服

Trying to **persuade** him to give up golf is a complete waste of time.

企圖說服他放棄高爾夫球，簡直是浪費時間。

☑ **pervasive** 〔pɚ'vesɪv〕 *σ* pervade *v.*
　adj. 瀰漫的

There was a **pervasive** odor of fuel in the house, and we soon discovered why: the basement was filled with the stuff.

屋內瀰漫著一股燃料的臭味，很快地我們就發現原因：因為地下室裝滿了油料。

☑ **pervert** 〔pɚ'vɝt〕 *σ* perverted *adj.*
　v. 使墮落

Do pornographic books **pervert** those who read them? 讀色情書刊會使人墮落嗎？

　　* pornographic 〔,pɔrnə'græfɪk〕 *adj.* 色情的

☑ **pessimistic** 〔,pɛsə'mɪstɪk〕
　adj. 悲觀的

His opinion of the current state of the economy is very **pessimistic**.

他對目前經濟狀況的看法非常悲觀。

☑ **pesticide** 〔'pɛstɪsaɪd〕 *σ* pest *n.* 害蟲
　n. 殺蟲劑

Children should not be allowed to handle **pesticides**. 孩童不該使用殺蟲劑。

☑ **petition** 〔pə'tɪʃən〕
　n. 請願書；
　　訴狀

His **petition** in court has been accepted; he would be released on bail.

法庭已接受了他的請願書；他將可以交保釋放。

　　* bail 〔bel〕 *n.* 保釋

☑ **petrochemical** 〔͵pɛtroˈkɛməkl̩〕

n. 石油化學
產品

Many of the local farmers were opposed to
the plan to build a giant *petrochemical* factory
in the area.
許多當地的農民反對在該區建大型的石化工廠。
* *be opposed to* ～ 反對～

☑ **petrol** 〔ˈpɛtrəl〕

n. 汽油

The rising cost of *petrol* made him decide to
buy a smaller, more fuel-efficient car.
油價的上揚使他決定買一輛較小、較省油的車子。

☑ **pharmacist** 〔ˈfɑrməsɪst〕　♂ pharmacy *n.* 藥局

n. 藥劑師

He decided to become a *pharmacist* instead of
a surgeon. 他決定不當外科醫生,改做一名藥劑師。

☑ **phase** 〔fez〕

n. 階段

Adolescence is a difficult *phase* of a person's
life. 青少年時期是人生的一段艱苦的時期。

☑ **phenomenon** 〔fəˈnɑmə͵nɑn〕　♂ phenomena *n.,* *pl.*

n. 現象

There are many natural *phenomena* that scien-
tists are still not able to explain.
有許多自然現象是科學家仍無法解釋的。

☑ **philharmonic** 〔͵fɪləˈmɑnɪk, ͵fɪlhɑrˈmɑnɪk〕

adj. 愛好音
樂的

The New York *Philharmonic* Orchestra is con-
ducted by the maestro, Zubin Mehta.
紐約愛樂交響樂團是由名指揮家 Zubin Mehta 所指
揮。
* maestro 〔ˈmaɪstro〕 *n.* 名指揮家

☑ **phony** 〔'fonɪ〕

n. 假冒之物
adj. 假的

The gemologist declared that the diamond
was actually a *phony*.

那位寶石學家宣稱，這顆鑽石事實上是假的。

　　* gemologist〔dʒɛm'ɑlədʒɪst〕*n.* 寶石學家

☆ EXERCISE 51 ☆

1. She_____at the neighbors from behind the curtain.
   (A) peered　(B) unlocked　(C) departed　(D) beer　　（中興，中山）

2. They_____enemy lines.　　　　（台大，政大，文化，淡江）
   (A) penetrated　(B) pension　(C) concentrated　(D) considerated

3. I could not_____why she would do that.　（台大，政大，中興）
   (A) parent　(B) pent-up　(C) perceive　(D) perrenial

4. The stain is_____; it will not come out.（台大，政大，中山）
   (A) perfection　(B) minor　(C) pernicious　(D) permanent

5. He was in a_____state of boredom during the summer.（台大）
   (A) perpetual　(B) perish　(C) proclaimed　(D) fancy

6. They_____in making noise, even after they were asked to be quiet.
   (A) persisted　(B) perturbed　(C) paled　(D) failed　　（師大，淡江）

7. Her_____attitude was bothersome.
   (A) patience　(B) perspective　(C) perversion　(D) pessimistic

8. They began the final_____of the construction in May.
   (A) particles　(B) phase　(C) petrol　(D) pesticide　　（台大，政大）

☐ **physicist** [ˈfɪzəsɪst] ☞ physics *n.* 物理學
n. 物理學家

Many *physicists* tried, without success, to contradict Einstein's theories.
許多物理學家試圖推翻愛因斯坦的理論,但沒有成功。

☐ **physiological** [ˌfɪzɪəˈlɑdʒɪkl̩] ☞ physiology *n.* 生理學
adj. 生理的

Allergies are due to *physiological* abnormalities. 過敏是由於生理的異常所引起的。
* allergy [ˈæləʤɪ] *n.* 過敏
abnormality [ˌæbnɔrˈmælətɪ] *n.* 異常

☐ **physique** [fɪˈzik]
n. 體格

All of Jim's friends were jealous of his great *physique*. 吉姆所有的朋友都嫉妒他強壯的體格。

☐ **piece-meal** [ˈpisˌmil]
adv. 一件件地

Just to make sure there are no mistakes, I want you to work on it *piece-meal*.
爲了要確定沒有任何錯誤,我要你一件件地做。

☐ **pierce** [pɪrs] ☞ pierced *adj.*
v. 刺透

The arrow *pierced* its target with so much force that the target broke into pieces.
箭射穿靶的力量很大,使靶都破成碎片了。

☐ **pioneer** [ˌpaɪəˈnɪr]
n. 先驅
v. 爲…開路

The Wright brothers were the *pioneers* of aviation. 萊特兄弟是飛行的先驅。
* aviation [ˌevɪˈeʃən] *n.* 飛行

☐ **pious** 〔'paɪəs〕　♂ piosity 〔paɪ'ɑsətɪ〕*n.*

　adj. 虔誠的

No one could suspect that the *pious*-looking old man was actually a criminal in disguise.
沒有人會懷疑到那個看起來很虔誠的老人，事實上是個偽裝的罪犯。

☐ **piracy** 〔'paɪrəsɪ〕

　n. 海上搶刼

High sea *piracy* is prevalent, even today.
海面上的搶刼，即使在今天，還是相當普遍。

　　＊ prevalent 〔'prɛvələnt〕*adj.* 普遍的

☐ **placid** 〔'plæsɪd〕　♂ placidity 〔plə'sɪdətɪ〕*n.*

　adj. 平靜的

Inspite of all the commotion around him, he remained *placid*.
儘管四周有種種的紛擾，他仍不爲所動。

　　＊ commotion 〔kə'moʃən〕*n.* 騷動

☐ **plague** 〔pleg〕

　n. 瘟疫
　v. 使苦惱

The *plague* spread like wild-fire throughout the town.
瘟疫像野火般蔓延整個城鎮。

☐ **planet** 〔'plænɪt〕

　n. 行星

The biggest *planet* of our solar system is Jupiter. 太陽系中最大的行星是木星。

☐ **plaque** 〔plɑk〕

　n. 飾板；紀
　　念匾額

The boss likes to decorate his walls with *plaques*.
那老板喜歡用紀念匾額來裝飾牆壁。

☑ **plaster** 〔'plæstə, 'plɑstə〕

n. 石膏
v. 上石膏

His right leg was in a *plaster* cast for months after the accident.

他的右腿自從車禍後，上了好幾個月的石膏。

☑ **plastic** 〔'plæstɪk〕

n., adj.
塑膠的

The garbage heap was full of empty *plastic* bags. 垃圾堆裏塞滿了空的塑膠袋。

☑ **platitude** 〔'plætə,tjud〕　☞ platitudinous *adj.*

n. 陳腔濫
調

Instead of giving us any real insight into the situation, the lecturer threw *platitude* at us.

那位演講者對該情況並未告訴我們任何眞正的見解，他只是講了滿口的陳腔濫調而已。

☑ **plausible** 〔'plɔzəbḷ〕　☞ plausibility *n.*

adj. 似有道
理的

If you can come up with a *plausible* excuse, I would, perhaps, forgive you.

如果你想出一個堂皇的藉口，也許我就會原諒你。

* *come up with* ~ 想出

☑ **playwright** 〔'ple,raɪt〕　☞ playwrighting *n.* 劇本

n. 劇作家

The *playwright* received much praise after the opening of his first play.

那位劇作家在第一齣戲開演後，得到許多好評。

☑ **pledge** 〔plɛdʒ〕

n. 誓言
v. 保證

I cannot tell you anything on this matter for I'm under a *pledge* to keep it a secret.

我不能告訴你這件事，因爲我發誓要保守秘密。

☑ **plentiful** [ˈplɛntɪfəl]   ☞ plenty *n.*

adj. 許多的   Fresh fruit is *plentiful* in Taiwan.
台灣有許多新鮮的水果。

☑ **plumber** [ˈplʌmɚ]

n. 水管工人   The *plumber* has not done a good job; the
toilet flush is still leaking.
那個水管工人沒把工作做好；抽水馬桶還是會漏水。
　 * *toilet flush* 抽水馬桶

☑ **plummet** [ˈplʌmɪt]

v. 垂直落下   Share prices have *plumetted* tremendously,
many people have lost a lot of money.
股票價格直線下落；許多人因此損失很多錢。
　 * *share price* 股票價格

☑ **plump** [plʌmp]

adj. 圓胖的;   Jill loves babies, especially those with *plump*
豐滿的   cheeks. 吉爾喜歡小孩，尤其是臉頰胖嘟嘟的小孩。

☑ **plunder** [ˈplʌndɚ]

v., n. 搶刼   Pirates lived by *plundering* merchant ships.
海盜以搶刼商船爲生。

☑ **pluralistic** [ˌplʊrəlˈɪstɪk]   ☞ pluralism *n.* 多元論

adj. 多元的   Many people consider our modern society to
be a *pluralistic* one.
許多人認爲，我們現在的社會是個多元化的社會。

☐ **poise** [pɔɪz]   ☞ poised *adj*.

v., n.
保持平衡

He *poised* himself on the tip of his toes, ready to take the dive into the water.
他踮起腳尖，保持平衡，準備跳水。

☐ **poison** [ˈpɔɪzn̩]   ☞ poisonous *adj*.

n. 毒藥

The *poison* from the venom spread all over his body within minutes.
毒蛇的毒液，在數分鐘內，就擴散到他身體內的各部份。

　　＊ venom [ˈvɛnəm] *n*. (毒蛇的)毒液

☐ **polar** [ˈpolɚ]   ☞ polarize *v*. 兩極化

adj. 極地的

Wildlife is sparse in the *polar* regions.
極區的野生動物很少。

　　＊ wildlife [ˈwaɪld‚laɪf] *n*. 野生動物
　　　sparse [spɑrs] *adj*. 稀少的

☐ **policy** [ˈpɑləsɪ]

n. 政策

The government should improve its environmental *policy* of Taiwan. 我們的政府應改善環保政策。

☐ **poll** [pol]

n., v. 投票；
民意調查

They published the results of the *poll* in the morning newspaper. 他們在早報上刊登了投票的結果。

☐ **pollute** [pəˈlut]   ☞ pollution *n*.

v. 汚染

The river has been *polluted* so badly that all forms of marine-life in it perished.
這條河汚染十分嚴重，以致於水裏所有的生物都死光了。

　　＊ perish [ˈpɛrɪʃ] *v*. 死；滅亡

☑ **ponder**〔'pɑndɚ〕
　　v. 考慮;沈思 ┊ He *pondered* over it for a long time before
　　　　　　　　　 making his decision.
　　　　　　　　　 在做決定前，他考慮了很久。

☑ **popularity**〔,pɑpjə'lærətɪ〕　☞ popular *adj.*
　　n. 聲望;流行 ┊ With each coming year, the politician gained
　　　　　　　　　　in *popularity* and success.
　　　　　　　　　 那名政客的聲望和成就，逐年提高。

☆ EXERCISE 52 ☆

1. He was_____by illness throughout his old age.
   (A) condemned　(B) plagued　(C) pirate　(D) placid （台大,政大,成大）

2. She made a_____excuse for her absence.　　（師大,成大）
   (A) platter　(B) predict　(C) plausible　(D) putrid

3. Water was in_____supply.　　　　　　　（文化,中山）
   (A) placid　(B) suffice　(C) plentiful　(D) pious

4. The cute,_____baby lay sleeping.　　　　（文化,成大）
   (A) purity　(B) plummet　(C) fattened　(D) plump

5. Many snakes have_____venom.　　　　　　（中興）
   (A) poisonous　(B) healthy　(C) fangs　(D) poise

6. The white_____bear was hard to find in the snowy
   landscape.　　　　　　　　　　　　　　　　（台大,政大）
   (A) collar　(B) polar　(C) pierced　(D) plural

7. They had a_____of no lateness. （師大，淡江，中山）
   (A) partner   (B) pouch   (C) policy   (D) portrait

8. Many factories_____the air. （台大，中正）
   (A) corrupt   (B) point   (C) popular   (D) pollute

*   *   *

☑ **portable** 〔'portəbl〕   ☞ portability *n.*
   adj. 可攜帶的
   This ***portable*** vacuum cleaner needs to be charged after every use.
   這台手提式的吸塵器，每次使用後都必須再充電。
   * ***vacuum cleaner*** 真空吸塵器

☑ **portray** 〔por'tre〕   ☞ portrait *n.* 肖像
   v. 描寫
   In his book, the author vividly ***portrayed*** the plight of the people during the war.
   這位作者在他的書中，生動地描寫了人們在戰爭時的悲慘。

☑ **pose** 〔poz〕
   v. 擺姿勢
   The models entered the stage, one by one to ***pose*** in front of the audience and the judges.
   模特兒走上伸展台，一個個地在觀衆和評審們前搔首弄姿。

☑ **possess** 〔pə'zɛs〕   ☞ possession *n.*
   v. 具有
   He ***possessed*** the rare quality of being able to remain calm, even under stressful conditions.
   即使承受很大的壓力，他也能保持鎮定。

☑ **possibility** 〔‚pɑsə'bɪlətɪ〕　☞ possible *adj.*

　　n. 可能性

　　　There is a high *possibility* of rain throughout the island tomorrow.
　　　明天全省各地可能會下雨。

☑ **poster** 〔'postɚ〕

　　n. 海報

　　　The teenager's room was filled with *posters* of rock-stars.
　　　那靑少年的房間貼滿了搖滾歌手的海報。

☑ **postpone** 〔post'pon〕　☞ postponement *n.*

　　v. 延期

　　　Today's meeting has been *postponed* till next week. 今天的會議延至下星期才召開。

☑ **potential** 〔pə'tɛnʃəl〕

　　n. 潛能
　　adj. 有潛力的

　　　He hasn't realized his full *potential* as a tennis player; he can perform even better in the future.
　　　他不知道自己具有成爲網球好手的潛能；以後他可以有更好的表現。

☑ **poverty** 〔'pɑvɚtɪ〕　☞ poor *adj.*

　　n. 窮困

　　　Those who live in *poverty* naturally become resentful toward the rich.
　　　窮困的人本來就會憎恨有錢人。

☑ **prairie** 〔'prɛrɪ〕

　　n. 大草原

　　　The vast stretch of *prairie* land used to be teeming with wild buffaloes, in the past.
　　　以前這片一望無際的大草原上有許多野生的水牛。
　　　＊ teem 〔tim〕 *v.* 充滿

☐ **precariosly** [prɪˈkɛrɪəslɪ] ☞ precarious *adj.*
　adv. 不穩固地

The big piece of rock *precariously* hung at the edge of the cliff, ready to fall any moment.
那塊大岩石搖搖欲墜地懸在山崖的邊緣，隨時都會掉下來。

☐ **precede** [prɪˈsid] ☞ precedence *n.*
　v. 在前

When they were born, Jim *preceded* his twin brother by only two minutes.
當他們出生時，吉姆比他的雙胞胎弟弟早出生兩分鐘。

☐ **precept** [ˈprisɛpt] ☞ preceptive *adj.*
　n. 箴言

"Love thy neighbor" is a *precept* we have sometimes found difficult to follow.
「愛你的鄰人」這句箴言，我們覺得有時很難做到。

☐ **precipitate** [prɪˈsɪpəˌtet] ☞ precipitant *adj.*
　v. 突然引起

The police were afraid that the angry pro-testers might *precipitate* a riot.
警方擔心，憤怒的抗議人士，可能會引起暴動。

　＊ riot [ˈraɪət] *n.* 暴動
　　protester [prəˈtɛstɚ] *n.* 抗議者

☐ **preclude** [prɪˈklud] ☞ preclusion *n.*
　v. 排除；阻止

Instead of *precluding* her doing what she wants to, why don't you just explain to her why she is wrong?
你不要一直阻止她想做的事，何不就對她解釋為什麼她是錯的呢？

☑ **precocious** 〔prɪ'koʃəs〕　☞ precociousness *n.*

adj. 早熟的

Jim was a *precocious* child; he had started reading at a tender age of three.

吉姆是個早熟的小孩；他在三歲時就開始念書。

☑ **predecessor** 〔,prɛdɪ'sɛsɚ〕

n. 前任

The new government is not any better than its *predecessor*.

新政府不如從前的好。

☑ **predestine** 〔prɪ'dɛstɪn〕　☞ predestination *n.*

v. 注定

Everything took place as if he was *predestined* to succeed.

每件事都發生了，好像他注定會成功一樣。

☑ **predicative** 〔'prɛdɪ,ketɪv〕　☞ predication *n.* 述語

adj. 敍述的

The word "asleep" is a *predicative* adjective.

"asleep" 這個字是個敍述性的形容詞。

☑ **predict** 〔prɪ'dɪkt〕　☞ prediction *n.*

v. 預測

The weather bureau *predicted* rain, but it's been sunny throughout the day.

氣象局預測會下雨，可是整天都是大晴天。

☑ **predominant** 〔prɪ'dɑmənənt〕　☞ predominance *n.*

adj. 主要的；
盛行的

Such stupidity is *predominant* only among children.

這種愚蠢的行為只有小孩才會有。

　＊ stupidity 〔stju'pɪdətɪ〕 *n.* 愚行

☐ **prefix** 〔pri'fiks〕　☞ prefixion *n.* 加字首

   v. 置於前

First, let me *prefix* my statement by saying
that I don't mean to offend you.
首先我要聲明，我並非故意要惹你生氣。

☐ **prejudge** 〔pri'dʒʌdʒ〕　☞ prejudgement *n.*

   v. 預先判斷

It would be rather unfair on our part to *pre-
judge* him at such an early stage.
我們在初期就先判斷他是否有能力，這是非常不公
平的。

☐ **premature** 〔'primə,tʃur〕　☞ prematurity *n.*

   adj. 未成熟

      的

The *premature* baby was still in its foetal
stage when it was born.
早產兒出生時，身體還只是處於胚胎階段。

    ＊ foetal 〔'fitl〕 *adj.* 胚胎

☐ **premier** 〔'primɪɚ〕

   n. 首相

The *premier* of the country was bombarded
with questions by the press after his contro-
versial decision to prematurely resign.
該國的首相在宣布提前辭職的這項備受爭議的決定
後，被新聞界問了一連串的問題。

☐ **premise** 〔'prɛmɪs〕

   n. 前提

   v. 以…為前

      提

In deciding to eat all the ice-cream in the
freezer, my *premise* was that if I didn't
do it, you would.
當決定要吃掉冰箱所有的冰淇淋時，我的前提是如
果我沒吃，就會被你吃掉了。

☑ **preoccupy** 〔pri'ɑkjə,paɪ〕 ☞ preoccupation *n.*
　　*v.*使全神貫注　He was so *preoccupied* with his work that he even forgot to have his lunch.
　　　　　　　　他工作得太專心了，連中餐都忘了吃。

☑ **prescribe** 〔prɪ'skraɪb〕 ☞ prescription *n.*
　　v. 指示　This year our school *prescribed* a long list of textbooks for the students' use.
　　　　　　今年學校指定許多教材給學生。

☑ **preserve** 〔prɪ'zɝv〕 ☞ preservation *n.*
　　v. 保存　In ancient times people used salt to *preserve* meat. 在古代，人們用鹽來保存肉類。

☑ **prestige** 〔prɛs'tiʒ〕 ☞ prestigious *adj.*
　　n. 聲望　Along with the award comes much *prestige*.
　　　　　　由於得獎了，所以聲望便隨之提高。

☑ **presume** 〔prɪ'zum〕 ☞ presumption *n.*
　　v. 假設　In Britain, an accused man is *presumed* innocent until he is proved guilty.
　　　　　　在英國，被告在判定有罪前，一律視為清白。

☑ **prevail** 〔prɪ'vel〕 ☞ prevalence *n.* 盛行
　　v. 勝過　It was a long battle, but he finally *prevailed* over his enemy.
　　　　　　這是一場長期的戰役，但最後他終於打敗敵人。

☆ EXERCISE 53 ☆

1. The game was_____until the weather improved.

(A) cancel (B) postner (C) postponed (D) prone （師大,中興,成大）

2. The_____energy of the hydrogen atom is unbelievably great.   （台大,師大,中興,逢甲）

(A) posted (B) needed (C) scientific (D) potential

3. She was_____to be queen.   （台大,政大,淡江）

(A) predestined (B) predict (C) congested (D) preceed

4. He tried to_____the future with magic.

(A) predict (B) attain (C) portray (D) decease

（台大,政大,中興,淡江,逢甲,靜宜）

5. Our body is_____water.   （政大,中興）

(A) premature (B) predominantely (C) premise (D) precisely

6. The doctor_____her some medicine.   （台大,淡江,交大）

(A) produced (B) prevailed (C) prescribed (D) notified

7. Amercian Indian tribes want to_____their native customs.   （台大,政大,淡江,東吳）

(A) preserve (B) strength (C) promotion (D) improvised

8. She_____that he wouldn't mind if she borrowed his car.

(A) prestige (B) consumed (C) passive (D) presumed

（台大,中興,中山）

☑ **previous** 〔'priviəs〕　☞ prevision *n.* 預感

　adj. 先前的　It takes a mature person to admit *previous* mistakes. 成熟的人才能夠承認從前所犯的錯誤 。

☑ **primitive** 〔'primətiv〕　☞ primitiveness *n.*

　adj. 原始的　He found the dwellings of the aborigines most *primitive*. 他發現這些原住民的住所是最原始的 。

　　　　　　　　 * aborigine 〔æbə'ridʒəni〕 *n.* 原住民

☑ **principally** 〔'prinsəpli〕　☞ principal *adj.*

　adv. 首要地　The people themselves were *principally* responsible for the progress of the country.
　　　　　　　　這些人對於國家的進步負有重責大任 。

☑ **principle** 〔'prinsəpl〕　☞ principled *adj.*

　n. 原則　He was a man who lived by his *principles* and everyone respected him for it.
　　　　　　　他是個有原則的人 ，因此每個人都很尊敬他 。

☑ **prior** 〔'praiɚ〕　☞ priority *n.*

　adj. 在前的　The house was decorated, *prior* to the wedding.
　　　　　　　　這房子在舉行婚禮前就請人裝修過了 。

☑ **priority** 〔prai'orəti〕

　adj. 優先權　The school gave *priority* to poor students in its scholarship program.
　　　　　　　　該校規定申請獎學金 ，清寒學生優先 。

☑ **prism** 〔'prizəm〕　☞ prismatic 〔priz'mætik〕 *adj.*

　n. 三稜鏡　In the laboratory, we used a *prism* for the diffusion of light in the experiment.
　　　　　　　在實驗室 ，我們用三稜鏡來做光的散射實驗 。

☐ **privilege** 〔'prɪvl̩ɪdʒ〕
 n. 特權

It was a *privilege* to have represented my country in the chess competition.
能代表國家出賽西洋棋，這是我的榮幸。

☐ **probability** 〔,prɑbə'bɪlətɪ〕 ☞ probable *adj.*
 n. 可能性

What is the *probability* of raining tomorrow?
明天可能會下雨嗎？

☐ **probe** 〔prob〕 ☞ probing *adj.*
 v. 探測

No matter how much the journalist tried to *probe* into the scandal, he wasn't able to dig out anything sensational.
不論這記者用何種方法來探查這件醜聞，他還是挖不出任何能轟動一時的新聞。
 * sensational 〔sɛn'seʃən!〕 *adj.* 轟動一時的

☐ **probity** 〔'probətɪ, 'prɑbətɪ〕
 n. 正直

Jim was a man of *probity*; everyone has much respect for him.
吉姆是個正直的人，每個人都很尊敬他。

☐ **procedure** 〔prə'sidʒɚ〕 ☞ procedural *adj.*
 n. 程序

"Stop arguing about *procedures* and get down to business！"「別再爭論程序如何，開始工作吧！」
 * *get to business* 著手工作

☐ **proceed** 〔prə'sid〕 ☞ proceeding *n.* 行動
 v. 繼續進行

After much debating, they *proceeded* to the next item on the agenda.
激烈爭論之後，他們繼續討論下一個議程。

☐ **process** 〔'prɑsɛs〕

　　n. 過程

Unloading the cargo was a slow *process*.

拆卸貨物的過程十分緩慢。

☐ **proclaim** 〔pro'klem〕　♂ proclamation *n.*

　　v. 正式宣告

Before he died, the millionaire *proclaimed* Jill his lone heir.

這百萬富翁臨死前，宣布吉爾是他唯一的繼承人。

　　* lone 〔lon〕 *adj.* 獨自的

　　　heir 〔ɛr〕 *n.* 繼承人

☐ **procurement** 〔pro'kjʊrmənt〕　♂ procure *v.*

　　n. 獲得

The *procurement* of that species is an impossibility; it has almost become extinct these days.

想要獲得這種動物是不可能的；因爲已經幾乎快絕種了。

　　* species 〔'spiʃɪz〕 *n.pl.* 種

　　　extinct 〔ɪk'stɪŋkt〕 *adj.* 絕種的

☐ **productivity** 〔,prodʌk'tɪvətɪ〕　♂ productive *adj.*

　　n. 生產力

The increase in rainfall has led to an increase in agricultural *productivity*.

降雨量的增加，使農業生產力也增加了。

☐ **professional** 〔prə'fɛʃənl〕　♂ profession *n.*

　　adj. 專業的

He became a *professional* golfer after winning the amateur tournament.

贏得業餘錦標賽後，他成了職業高爾夫球手。

☑ **proficient** 〔prəˈfɪʃənt〕 ☞ proficiency *n.*
　　adj. 熟諳的

Being **proficient** in martial arts, he was invited, as a special guest, to the inauguration of the new Judo school.
由於他精通武術，故以貴賓的身份，受邀參加新的柔道館的開幕典禮 。

　　＊ inauguration 〔ɪnˌɔgjəˈreʃən〕 *n.* 開幕；就職

☑ **profile** 〔ˈprofaɪl〕
　　v. 畫⋯的輪廓
　　n. 輪廓

It is easy to **profile**, but difficult to draw a man's face without proper training.
要勾勒一個人的輪廓很容易 ，但若沒有受過適當的訓練 ，要畫一個人的臉就很難了 。

☑ **profitable** 〔ˈprɑfɪtəbl̩〕 ☞ profit *n.*
　　adj. 有利潤的

Rod's business is as **profitable** as it used to be. 現在羅德的事業 ，和以前一樣賺錢 。

☑ **profound** 〔prəˈfaʊnd〕 ☞ profundity *n.*
　　adj. 深奧的

Buddhism is a **profound** philosophy.
佛教是一門深奧的哲學 。

☑ **profuse** 〔prəˈfjus〕 ☞ profusion *n.*
　　adj. 很多的

When we gave Ben our house, our car, and all our clothes, his gratitude was **profuse**.
當我們把房子、車子及所有的衣服給了班時 ，他非常感激我們 。

☑ **prohibit** 〔proˈhɪbɪt〕 ☞ prohibition *n.*
　　v. 禁止

The government should **prohibit** people from smoking in public. 政府應禁止人民在公共場所抽煙 。

☑ **project** 〔′prɑdʒɛkt〕

　　n. 計畫

Dan has been working on his ***project*** for months without much progress.

丹從事他的計劃已有好幾個月了,但並没有多大的進展。

☑ **prolong** 〔prə′lɔŋ〕　　☞ prolongation *n.*

　　v. 延長

The commencement speaker promised not to ***prolong*** his remarks, but then he went on to speak for two solid hours.

畢業典禮的發言者保證致辭時間不會延長 , 但他後來足足講了兩個小時 。

　　　　* commencement 〔kə′mɛnsmənt〕 *n.* 畢業典禮

☑ **prominence** 〔′prɑmənəns〕　　☞ prominent *adj.*

　　n. 卓越

The young movie star shot into ***prominence*** after his very first movie.

那名年輕的電影明星,拍了第一部電影後,就一砲而紅。

☑ **promise** 〔′prɑmɪs〕

　　n. 諾言
　　v. 允諾

Politicians often break their ***promises***.

政治家常會不遵守諾言 。

☑ **promissory** 〔′prɑmə,sorɪ〕

　　n. 本票
　　adj. 承諾的

Every money-bill comes with a ***promissory*** note.

每張帳單都附上一張本票 。

　　　　* ***promissory note*** 本票 ; 期票

☑ **promote** 〔prə′mot〕　　☞ promotive *adj.*

　　v. 促進

Martin Luther King Jr. tried to ***promote*** the struggle for racial equality.

金恩博士推動了促進種族平等的努力 。

☑ **prompt** 〔prɑmpt〕 ☞ promptive *adj.*

   v. 驅使

" What ***prompted*** you to make such a rash decision ? "

「是什麼使你做出這樣輕率的決定？」

    * rash 〔ræʃ〕 *adj.* 輕率的

☑ **prone** 〔pron〕

   adj. 易於

Clumsy people seem to be accident ***prone*** all the time.

笨拙的人似乎總是容易出車禍。

    * clumsy 〔'klʌmzɪ〕 *adj.* 笨拙的

☆ EXERCISE 54 ☆

1. The natives of that region still live in_____huts. (台大)

   (A) modern (B) primitive (C) previous (D) pricy

2. He had no_____convictions, so he was released.(台大,淡江)

   (A) posterior (B) prevent (C) priest (D) prior

3. Education is a_____, not a right in many countries.

   (A) ample (B) proponent (C) privilege (D) umpire   (台大)

4. Psychology is the study of the mind and its_____.

   (A) worries (B) fundamentals (C) processes (D) proficient

                                      （淡江，中興）

5. The govenor_____a state of emergency.   （台大，成大）

   (A) proclaimed (B) procured (C) proved (D) contained

6. The incident made a＿＿＿＿＿impression on me.(中興,文化,淡江)
   (A) practically (B) profit (C) series (D) profound

7. She was＿＿＿＿＿from entering the bar because she was
   too young.   (台大,中興)
   (A) prolonged (B) prohibited (C) profuse (D) projection

8. He＿＿＿＿＿them that he would return the favor. (大台,文化)
   (A) provided (B) surmised (C) promised (D) prolonged

*   *   *

☐ **pronounce** 〔prə'nauns〕 ☞ pronunciation *n.*
   v. 發音   It isn't easy for foreigners to *pronounce*
               Chinese words.
               中國字的發音對外國人而言是不容易的。

☐ **proof** 〔pruf〕
   n. 證據   You don't have the right to blame someone
               without any *proof* of his mistakes.
               如果沒有犯錯的證據，你就沒有權利責怪他人。

☐ **prop** 〔prɑp〕
   v. 支持   Several unexpected problems *proped* up during
               the trip. 旅行時，發生了一些意想不到的問題。

☐ **propaganda** 〔,prɑpə'gændə〕 ☞ propagandize *v.*
   n. (政治)宣傳 Few people in Hong Kong are naive enough to
               believe the *propaganda* coming from Beijing.
               在香港,很少有人會天眞地相信來自北平的政治宣傳。
               * naive 〔nɑ'iv〕 *adj.* 天眞的

☑ **property** 〔'prɑpətɪ〕

　n. 財產

Natural disasters cause much damage to life and *property*.

天然災害會造成生命及財產重大的損失。

☑ **proportion** 〔prə'porʃən〕　*cr* proportional *adj.*

　n. 比例

Usually, the size of a man's foot is in *proportion* to his height.

通常一個人腳的大小和他的身高成比例。

　　＊ *in propotion to~* 與~成比例

☑ **propose** 〔prə'poz〕

　v. 建議

Jim *proposed* an early start for tomorrow's hike. 吉姆提議明天的健行要提早出發。

☑ **proprietorship** 〔prə'praɪətɚ,ʃɪp〕　*cr* proprietorial *adj.*

　n. 所有權

Bill took over full *proprietorship* of the hotel after his partner died.

比爾的合夥人死後,這家飯店的所有權全歸他所有。

☑ **prospect** 〔'prɑspɛkt〕　*cr* prospective *adj.*

　n. 期望

The *prospect* of having to stay from home for such a long time does not appeal to me.

想到必須要離開家這麼久，這個念頭實在吸引不了我。

☑ **prosperous** 〔'prɑspərəs〕　*cr* prosperity *n.*

　adj. 興盛的

Sometimes a *prosperous* economy could lead to environmental pollution.

有時繁榮的經濟會導致環境污染。

☑ **protein** 〔′protiɪn〕
　　n. 蛋白質

Fish is a very good source of *protein*.
魚是攝取蛋白質很好的來源。

☑ **protest** 〔′protɛst〕
　　n. 抗議

The government's policy gave rise to vigorous *protests*, especially among the working class.
政府這次的政策引發強烈的抗議,特別是勞工階層。

　　＊ vigorous 〔′vɪgərəs〕 *adj.* 有力的

☑ **proverb** 〔′prɑvɝb〕　σ proverbial 〔prə′vɝbɪəl〕 *adj.*
　　n. 諺語

Some teachers constantly quote *proverbs*.
有些老師經常引用格言。

☑ **province** 〔′prɑvɪns〕　σ provincial *adj.*
　　n. 省

Canada is divided into *provinces*, unlike the United States. 不同於美國,加拿大是區分成許多省。

☑ **provisions** 〔prə′vɪʒənz〕　σ provisional *adj.* 臨時的
　　n.,pl. 糧食

They were running short of *provisions* and had to send someone to get more.
他們的糧食快不夠吃了,必須找人再多拿一些來。

☑ **provoke** 〔prə′vok〕　σ provoking *adj.*
　　v. 激怒

He is in a bad mood right now and you should not try to talk to him; it might *provoke* him.
他現在心情極差,你不要和他說話;這樣可能會激怒他。

☑ **prowess** 〔′prɑuɪs〕
　　n. 本領

He overestimates his own athletic *prowess*.
他高估了自己的運動技能。

　　＊ overestimate 〔′ovɚ′ɛstə,met〕 *v.* 高估

☑ **proximity** 〔prɑk′sɪmətɪ〕 ☞ proximate *adj*.

n. 鄰近

The cram school is located in the ***proximity*** of the train station. 補習班就在車站附近。

☑ **prune** 〔prun〕 ☞ pruning *n*.

v. 修剪

Every morning, the gardener ***prunes*** our rose-bushes. 每天早上，園丁都會來修剪我們的玫瑰花。

☑ **psyche** 〔′saɪkɪ〕

n. 心靈

The mystery of the ***psyche*** has even been baffling psychologists for ages.
心靈的奧秘困擾了心理學家好幾世紀。

> * baffle 〔′bæfl〕 *v*. 難倒

☑ **psycho-analytical** 〔,saɪko,ænl′ɪtɪkl〕 ☞ psycho-analysis *n*.

adj. 精神分
析的

The ***psycho-ananalytical*** report showed schizophrenic tendencies.
精神分析報告顯示出有精神分裂的傾向。

> * schizophrenic 〔,skɪzə′frɛnɪk〕 *adj*. 精神分裂的

☑ **psychological** 〔,saɪkə′lɑdʒɪkl〕 ☞ psychology *n*. 心理學

adj. 心理上的

The doctor decided that his illness was really caused by his many ***psychological*** problems.
醫生診斷說他的病實際上是由許多心理問題所造成的。

☑ **publish** 〔′pʌblɪʃ〕 ☞ publisher *n*. 出版商

v. 出版

The book is so poorly written that I don't think anyone will want to ***publish*** it.
這本書寫得這麼爛，我不認為會有人想要出版。

☑ **punctual** ['pʌŋktʃʊəl]　☞ punctuality [ˌpʌŋktʃʊ'æləti] *n.*

adj. 守時的

She is so ***punctual*** that her being late for the meeting surprised us all.

她非常的準時，因此她開會時遲到令我們十分訝異。

☑ **punishable** ['pʌnɪʃəbl̩]　☞ punishment *n.*

adj. 該處罰的

In Islamic countries the possession of alcohol is a ***punishable*** offence.

在回教國家，私藏酒類是會受處分的罪行。

☑ **purchase** ['pɝtʃəs]

v., n. 購買

His attempt to ***purchase*** the company was met with opposition from the majority of the shareholders.

他想要買下那間公司，但遭到多數股東的反對。

☑ **purport** [pɚ'port]

v. 據稱；意指

The rich tycoon is ***purported*** to have acquired a large part of his fortune through illegal means.

據說那位富有的大亨，他大部份的錢都是透過非法的手段得來的。

　　* tycoon [taɪ'kun] *n.* 大亨；鉅子

☑ **pursue** [pɚ'su]

v. 追隨；追蹤

The sense of guilty ***pursued*** him wherever he went. 無論他到哪裏，罪惡感都會跟隨著他。

☑ **puzzle** ['pʌzl̩]

n. 謎

v. 困惑

She often spends hours doing crossword ***puzzles***. 她時常花數小時玩填字遊戲。

　　* ***crossword puzzle*** 填字遊戲

☐ **pyramid** [ˈpɪrəmɪd]　☞ pyramidal [pɪˈræmədl] *adj.*
　n. 金字塔　　The ***pyramids*** in Egypt are a popular tourist attraction.
　　　　　　　埃及的金字塔是受觀光客歡迎的旅遊勝地。

☆ EXERCISE 55 ☆

1. They handed out anti-war＿＿＿＿＿on the street. (中興,淡江)
   (A) propaganda　(B) sentiment　(C) agenda　(D) pursuit

2. Taxes should increase in＿＿＿＿＿to how much you earn.
   (A) proportion　(B) protection　(C) purchase　(D) maximum (師大)

3. Her＿＿＿＿＿was met with much skepticism. (台大,師大,中興)
   (A) idiom　(B) partnership　(C) proposal　(D) disposal

4. The little town looked very＿＿＿＿＿. (台大,政大,中興,文化)
   (A) regions　(B) prosperous　(C) inspection　(D) stronghold

5. They＿＿＿＿＿against the new law. (師大,政大,中山)
   (A) angered　(B) proverb　(C) prowess　(D) protested

6. We can tell his native place from his＿＿＿＿＿accent.
   (A) provoke　(B) frequent　(C) provincial　(D) property (台大,師大)

7. Her＿＿＿＿＿analysis was very accurate. (政大,中興,淡江,成大)
   (A) finalized　(B) psyche　(C) pruned　(D) psychological

8. They were＿＿＿＿＿for their actions. (台大,政大,中山,中正)
   (A) published　(B) punished　(C) punctually　(D) illegal

☑ **quarrel** 〔'kwɔrəl〕   ☞ quarrelsome *adj.* 愛爭吵的
　　v.,n. 吵架 ┊ Ben is a quiet boy; he seldom *quarrels* with
　　　　　　　　anyone. 班是個文靜的男孩，他很少和人吵架。

☑ **quarry** 〔'kwɑrɪ〕
　　n. 採石場 ┊ Working in a stone *quarry* has made him into
　　　　　　　　a physically strong man.
　　　　　　　　採石場的工作使得他的體格變得非常強壯。

☑ **queer** 〔kwɪr〕
　　adj. 古怪的 ┊ Her *queer* behaviour could be a sign of re-
　　　　　　　　tardedness. 她古怪的舉止可能是智障的徵兆。

☑ **query** 〔'kwɛrɪ〕
　　v.,n. 疑問；┊ Jim had no *queries* about Ben's ability to
　　　　質問 ┊ handle the situation well enough.
　　　　　　　　吉姆一點都不懷疑班有能力把情況處理好。

☑ **questionnaire** 〔,kwɛstʃən'ɛr〕
　　n. 問卷 ┊ The *questionnaire* consisted of twenty questions
　　　　　　　　on environmental problems.
　　　　　　　　這張問卷裏有二十個關於環境的問題。

☐ **quit** 〔kwɪt〕

v. 停止

Before the boss could fire him, he *quit* his job.

在老闆炒他魷魚之前，他就先辭職了。

☐ **quiver** 〔'kwɪvɚ〕

v., n. 戰慄

The prisoner *quivered* with fear as the guard raised his baton to strike at him.

當警衛舉起警棍要打他時，那囚犯嚇得直發抖。

　　* baton 〔'bætn〕 n. 警棍

☐ **quote** 〔kwot〕　　☞ quotation n.

v. 引述

President Bush was *quoted* as saying that he would not impose any new taxes on the people.

有人引用布希總統曾說他不會對人民增稅的話。

☑ **radiate**〔'redɪˌet〕　☞ radiative　*adj.*

v. 發射；
放出

The heater ***radiates*** enough heat to keep the whole house warm.
暖氣機的暖氣足夠使整間房子保持溫暖。

☑ **radical**〔'rædɪkl̩〕　☞ radically　*adv.*

adj. 徹底的

At such a late stage, it's difficult to make ***radical*** changes in the scheme.
在這最後的階段，要將計畫作徹底的更改是很困難的。

☑ **radioactive**〔ˌredɪo'æktɪv〕　☞ radioactivity　*n.*

adj. 放射性的

Radioactive materials need to be sealed in lead boxes.
放射性物質必須密封在鉛製的盒子裏。

　＊ seal〔sil〕*v.* 密封

☑ **rake**〔rek〕

n. 耙

A ***rake*** is used to smoothen the surface of the sand in the pit.
耙被用來把凹洞中的砂弄平。

　＊ pit〔pɪt〕*n.* 凹洞；坑

☑ **rally** 〔 ˈrælɪ 〕

v. 收集；
重振

They made a final attempt to **rally** their supporters on the day before the election.
在選舉的前一天，他們做了最後努力，去重振他們支持者的信心。

☑ **rampant** 〔 ˈræmpənt 〕　☞ rampancy *n.*

adj. 蔓延的

Cholera was **rampant** among the slum dwellers.
霍亂在貧民區的居民間蔓延開來。

* cholera〔ˈkɑlərə〕*n.* 霍亂　slum〔slʌm〕*n.* 貧民區

☑ **rancor** 〔 ˈræŋkɚ 〕　☞ rancorous *adj.*

n. 仇恨；
怨恨

Ben's attitude towards women is full of **rancor**; he says that all women should shut up and sit down to do what he tells them to do.
班對女人的態度充滿怨恨，他說所有的女人都該閉嘴，坐下來做他叫她們做的事。

☑ **random** 〔 ˈrændəm 〕　☞ randomness *n.*

adj. 隨便的

The poll projections are based on questions asked to **random** sample of people.
這項民意調查計畫以向隨機抽樣民眾所問的問題為基礎。

* poll〔pol〕*n.* 民意調查

☑ **rapport** 〔 ræˈport 〕

n. 關係；
和諧

Being in good **rapport** with one's boss could be of great help.
和老板關係和諧對一個人有很大的幫助。

☐ **rapture** 〔'ræptʃɚ〕　☞ rapt *adj.*

n. 狂喜

Jim gazed with ***rapture*** at the picture of the girl he loved.

吉姆很高興地注視著他所愛的那個女孩的照片。

☐ **rashness** 〔'ræʃnɪs〕　☞ rash *adj.*

n. 輕率

" Your ***rashness*** could cost you your job, someday !"

「你如此輕率，有一天你會賠上你的工作。」

☐ **ratify** 〔'rætə,faɪ〕　☞ ratification *n.*

v. 批准

" Could you ***ratify*** this document with your signature, please ?

「能不能請您簽名批准這份文件？」

☐ **ratio** 〔'reʃo〕

n. 比例

The ***ratios*** of 1 to 5 and 20 to 100 are the same.

1比5和20比100的比值相同。

☐ **rattle** 〔'rætl〕　☞ rattling *adj.*

v. 發出嘎
嘎聲

The hail-stones ***rattled*** on the tin roof.

冰雹打在錫製的屋頂上嘎嘎作響。

　　* hail-stone 〔'hel,ston〕 *n.* 冰雹

☐ **realm** 〔rɛlm〕

n. 王國；
領域

Kids love to dwell in the ***realm*** of imagination.

孩子們喜歡置身在想像的國度中。

☑ **reap** 〔rip〕　σ reaper *n.* 收割者

v. 獲得；
收穫

" One day, you shall ***reap*** the reward of your hard work. "

「總有一天，你的辛勤工作會得到代價的。」

☑ **rear** 〔rɪr〕

adj. 後面的
n. 背後

The ***rear***-view mirror of my car was broken in a minor accident.

我車子的後視鏡在一次小車禍中撞破了。

☑ **reassurance** 〔,riə'ʃʊrəns〕　σ reassure *v.*

n. 再保證

He gave her ***reassurance*** that things weren't as bad as she thought.

他再次向她保證，事情不會像她所想的那麼糟。

☑ **rebel** 〔rɪ'bɛl〕　σ rebellion *n.*

v. 反叛

The people of the kingdom ***rebelled*** against the tyrannous king.

這個王國的人民起而反叛暴君。

☑ **rebuke** 〔rɪ'bjuk〕

n. 責罵
v. 指責

He dared not stay out late for fear of parental ***rebuke***.

他不敢在外逗留太晚，因為怕被父母責罵。

☑ **recede** 〔rɪ'sid〕　σ recedence *n.*

v. 消退；
撤銷

Many days after the accident, the scar on his face, finally began to ***recede***.

意外過了許多天後，他脚上的疤痕終於開始消褪了。

＊ scar〔skɑr〕*n.* 疤痕

☆ EXERCISE 56 ☆

1. The_____manner in which she behaves is a symptom of
   madness.   （台大）
   (A) mingled   (B) raided   (C) quack   (D) queer

2. He was_____as saying that he was innocent.   （台大，輔大）
   (A) stated   (B) quoted   (C) printed   (D) quivered

3. The sun_____light and heat.   （東海，東吳）
   (A) mediates   (B) radiates   (C) radios   (D) radical

4. They made a final effort to_____their supporters on
   the day before the vote.   （台大）
   (A) rake   (B) sally   (C) rally   (D) ramble

5. Crime is running_____on the city streets.   （政大，中興）
   (A) around   (B) occupant   (C) rancor   (D) rampant

6. The winners were chosen by a_____drawing.   （台大）
   (A) random   (B) faithful   (C) rancid   (D) favorable

7. Most children become_____in their teenage years.
   (A) reassured   (B) rebellious   (C) temperate   (D) rebuttal
                                                       （靜宜）

8. As the bus pulled away, she_____into the landscape.
   (A) curtailed   (B) recess   (C) receded   (D) perceded   （淡江）

☑ **reception** 〔rɪˈsɛpʃən〕
n. 歡迎會

After the wedding ceremony, the guests went to the bride's house to attend the *reception*.
婚禮過後，賓客們都到新娘家中參加酒會。

☑ **recession** 〔rɪˈsɛʃən〕
n. 經濟蕭條

Economic sanctions are cancelled to help improve the economy of the country during a *recession*.
爲了幫助該國改善經濟蕭條的情況，故取消了對他們的經濟制裁。

* sanction 〔ˈsæŋkʃən〕 *n.* 制裁

☑ **reckless** 〔ˈrɛklɪs〕 ☞ recklessness *n.*
adj. 鹵莽的

Reckless driving is one of the main causes of traffic accidents.
鹵莽駕駛是造成車禍的主要原因之一。

☑ **reckon** 〔ˈrɛkən〕 ☞ reckoning *n.* 計算
v. 計算；考慮

The committee has always been a force to *reckon* with. 這個委員會的力量不容忽視。

☑ **recline** 〔rɪˈklaɪn〕 ☞ recliner *n.*
v. 橫臥；斜倚

Jim likes to *recline* on his seat, when he goes for long drives.
當吉姆須長途開車時，他喜歡斜靠在座椅上。

☑ **recoil** 〔rɪˈkɔɪl〕
v. 退縮

Ben tried to put his arms around her, but she *recoiled* from him.
班想用手環抱她，但她閃開了。

☐ **recollection** 〔 ‚rɛkə′lɛkʃən〕　☞ recollect *v.*

　n. 記憶

With a flash of *recollection*, she recognized
him as the man who used to bring her sweets
when she was just a kid.
腦中的記憶一閃而過，她突然認出他是在她小時
候，常拿糖果給她的那個人。

☐ **recommend** 〔 ‚rɛkə′mɛnd〕　☞ recommendation *n.*

　v. 推薦

Jim asked his neighbours if they could
recommend a good doctor for his children.
吉姆問他的鄰居是否能為他的孩子推薦一位好醫生。

☐ **reconfirm** 〔 ‚rikən′fɝm〕　☞ reconfirmation *n.*

　v. 再證實

He was stranded at the airport, because he
forgot to *reconfirm* his reservation.
他被困在機場，因為他忘了再確認機位。

　　* strand〔strænd〕*v.* 使遺留
　　　reservation〔‚rɛzə′veʃən〕*n.* 預訂

☐ **re-create** 〔 ‚rikrɪ′et〕　☞ re-creation *n.*

　v. 重新創造

An opportunity, once gone, is gone; it cannot
be *re-created*.
機會一旦消失，就一去不回了，不可能再來一次。

　　* gone〔gɔn〕*adj.* 消逝的

☐ **recur** 〔 rɪ′kɝ〕　☞ recurrence *n.*

　v. 重現

A same situation may *recur* again and again
in our lives.
在我們的生命中，相同的情形可能會一再地重現。

☑ **recycle** 〔rɪ'saɪkl̩〕

v. 回收；
再製造

The government should give preference to industries whose products can be *recycled*.

政府應該給予那些產品能回收的廠商特惠優先權。

* preference〔'prɛfərəns〕*n.* 特惠；優先權

☑ **redeem** 〔rɪ'dim〕　☞ redeemable *adj.*

v. 補償；
實踐

Joe tried to *redeem* himself of his previous failure.

喬企圖彌補自己前一次的失敗。

☑ **redistribute** 〔,rɪdɪ'strɪbjʊt〕　☞ redistribution *n.*

v. 再分發

The club should start *redistributing* its fund among members, according to their needs.

俱樂部應該開始依照會員的需要，重新分配基金。

☑ **reduction** 〔rɪ'dʌkʃən〕　☞ reduce *v.*

n. 減少

In order to survive inflationary spiral, we had to make substantial *reduction* on many of our expenses.

為了要在惡性通貨膨脹下繼續生存，我們必須在許多開支上作大幅的刪減。

* *inflationary spiral* 惡性通貨膨脹

☑ **reel** 〔ril〕

v. 站立不穩；
搖晃

The boxer sent his opponent *reeling* to the floor with a strong uppercut.

那個拳擊手一計強硬的上擊，使他的對手搖搖欲墜。

* uppercut〔'ʌpə,kʌt〕*n.* 上擊

☑ **reference** 〔'rɛfərəns〕 ☞ refer *v.*

　　n. 參考；　　　The teacher recommended his students,
　　　　查詢　　　　several textbooks for ***reference*** work.
　　　　　　　　　　老師向學生推薦幾本教科書作爲參考之用。

☑ **refine** 〔rɪ'faɪn〕 ☞ refined *adj.*

　　v. 精煉　　　　Oil has to be ***refined*** before it can be used.
　　　　　　　　　　石油必須提煉過才可使用。

☑ **reflex** 〔'riflɛks〕 ☞ reflexible *adj.*

　　n. 反射作用　　All old men have slow ***reflexes*** and diminished
　　　　　　　　　　sights.
　　　　　　　　　　所有的老人反應都比較遲鈍，視力也逐漸減退。
　　　　　　　　　　＊ diminished〔də'mɪnɪʃt〕*adj.* 減少的

☑ **reform** 〔rɪ'fɔrm〕 ☞ reformation *n.*

　　v. 改造；　　　Ten years of imprisonment has comepletely
　　　　改革　　　　***reformed*** him.
　　　　　　　　　　十年的牢獄生涯已徹底改造了他。

☑ **refuse** 〔rɪ'fjuz〕 ☞ refusal *n.*

　　v. 拒絕　　　　Jim ***refuses*** to study, even during exams.
　　　　　　　　　　吉姆即使在考試期間也拒絕讀書。

☑ **regime** 〔rɪ'ʒim〕

　　n. 政權　　　　The corrupt ***regime*** has been terrorizing the
　　　　　　　　　　country for more than a decade.
　　　　　　　　　　那個腐敗的政權以恐怖手段統治該國十多年了。
　　　　　　　　　　＊ terrorize〔'tɛrə,raɪz〕*v.* 進行恐怖政治

☑ **register** 〔'rɛdʒɪstə 〕

n. 登記簿
v. 註冊

The teacher called out the names of all the students from the **register** book.
老師根據點名簿，點完所有學生的名字。

☑ **regulate** 〔'rɛgjə,let 〕　☞ regulation *n.*

v. 調整；
　　管理

The prices of commodities are **regulated** by demand and supply.
商品價格會隨著供需情形而調整。

　　* commodity〔kə'mɑdətɪ 〕*n.* 商品

☑ **reinforce** 〔,riɪn'fors 〕　☞ reinforcement *n.*

v. 增強

The navy has been **reinforced** by the inclusion of several new aircraft carriers.
由於幾艘航空母艦的加入，使得海軍實力大增。

　　* **aircraft carrier** 航空母艦

☑ **reiterate** 〔ri'ɪtə,ret 〕

v. 重述

During the campaign, he constantly **reiterated** the importance of union.
在這項活動期間，他不斷地重申團結的重要性。

☑ **rejoice** 〔rɪ'dʒɔɪs 〕　☞ rejoicing *n.*

v. 高興

Everyone **rejoiced** to see peace returning to the country after many years of civil war.
經過多年的內亂後，每個人都很高興該國又回復和平了。

　　* **civil war** 內亂

☑ **relaxation** 〔,rilæks'eʃən 〕　☞ relax *v.*

n. 放鬆；
　　消遣

It is very important for nursing mothers to have enough rest and **relaxation**.
對於要哺育小孩的媽媽而言，必須要充分休息和放鬆心情。

☆ EXERCISE 57 ☆

1. The doctor_____that she get some rest and start to
   exercise.　　　　　　　　　　　　（台大,中興,文化,淡江）
   (A) reconfirmed　(B) rekindled　(C) retort　(D) recommended

2. If the pain_____, take these tablets.　　（台大,政大）
   (A) recurs　(B) redeems　(C) subsides　(D) depletes

3. This rule applies to all persons without_____to sex.
   (A) reference　(B) regarding　(C) presence　(D) prevail
   　　　　　　　　　　　　　　　　（台大,政大,中山）

4. She had no time to think, she was acting on_____.
   (A) actions　(B) refining　(C) reels　(D) reflex　（台大,政大）

5. They are trying to_____the health care system.
   (A) repent　(B) reform　(C) refuse　(D) declare　（中興,文化）

6. Upon arrival, they had to_____with the authorities.
   (A) consulting　(B) regime　(C) register　(D) sinister
   　　　　　　　　　　　　　　　（師大,政大,成大,靜宜）

7. Prices are_____by supply and demand.　　（師大）
   (A) regulated　(B) stimulated　(C) regained　(D) recreated

8. She_____in her children the values she grew up with.
   (A) applied　(B) enforced　(C) translated　(D) reinforced
   　　　　　　　　　　　　　　　　（台大,師大,淡江）

☑ **release**〔rɪˋlis〕

v.,n. 釋放；
解除

The kidnappers were willing to *release* the hostages only after their demands were met by the authorities.

只有在有關單位答應他們的要求後，綁匪才願意釋放人質。

　＊ kidnapper〔ˋkɪdnæpɚ〕*n.* 綁匪
　　hostage〔ˋhɑstɪdʒ〕*n.* 人質

☑ **relentless**〔rɪˋlɛntlɪs〕　☞ relent *v.* 變溫和；憐憫

adj. 不減緩的；
殘忍的

The torrential rains were *relentless*, eventually creating a deluge.

暴雨不曾停止，最後終於造成洪水。

　＊ torrential〔tɔˋrɛnʃəl〕*adj.* 猛烈的
　　deluge〔ˋdɛljudʒ〕*n.* 洪水

☑ **relevance**〔ˋrɛləvəns〕　☞ relevant *adj.*

n. 切題；
中肯

She did not quite understand the *relevance* of his remarks.

她不太了解他的評論有何相關性。

☑ **reliable**〔rɪˋlaɪəbl̩〕　☞ reliability *n.*

adj. 可靠的

He was a *reliable* customer who always paid his bills on time.

他是個可靠的顧客，總是準時支付帳款。

☑ **relic**〔ˋrɛlɪk〕

n. 遺物；
紀念品

She saved many old *relics* from her past in the attic.

她把許多過去遺留下來老舊的紀念品收藏在閣樓。

　＊ attic〔ˋætɪk〕*n.* 閣樓

☑ **relieve** 〔rɪˈliv〕　σ relief *n*.

v. 減輕

They were ***relieved*** when the exam was finally over. 考試終於結束後，他們都鬆了一口氣。

☑ **relinquish** 〔rɪˈlɪŋkwɪʃ〕　σ relinquishment *n*.

v. 放棄

He tried to ***relinquish*** what little remained of his pride.

他試著放棄他所僅存的一點自尊。

☑ **relish** 〔ˈrɛlɪʃ〕

n. 調味品；
喜好

He covered his hotdog in mustard and ***relish***.

他在熱狗上加上芥茉和調味品。

　　* mustard 〔ˈmʌstəd〕*n.* 芥茉

☑ **reluctance** 〔rɪˈlʌktəns〕　σ reluctant *adj*.

n. 勉強；
不願

Her ***reluctance*** to follow him was evident in her eyes.

她不情願跟他走，從她眼中可以很明顯地看出來。

☑ **remedy** 〔ˈrɛmədɪ〕　σ remedical *adj*.

n. 治療法；
補救方法

She found that a good night's sleep was the perfect ***remedy***.

她覺得一夜充足的睡眠是最好的治療。

☑ **remind** 〔rɪˈmaɪnd〕　σ reminder *n*.

v. 提醒；
使憶起

They were constantly ***reminded*** of their chores.

他們不斷地被提醒要做家事。

　　* chore 〔tʃɔr〕*n.* 家務

☑ **remit** 〔rɪ'mɪt〕　☞ remittance *n*. 滙款

　v. 滙寄

They asked that he **remit** the full balance of what was due as soon as possible.
他們要求他儘快滙寄已到期的款項。

☑ **remorseful** 〔rɪ'mɔrsfəl〕　☞ remorse *n*.

　adj. 懊悔的

His **remorseful** conscience made him return the stolen candy.
他的良心使他感到很懊悔,而歸還了他所偷的糖果。

☑ **remote** 〔rɪ'mot〕　☞ remoteness *n*.

　adj. 遙遠的

They built their new house in a **remote**, uncrowded area.
他們把新房子蓋在一個偏遠而不擁擠的地區。

☑ **render** 〔'rɛndɚ〕　☞ renderable *adj*.

　v. 致使;
　　 報答

The effects of the drugs **rendered** her unconscious. 藥效使她失去知覺。

☑ **renounce** 〔rɪ'naʊns〕　☞ renouncement *n*.

　v. 放棄;
　　 脫離關係

He **renounced** his affiliation with the church.
他宣布與教會脫離關係。
　　＊ affiliation 〔ə,fɪlɪ'eʃən〕 *n*. 入會

☑ **renovate** 〔'rɛnə,vet〕　☞ renovation *n*.

　v. 革新;
　　 修理

They **renovated** the house to make more room.
他們重新翻修房子,讓空間更大。

☑ **replace** 〔rɪ'ples〕　☞ replacement *n*.

　v. 更換;
　　 代替

The warranty said that all parts would be **replaced** free of charge.
保證書上說明,所有的零件都可免費更換。

☐ **replenish**〔rɪˈplɛnɪʃ〕　☞ replenishment **n.**

v. 再裝滿；
補充

He ***replenished*** his empty plate with more food.
他把他的空盤子重新裝滿更多食物。

☐ **replica**〔ˈrɛplɪkə〕

n. 複製品

The store sold ***replicas*** of The Statue of
Liberty.
那家店出售自由女神像的複製品。

☐ **represent**〔ˌrɛprɪˈzɛnt〕　☞ representation **n.**

v. 代表；
表示

In her absence, her lawyer ***represented*** her
in court.
她未出席，而由她的律師代表她出庭。

☐ **reproach**〔rɪˈprotʃ〕　☞ reproachable **adj.**

v. 譴責

She quietly ***reproached*** him for his bad
behavior. 她以沈默譴責他惡劣的行爲。

☐ **reptile**〔ˈrɛptl̩〕　☞ reptilian **adj.**

n. 爬蟲

Reptiles are cold-blooded and cannot take
cold weather.
爬蟲類是冷血動物，無法忍受寒冷的天氣。

☐ **republic**〔rɪˈpʌblɪk〕　☞ republican **adj.**

n. 共和國

The ***Republic*** of Ireland has been battling
to shed themselves of British rule.
愛爾蘭共和國爲脫離英國統治而戰。

* shed〔ʃɛd〕*v.* 脫離

☑ **repudiate** 〔rɪ'pjudɪ‚et〕 ☞ repudiation *n.*

v. 拒絕；
棄絕

He was so angry that he decided to ***repudiate*** his son.

他實在太生氣了，所以決定和他兒子脫離父子關係。

☑ **repugnant** 〔rɪ'pʌgnənt〕 ☞ repugnance *n.*

adj. 使人討
厭的

She found the horror movie ***repugnant***.

她很討厭那部恐怖片。

☆ EXERCISE 58 ☆

1. The prisoner was_____early for good behavior.
   (A) released   (B) reptile   (C) leased   (D) relentless
   (師大,中興,逢甲)

2. She heard from a_____source that the President was dead.   (淡江,靜宜)
   (A) mediocre   (B) relinquished   (C) reliable   (D) unknowable

3. He_____his hope of their situation improving.
   (A) conceal   (B) relinquished   (C) dispose   (D) lessen
   (台大,政大)

4. She was_____to believe their outragreous story.
   (A) renounced   (B) relished   (C) reluctant   (D) relic
   (中興,中正,輔大)

5. He wrote himself notes to_____himself what he had to do.
   (A) clarify   (B) remind   (C) remedy   (D) implore
   (師大,中興,成大)

6. They spent their vacation in a_____town in the
   mountains.　　　　　　　　　　　　　　（師大,中山）
   (A) remote　(B) remit　(C) promote　(D) render

7. They sell small_____of the statue at the market.
   (A) reptiles　(B) tiles　(C) rememberances　(D) replicas
   　　　　　　　　　　　　　　（台大,中興,淡江,逢甲）

8. The painting was an abstract_____of flight.　　（師大）
   (A) illustrate　(B) repatriation　(C) representation　(D) respond

　　　　　　＊　　　　　　＊　　　　　　＊

☑ **repulse**〔rɪˈpʌls〕　☞ repulsive *adj.*

　v. 厭惡；　　He was so ***repulsed*** by the smell of gasoline
　　擊退　　　　that he almost threw up.
　　　　　　　汽油的氣味令他非常厭惡，害他差點嘔吐。

☑ **reputation**〔ˌrɛpjəˈteʃən〕　☞ reputable *adj.*

　n. 名譽；　　She has a ***reputation*** of being strict teacher.
　　名聲　　　　她是出了名的嚴厲的老師。

☑ **request**〔rɪˈkwɛst〕

　v., *n.* 要求　　The criminal ***requested*** that his name not
　　　　　　　be released to the media.
　　　　　　　那位罪犯要求不要將他的姓名透露給新聞媒體。

☑ **require**〔rɪˈkwaɪr〕　☞ required *adj.* 必修的

　v. 要求；　　They were ***required*** to study three years of
　　需要　　　　English. 他們必須修三年英文。

☐ **resemble** 〔rɪ'zɛmbḷ〕 ☞ resemblance *n.*

v. 和～相像；
相似

Her looks *resemble* her father very much.
她長得和她父親很像。

☐ **resent** 〔rɪ'zɛnt〕

v. 憎恨；
厭惡

He *resented* having to get up so early on
the weekends.
他很討厭週末必須要早起。

☐ **reservation** 〔,rɛzɚ'veʃən〕 ☞ reserve *n.*

n. 預訂；
保留

I have made all the *reservations* for the trip.
這次旅行我已安排好所有該預定的事項。

☐ **residential** 〔,rɛzə'dɛnʃəl〕 ☞ resident *n.* 居民

adj. 住宅的

This part of the city has been zoned as
residential.
城市的這部分被規劃成住宅區。

☐ **residue** 〔'rɛzə,dju,-du〕 ☞ residuary *adj.*

n. 殘餘；
剩餘

There was a thin *residue* of chalk on his
hands. 他手中還剩一小段粉筆。

* chalk 〔tʃɔk〕 *n.* 粉筆

☐ **resolve** 〔rɪ'zɑlv〕 ☞ resolution *n.*

v. 決定

I *resolved* that nothing should hold me
back.
我已下定決心，任何事都不能阻止我。

* *hold sb. back* 阻止某人

☑ **resonance** 〔 'rɛznəns 〕　σ resonant *adj.*

　n. 共鳴；
　　　回響

The basic requirement for a bass singer is a voice with a deep *resonance*.

一個低音歌手的基本條件是要有低沈共鳴的歌聲。

　　＊ bass〔bes〕*n.* 低音

☑ **resort**〔rɪ'zɔrt〕

　v. 訴諸
　n. 觀光勝地

They tried their best not to *resort* to violence.

他們儘量避免訴諸暴力。

☑ **resource**〔rɪ'sors, 'risors〕　σ resourceful *adj.*

　n. 來源；
　　　資源

Every country should try to preserve their natural *resources* as much as possible.

每個國家都應該盡力維護自然資源。

☑ **respectable**〔rɪ'spɛktəbl〕　σ respect *v.* 尊敬

　adj. 可尊敬的

They were *respectable*, upright members of the community.

他們是這社區可敬且正直的成員。

　　＊ upright〔'ʌp,raɪt〕*adj.* 正直的

☑ **respiration**〔,rɛspə'reʃən〕　σ respiratory *adj.*

　n. 呼吸(作用)

Respiration can be a difficult task when you get into extremely high mountains.

如果你登上極高的山，呼吸會變得很困難。

☑ **restate**〔ri'stet〕　σ restatement *n.*

　v. 再聲明；
　　　再陳述

He *restated* that he had no knowledge of the theft. 他一再聲明說他一點都不知道那宗竊盜案。

　　＊ theft〔θɛft〕*n.* 竊盜行為

☑ **restive** 〔'rɛstɪv〕 ☞ restively *adv.*
adj. 反抗的；
浮躁的

There was a *restive*, rebellious feeling among the students.

學生的情緒十分浮躁、叛逆。

　　＊ rebellious〔rɪ'bɛljəs〕*adj.* 有叛逆心的

☑ **restore** 〔rɪ'stor, -stɔr〕　☞ restoration *n.*
v. 歸還；
修復

They *restored* the old ship and put it on display.

他們修復了那艘古老的船隻，並且將它展示出來。

☑ **restrain** 〔rɪ'stren〕　☞ restraint *n.*
v. 克制；
約束

He had to *restrain* himself from making any wrong comments.

他必須克制自己不要再作任何錯誤的評論。

☑ **restrict** 〔rɪ'strɪkt〕　☞ restriction *n.*
v. 限制；
禁止

All the workers in the firm were *restricted* to only one sick leave per month.

那家公司的所有員工被限制每個月只能請一次病假。

☑ **resultant** 〔rɪ'zʌltənt〕　☞ result *n.* 結果
adj. 結果的；
合成的

If everyone tries to economize on fuels, the *resultant* saving would be enormous.

如果每個人都節約能源，一定會省下不少能源。

☑ **resume** 〔rɪ'zum〕　☞ resumption *n.*
v. 繼續；
恢復

He *resumed* his studies after a year off to travel. 他休學一年去旅遊，回來後便復學了。

☑ **resurrect**〔,rɛzə'rɛkt〕　☞ resurrection *n.* 復興；復活
　v. 挖出；　　　They ***resurrected*** a statue to her memory.
　　復興　　　　━他們挖出了一座紀念她的雕像。

☑ **retail**〔'ritel〕　☞ retailer *n.* 零售商
　n. 零售　　　The ***retail*** price is often much higher than
　　　　　　　the wholesale price.
　　　　　　　零售價往往比批發價高出許多。
　　　　　　　　＊ wholesale〔'hol,sel〕*adj.* 批發的

☑ **retain**〔rı'ten〕
　n. 保持；　　　He could not ***retain*** his excitement any
　　保留　　　　longer.
　　　　　　　他再也壓抑不住內心的興奮。

☑ **retaliate**〔rı'tælı,et〕　☞ retaliation *n.*
　v. 報復　　　We had to flee under the sudden attack of
　　　　　　　the enemy; there was no time to ***retaliate***.
　　　　　　　我們必須逃離敵人的突襲，根本沒時間報復。

☑ **retard**〔rı'tɑrd〕　☞ retardation *n.*
　v. 妨礙；　　　Progress was ***retarded*** by the lack of
　　使遲緩　　　workers.
　　　　　　　由於工人不足，所以進度被延緩了。

☑ **retire**〔rı'taır〕　☞ retirement *n.*
　v. 退回；　　　After working all day, the prisoners ***retired***
　　退休　　　　to their cells, completely tired.
　　　　　　　工作一整天後，犯人都疲憊不堪地回到囚室裏。

☆ EXERCISE 59 ☆

1. Much time and effort was_____ for their achievements.
   (A) advantaged (B) request (C) substance (D) required
   （台大,中興,中山,成大,逢甲,輔大）

2. I agree with you, but with some_____.
   (A) ample (B) reservation (C) conservation (D) resolution
   （台大,師大,中興,淡江,中山,輔大）

3. They lived in a quiet,_____area. （台大,政大,中興）
   (A) resemble (B) calming (C) residential (D) confidential

4. They were upright,_____members of the community.
   (A) respectable (B) remendable (C) resonance (D) uptight
   （師大,政大,中興）

5. He had to_____himself and be polite. （政大,文化,淡江）
   (A) attain (B) restrain (C) restore (D) resume

6. She_____much of what she learned in high school.
   (A) retained (B) retailed (C) detailed (D) complained
   （台大,師大,中興）

7. They were ordered not to_____. （淡江,成大）
   (A) require (B) retard (C) retaliate (D) resurrect

8. She_____at 50, a wealthy woman. （中興,淡江,中山）
   (A) retired (B) abandon (C) pension (D) dismiss

☑ **retreat**〔rɪˈtrit〕

n.,v. 撤退；
引退

Their motto was ,"No *retreat*; no surrender."
他們的標語是：不撤退，不投降。

    * motto〔ˈmɑto〕*n.* 標語

☑ **reveal**〔rɪˈvil〕

v. 揭發；
透露

The guilty party is often not *revealed* until
the end of the program.
通常要到節目最後才知道犯罪的是哪一方。

☑ **revenge**〔rɪˈvɛndʒ〕

n. 報復

She took her time, and plotted her *revenge*.
她慢慢地計畫她的報復行動。

    * *take one's time* 慢慢地

☑ **reverse**〔rɪˈvɝs〕　☞ reversible *adj.*

v.,n. 顛倒；
逆轉

Everyone has to make a conscious effort in
order to *reverse* the process of environmental
pollution.
每個人都必須特別努力以防止環境污染繼續惡化。

    * *make a conscious effort to*～ 特別努力於～

☑ **revise**〔rɪˈvaɪz〕　☞ revision *n.*

v. 修訂；
更改

He *revised* his notes and handed in the
paper again.
他修改他的註解後，就又把報告交上去。

☑ **revive**〔rɪˈvaɪv〕　☞ revival *n.*

v. 重振；
回復

She felt *revived* after the hot bath.
洗了熱水澡之後，她覺得精神又恢復了。

☐ **revolution** 〔,rɛvə'luʃən〕　☞ revolutionary *adj.*

n. 革命

A ***revolution*** broke out against the government last year. 去年爆發了一場革命,企圖推翻政府。

☐ **rhetoric** 〔'rɛtərɪk〕　☞ rhetorical *adj.* 修辭的

n. 辭藻華麗 的語言

The candidate's speech was a mere ***rhetoric***; it was long on promises but short on genuine substance. 那個候選人的演說僅是辭藻華麗 , 雖 許下很多承諾但卻缺乏真正的內涵 。

☐ **rhythm** 〔'rɪðəm〕　☞ rhythmic *adj.*

n. 節奏

He likes the ***rhythm*** of that jazz tune. 他喜歡那首爵士樂的節奏 。

☐ **ribbon** 〔'rɪbən〕　☞ ribbonlike *adj.*

n. 緞帶

Their family tied yellow ***ribbons*** around the trees when the soldiers came home. 當士兵回家時,他們的家人都在樹上繫上黃色的絲帶。

☐ **ridicule** 〔'rɪdɪkjul〕　☞ ridiculous *adj.*

v. 嘲笑

She ***ridiculed*** him in front of the entire class. 她在全班面前嘲笑他 。

☐ **rift** 〔rɪft〕　☞ rifty *adj.*

n. 裂縫; 不和

There was a ***rift*** between the two former colleagues. 那兩個人從前是同事 , 但彼此不合 。
　　　＊colleague 〔'kɑlig〕 *n.* 同事

☐ **rigid** 〔'rɪdʒɪd〕　☞ rigidity *n.*

adj. 僵硬的; 嚴格的

She sat up straight and ***rigid*** in her chair. 她挺直僵硬地端坐在椅子上 。

☑ **rigorous** 〔'rɪgərəs〕　☞ rigor *n.*

adj. 嚴格的　They were led through a *rigorous* training course. 他們接受了嚴格的訓練課程。

☑ **riot** 〔'raɪət〕　☞ riotous *adj.*

n. 騷動；　There was a *riot* at the scene of the crime.
暴亂　犯罪現場引起了一陣騷動。

☑ **ripple** 〔'rɪpl̩〕　☞ rippling *adj.*

n. 漣漪　She could see her reflection in the *ripples* in the pool. 她可以在池塘的漣漪裏看見自己的倒影。

☑ **robbery** 〔'rɑbərɪ〕　☞ rob *v.*

n. 搶刼　*Robbery* is becoming more and more frequent in the city. 搶刼在城市裏愈來愈頻繁。

☑ **rogue** 〔rog〕

n. 流浪漢；　For some reason, they all liked the old *rogue*.
惡棍　爲了某種原因，他們都喜歡那個老流浪漢。

☑ **rotate** 〔'rotet〕　☞ rotation *n.*

v. 旋轉　The captain *rotated* the wheel to the new course. 船長把船舵旋轉到新的航向。

☑ **rouse** 〔rauz〕　☞ rousing *adj.*

v. 喚醒；　He couldn't *rouse* his sleeping brother.
激起　他無法喚醒熟睡的弟弟。

☑ **routinely** 〔ru'tinlɪ〕　☞ routine *n.* 例行公事

adv. 例行地　She *routinely* drank a cup of milk at bedtime. 按照慣例，她睡前都會喝杯牛奶。

☑ **rubbish** 〔ˈrʌbɪʃ〕 ☞ rubbishy *adj.*

n. 垃圾

He took all the **rubbish** in the cans to the dump. 他把筒裏的垃圾拿去垃圾場丟 。

* dump〔dʌmp〕*n.* 垃圾場

☑ **rubble** 〔ˈrʌbl̩〕 ☞ rubbly *adj.*

n. 瓦礫

All that was left of the building after the explosion was a pile of **rubble**.
爆炸之後，整棟建築物只剩一堆瓦礫 。

☑ **ruin** 〔ˈruɪn〕 ☞ ruined *adj.*

n. 毀滅；
廢墟

The plane lay in **ruins** at the base of the mountain. 那架飛機殘骸遺留在山脚下 。

☑ **rumble** 〔ˈrʌmbl̩〕 ☞ rumbly *adj.*

v. 發出隆
隆聲

As he turned the ignition on, the engine **rumbled** into life.
他一打開點火電門，引擎就開始啓動，隆隆作響 。

* ignition〔ɪgˈnɪʃən〕*n.* 點火電門

☑ **rustic** 〔ˈrʌstɪk〕 ☞ rustically *adv.*

adj. 鄉村的；
質樸的

They enjoyed the natural, **rustic** life of the mountaineers.
他們喜歡山地人自然而質樸的生活 。

* mountaineer〔ˌmauntn̩ˈɪr〕*n.* 山地人；登山者

☑ **ruthless** 〔ˈruθlɪs〕 ☞ ruthlessness *n.*

adj. 殘忍的；
無情的

He was a **ruthless** assassin; he would kill anyone in cold blood for money.
他是個冷酷的殺手；爲了錢，他可以冷血地殺掉任何人。

* assassin〔əˈsæsɪn〕*n.* 殺手；刺客

☆ EXERCISE 60 ☆

1. He_____the court's judgement and set the prisoner
   free.　(淡江,中正)
   (A) obtained　(B) avoided　(C) release　(D) reversed

2. After several_____, the paper was perfect.　(台大,中興,淡江)
   (A) mistakes　(B) retreat　(C) visions　(D) revisions

3. They are trying to_____the faltering economy.　(台大,文化)
   (A) relive　(B) revive　(C) improving　(D) survive

4. Galileo gathered evidence that the Earth_____around
   the Sun.　(台大,政大)
   (A) mounds　(B) circular　(C) revolves　(D) rifts

5. Their feet tapped the floor to the_____.　(政大)
   (A) rhetoric　(B) rhythm　(C) ridicule　(D) beating

6. The drill instructor put them through a_____obstacle
   course.　(台大,政大,文化,淡江)
   (A) rive　(B) ripple　(C) rigorous　(D) roughly

7. They_____schedules on a monthly basis.　(台大,淡江,中正)
   (A) rogue　(B) rotated　(C) rubble　(D) roused

8. She was_____in her revenge against him.　(政大,文化)
   (A) ruin　(B) ruthless　(C) rustic　(D) hostage

☑ **sacrifice** 〔'sækrə,faɪs 〕
v., n. 犧牲

He *sacrificed* his life to save the drowning child. 他爲救那個溺水的小孩而犧牲了生命。

☑ **safeguard** 〔'sef,gɑrd 〕
v., n. 保護
n. 保鑣

The soldiers were stationed there to *safeguard* the village from possible enemies.
士兵駐守在當地以保護村莊不受任何敵軍的侵襲。

　　＊ station 〔'steʃən 〕 *v.* 布署；使駐紮

☑ **saga** 〔'sɑgə 〕
n. 歷史故事；
　　冒險故事

Leo Tolstoy's "War and Peace" is a *saga* of a society torn by conflict and change.
托爾斯泰的「戰爭與和平」一書，描寫一個社會被衝突與鉅變所瓦解的事蹟。

☑ **salutary** 〔'sæljə,tɛrɪ 〕　　☞ salutarily *adv.*
adj. 有益的

The defeat was a deserved punishment; but it also served as a *salutary* lesson.
這次失敗是應得的懲罰，但也是一個很好的教訓。

☑ **sanctify** 〔'sæŋktə,faɪ 〕　☞ sanctification *n*.

v. 使神聖；
認可

According to Catholic Church rules, marriages have to be ***sanctified*** in a church by a Catholic priest.

根據天主教教會的規矩，結婚必須在教堂裏由牧師證婚。

☑ **sanction** 〔'sæŋkʃən 〕　☞ sanctionative *adj*.

n. 批准；
認可

It was only after several months that our proposal was given official ***sanction***.

我們的提議僅在數月之後，即獲得官方的批准。

☑ **sanctuary** 〔'sæŋktʃʊ,ɛrɪ 〕　☞ sanctuarize *v*.

n. 庇護所；
聖殿

She wants to turn her garden into a bird ***sanctuary***.

她要讓她的花園變成小鳥的庇護所。

☑ **sanitize** 〔'sænə,taɪz 〕　☞ sanitization *n*.

v. 衛生處理；
消毒

It is essential to keep one's home well ***sanitized*** in order to live a healthy life.

爲了健康地生活，家裏必須保持良好的衛生。

☑ **sarcasm** 〔'sɑrkæzəm 〕　☞ sarcastic *adj*.

n. 譏諷

Her remarks are full of ***sarcasm***; no one can stand her.

她的言論充滿嘲諷，没有人能忍受她。

☑ **sardonic** 〔 sɑr'dɑnɪk 〕 ☞ sardonically *adv*.
   adj. 諷刺的

Dan's weak attempts at humour were met by nothing but a few scattered pockets of **sardonic** laughter.

丹企圖想幽默一下,但失敗了,只換來幾聲零零落落的嘲笑聲。

    * pocket 〔'pɑkɪt 〕 *n*. 袖珍的;小型的

☑ **satellite** 〔'sætḷˌaɪt 〕 ☞ satellited *adj*.
   n. 人造衛星

The Olympic Games were transmitted by **satellite** throughout the world.

奧運會透過人造衛星,播送到全世界。

☑ **satirical** 〔 sə'tɪrɪkḷ 〕 ☞ satire *n*.
   adj. 諷刺的

His **satirical** speech was full of mockery and irony.

他語帶諷刺的言論,充滿譏笑和嘲諷。

    * mockery 〔'mɑkərɪ 〕 *n*. 嘲笑   irony 〔'aɪrənɪ 〕 *n*. 諷刺

☑ **satisfactory** 〔ˌsætɪs'fæktərɪ 〕 ☞ satisfaction *n*.
   adj. 令人滿意的

After the check-up, the doctor described his general state of health as fairly **satisfactory**.

體檢完之後,醫生說他大致的健康狀況相當良好。

☑ **scald** 〔 skɔld 〕
   v. 燙
   n. 燙傷

After the coffee was cool enough not to **scald** my lips, I started drinking it.

等到咖啡稍涼不燙嘴時,我才開始喝。

☑ **scale** 〔 skel 〕

　　n. 規模

A job of such gigantic *scale* requires an enormous amount of fund.

如此大規模的工作需要巨額的資金。

　　＊ gigantic 〔 dʒaɪˈgæntɪk 〕 *adj.* 龐大的
　　　 fund 〔 fʌnd 〕 *n.* 資金

☑ **scandal** 〔ˈskændl 〕　♂ scandalous *adj.*

　　n. 醜聞；
　　　　恥辱

The reputation of the minister was immaculate, except for a minor *scandal*.

除了一點小小的醜聞之外，這位部長的聲譽極佳。

　　＊ immaculate 〔 ɪˈmækjəlɪt 〕 *adj.* 無瑕的

☑ **scant** 〔 skænt 〕　♂ scanty *adj.*

　adj. 欠缺的

It is a shame that the campaign was conducted with *scant* regard for truth and less for justice.

指揮此次活動時，對事實的考慮不足，更缺乏公正，真是可恥。

☑ **scarcity** 〔ˈskɛrsətɪ 〕　♂ scarce *adj.*

　　n. 不足；
　　　　缺乏

Foods were in great *scarcity* during the famine. 饑荒時食物嚴重缺乏。

　　＊ famine 〔ˈfæmɪn 〕 *n.* 饑荒

☑ **scare** 〔 skɛr 〕　♂ scared *adj.*

　　v. 驚嚇

Jim is *scared* to death that he might not pass the exam.

吉姆爲了他可能無法通過考試，怕得要死。

☑ **scatter** 〔'skætə 〕　☞ scattering *adj*.
　v. 撒；散播

As soon as she **scattered** the seeds, flocks of pigeons came fluttering by to feed on them.
她一把種子撒出去，就有成羣的鴿子在旁拍動翅膀盤旋，準備要吃。

☑ **scent** 〔 sɛnt 〕　☞ scentful *adj*.
　n. 氣味

The hunting dog sniffed the air, trying to pick up the **scent** of the prey.
獵犬在嗅空氣中的味道，試著想聞出獵物的氣味。

　　＊ sniff〔snɪf〕*v*. 嗅　　prey〔pre〕*n*. 獵物

☑ **scope** 〔 skop 〕
　n. 範圍

His theories were so complicated that they were beyond the **scope** of an ordinary person's understanding.
他的理論太複雜了，超過常人的理解範圍。

☑ **scout** 〔 skaʊt 〕　☞ scouter *n*.
　v. 尋找；
　　偵察

I spend most of my time **scouting** around for books. 我的時間大部分都花在四處尋找書籍。

☑ **scramble** 〔'skræmbḷ〕
　v. 爬；
　　攀緣

The prisoners **scrambled** over the rocks and fled. 那些犯人爬過岩石逃走了。

☑ **scribble** 〔'skrɪbḷ〕　☞ scribbling *n*.
　v. 亂寫；
　　潦草書寫

Jim was **scribbling** away furiously, trying to finish the exam.
吉姆拼命地亂寫，想趕快考完試。

　　＊ furiously〔'fjʊrɪəslɪ〕*adv*. 狂暴地

☑ **scrub**〔 skrʌb 〕　☞ scrubbable *adj.*

v. 擦洗

No matter how much he ***scrubbed***, the stain on his shirt just wouldn't go away.

無論他多用力地擦洗，他襯衫上的污點就是洗不掉。

＊ stain〔 sten 〕*n.* 污點

☑ **scruffy**〔ˈskrʌfɪ〕

adj. 破舊的；
骯髒的

The child looked neglected, ***scruffy*** and unloved.

這個小孩看起來髒兮兮的，沒人理也沒人愛。

☑ **secession**〔 sɪˈsɛʃən 〕　☞ secede *v.*

n. 脫離；
退出

There were many ***secessions*** of small groups within the organization.

那個組織裏有許多小組退出了。

☑ **secluded**〔 sɪˈkludɪd 〕　☞ seclude *v.* 隔絕；隱居

adj. 被隔
絕的

The child was made to sit alone in a ***secluded*** corner of the classroom, as his punishment for not doing his homework.

那個小孩因為沒做功課，被罰獨自坐在教室裏一個被隔開的角落裏。

☑ **section**〔ˈsɛkʃən〕　☞ sectional *adj.*

n. 區域；
部分

People from all ***sections*** of society came to attend the meeting.

來自社會各階層的民衆都來參加這次會議。

☑ **sector** 〔'sɛktɚ 〕 ☞ sectorial *adj.*

  n. 部門

  The government's decision to raise taxes have greatly affected the businesses of the private *sector*.

  政府決定提高賦稅，已嚴重影響到民營企業。

☑ **secular** 〔'sɛkjəlɚ 〕 ☞ secularity *n.*

  adj. 住於俗
  世的；
  世俗的

  Secular priests live among ordinary people rather than in churches or monasteries.

  教區牧師與一般人一樣住在俗世中，而非住在教堂或修道院。

☆ EXERCISE 61 ☆

1. Parents often make_____for their children.　（台大,成大）
   (A) sacrifices　(B) origins　(C) missions　(D) manuscripts

2. She was given_____in a small room in the house.（台大）
   (A) safeguard　(B) rent　(C) bedding　(D) sanctuary

3. His_____often offended the others.　（中興,淡江）
   (A) mention　(B) sarcasm　(C) sardonic　(D) sap

4. They received the program via_____from America.
   (A) wires　(B) scalding　(C) satellite　(D) translator （台大,政大）

5. The judges rated the performers on a_____of 1 to 10.
   (A) rate　(B) issue　(C) scale　(D) squat　（淡江,成大,東海）

6. Food was＿＿＿＿＿during the long drought.（台大,中興,文化,成大）
(A) sparce　(B) scare　(C) scatter　(D) scarce

7. Such topics are not within the＿＿＿＿＿of this book.
(A) scope　(B) secular　(C) stadium　(D) fiction　　（政大,文化）

8. She＿＿＿＿＿a note to her lawyer during the trial.
(A) scouted　(B) scribbled　(C) scrubbed　(D) scented
（政大,文化,成大）

＊　　　　　＊　　　　　＊

☑ **segment** 〔ˈsɛgmənt 〕
n. 部分
A large *segment* of the population of that country now lives under poverty line.
那個國家的大部分居民生活低於貧戶水平。
＊ *poverty line* 貧戶水平線（低於此水平,即為貧戶）

☑ **segregation** 〔ˌsɛgrɪˈgeʃən 〕 ☞ segregate *v*.
n. 隔離
Racial *segregation* still exists in South Africa. 在南非仍有種族隔離的情形。

☑ **seize** 〔 siz 〕 ☞ seizable *adj*.
v. 沒收；
扣押
During the police raid, a lot of illegal goods were *seized*.
在警方的突擊行動中,沒收了很多非法物品。
＊ raid〔 red 〕 *n*. 突擊

☑ **senator** 〔'sɛnətɚ 〕 ☞ senatorial *adj.*

n. 參議員

During the last election, two female *senators* have been elected for the first time in American history.

在上次選舉中，有二位女性參議員當選，這是美國歷史上的頭一次。

☑ **sensation** 〔 sɛn'seʃən 〕 ☞ sensational *adj.*

n. 感情激動；
    感覺

A tremendous *sensation* was created when man first stepped on the moon.

當人類首次踏上月球時，引起了強烈的情緒激動。

☑ **sensitive** 〔'sɛnsətɪv 〕 ☞ sensitivity *n.*

adj. 敏感的

Being a *sensitive* person, he gets easily upset.

由於他十分敏感，所以很容易沮喪。

☑ **sentence** 〔'sɛntəns 〕

n. 判決；句子
v. 宣判

The death *sentence* has been abolished in many countries. 許多國家已經廢除了死刑。

　　* abolish 〔 ə'balɪʃ 〕 *v.* 廢止

☑ **sequence** 〔'sikwəns 〕 ☞ sequent *adj.*

n. 順序；
    繼續

A *sequence* of bad harvests took the wind out of the farmers' morale.

連續的穀物欠收使農民的士氣十分低落。

　　* *take the wind out of a person* 使某人失去力量

☑ **servile** 〔'sɜvl 〕 ☞ servility *n.*

adj. 奴隸的;
卑屈的

The boss wanted his workers to be *servile*;
when he said, " Jump ! " he expected them
to ask, " How high ? "
老板要他的員工服從;當他說:「跳!」時,他希望
他們會問:「要跳多高?」

☑ **session** 〔'sɛʃən 〕 ☞ sessional *adj.*

n. 開會;
會期

During our last *session* of the discussion, we
made several important decisions regarding
the matter.
在我們上次開會討論時,對於這件事我們做了幾項
重要的決定。

☑ **severe** 〔 sə'vɪr 〕 ☞ severity *n.*

adj. 嚴厲的

Such atrocious crimes deserve *severe* punish-
ment. 如此殘忍的罪行應該得到嚴厲的懲罰。

　　* atrocious 〔 ə'troʃəs 〕 *adj.* 殘忍的

☑ **sewage** 〔'sjuɪdʒ, 'su- 〕 ☞ sewer *n.* 下水道

n. 下水道
汚物

An out-dated *sewage* system could become a
source of hazard for the public.
老舊的下水道汚物處理系統,對大眾而言,可能會
成為災害的來源。

　　* hazard 〔'hezəd 〕 *n.* 危險

☑ **sexist** 〔'sɛksɪst 〕 ☞ sexism *n.*

adj. 歧視女
性的

She resented him for his *sexist*, chauvanistic
attitude.
她憎恨他歧視女性的沙文主義態度。

　　* chauvanistic 〔,ʃovɪn'ɪstɪk 〕 *adj.* 沙文主義的

☐ **shale** 〔 ʃel 〕
n. 頁岩

Unlike other rocks, when a piece of *shale* breaks, it splits into layers.
頁岩和其他岩石不同，當一塊頁岩破裂時，會裂成一層一層的薄片。

☐ **shear** 〔 ʃɪr 〕　☞ shearing *n*.
v. 剪羊毛；
　修剪

The sheep didn't stand still even for a minute while it was being *sheared*.
那隻綿羊在被剪毛時，連一分鐘也不肯站著不動。

☐ **sheer** 〔 ʃɪr 〕　☞ sheerness *n*.
adj. 純粹的；
　絕對的

Only by *sheer* luck did they make it to the performance on time.
他們能夠準時趕上表演，純粹是運氣。

☐ **shelter** 〔'ʃɛltɚ 〕　☞ sheltered *adj*.
n. 保護；
　遮蔽

We stood under the awning to get *shelter* from the rain. 我們站在遮篷下躲雨。
　＊ awning〔'ɔnɪŋ 〕*n*. 遮篷

☐ **shield** 〔 ʃild 〕　☞ shieldless *adj*.
v. 保護；
　防禦

He had to *shield* his eyes from the bright sun. 他必須保護眼睛，不受烈日的照射。

☐ **shift** 〔 ʃɪft 〕　☞ shiftable *adj*.
v. 移動

He was uncomfortable and kept *shifting* in his chair.
他覺得不自在，坐在椅子上一直動來動去。

☑ **shipwreck** 〔ˈʃɪpˌrɛk 〕

v. 船隻遇難

They were ***shipwrecked*** on an island for days without food or water until help arrived. 他們遇到船難被困在一個島上，沒有食物也沒有水，直到救援抵達。

☑ **shove** 〔 ʃʌv 〕

v. 推擠

She ***shoved*** and pushed her way to the front of the line. 她推推擠擠地擠到隊伍前面。

☑ **shrewd** 〔 ʃrud 〕   ☞ shrewdness *n.*

adj. 精明的

She is a ***shrewd*** bargainer and always gets the best price. 她非常精於討價還價，總是可以得到最好的價錢。

☑ **shrink** 〔 ʃrɪŋk 〕   ☞ shrinkable *adj.*

v. 收縮

Their clothes ***shrank*** when he washed them in hot water. 他用熱水洗衣服時，衣服都縮水了。

☑ **signature** 〔ˈsɪgnətʃɚ 〕   ☞ signatory *adj.*

n. 簽字

The school required a parent's ***signature*** before the student could attend the trip. 學生要參加旅行之前，學校要求要有家長的簽名。

☑ **signify** 〔ˈsɪgnəˌfaɪ 〕   ☞ signification *n.*

v. 表示

Spies ***signify*** their contacts with special, secret codes. 間諜以特殊的秘密暗語連絡。

　　* spy〔 spaɪ 〕*n.* 間諜　　contact〔ˈkɑntækt 〕*n.* 連絡
　　code〔 kod 〕*n.* 暗語

☑ **similarity** 〔,sɪmə'lærətɪ〕 ☞ similar *adj.*
　n. 相似

Their looks had a distinct ***similarity*** that made everyone think they were brothers.
他們的外表有明顯的相似之處，使得每個人都認為他們是兄弟。

☑ **simplistic** 〔sɪm'plɪstɪk〕
　adj. 過分簡
　　　化的

She could not understand their ***simplistic***, old-fashioned way of life.
她無法了解他們那種過於簡化的舊式的生活方式。

☑ **simultaneously** 〔,saɪml'tenɪəslɪ〕 ☞ simultaneous *adj.*
　adv. 同時地

The games were broadcasted around the globe ***simultaneously***. 這次的比賽在全球同步轉播。

☑ **singular** 〔'sɪŋgjələ〕
　adj. 單獨的；
　　　個別的

The ***singular*** from of "geese" is "goose".
"geese" 的單數形是 "goose"。

☑ **sizable** 〔'saɪzəbl̩〕 ☞ sizably *adv.*
　adj. 相當
　　　大的

Buying a car is quite a ***sizable*** investment.
買車是一筆相當大的投資。

☑ **skeletal** 〔'skɛlətəl〕 ☞ skeleton *n.*
　adj. 骨骼的

His emaciated, ***skeletal*** condition scared many people.
他衰弱、骨瘦如柴的樣子嚇著了許多人。

　　* emaciated〔ɪ'meʃɪ,etɪd〕*adj.* 衰弱的
　　　scare〔skɛr〕*v.* 驚嚇

☑ **skyscraper** 〔'skaɪˌskrepə〕　☞ skyscraping *adj.*

　n. 摩天大樓　　The numerous *skyscrapers* obstructed their view of the mountain.

　　　許多的摩天大樓妨礙了他們看山的視線。

　　　　＊ obstruct〔əb'strʌkt〕*v.* 妨礙

☆ EXERCISE 62 ☆

1. They were in the middle of a＿＿＿＿＿hurricane.（台大,師大）
   (A) severe　(B) servile　(C) reported　(D) intruder

2. Her＿＿＿＿＿beauty was breathtaking.　　　　（台大,政大）
   (A) senator　(B) meager　(C) energetic　(D) sheer

3. He worked the late night＿＿＿＿＿at the factory.
   (A) sensation　(B) shove　(C) shift　(D) gear　（台大,師大,淡江,輔大）

4. The fox is known as a＿＿＿＿＿, cunning animal.
   (A) shrewd　(B) shroud　(C) charitable　(D) concord（政大,文化,淡江）

5. He thought his clothes had＿＿＿＿＿, but he was really
   gaining weight.　　　　　　　　　　　　　　　（淡江,交大）
   (A) widened　(B) shrunk　(C) selected　(D) diminished

6. I couldn't understand the＿＿＿＿＿of her book.　（政大,中興）
   (A) signature　(B) magnificence　(C) significance　(D) abundance

7. They arrived＿＿＿＿＿, both twenty-five minutes late.
   (A) vegeance　(B) lavish　(C) similarly　(D) simultaneously
   　　　　　　　　　　　　　　　　　　　　　（文化,中正,東海）

8. She was their one,＿＿＿＿＿hope for being saved.　（台大）
   (A) signal　(B) triangular　(C) numerous　(D) singular

☐ **slack** 〔 slæk 〕
v.鬆弛
adj.鬆弛的

Ann's parents were worried because she has been ***slacking*** off in her studies recently.
安最近對課業比較鬆懈令她的父母很擔心。

☐ **slanderous** 〔'slændərəs 〕　☞ slander *n*.
adj.毀謗的；
　　中傷的

The paper printed a ***slanderous*** article about the President.
報紙上刊出一篇毀謗總統的文章。

☐ **slang** 〔 slæŋ 〕　☞ slangy *adj*.
n.特殊用法；
　　俚語

People of a certain age-group and certain areas have their own ***slang***.
某個年齡層或某些地區的人會有他們自己的特殊用語。

☐ **slavery** 〔'slevərɪ 〕　☞ slave *n*.奴隸
n.奴隸制度

In ancient times, the use of ***slavery*** was widespread throughout the world.
在古代，奴隸制度的實行遍布全世界。

☐ **slay** 〔 sle 〕　☞ slayer *n*.
v.殺

The object of the ancient Roman sporting events was to ***slay*** your opponent.
在古羅馬時代，運動比賽的目標就是把對手殺死。

☐ **slim** 〔 slɪm 〕　☞ slimness *n*.
adj.微少的；
　　細長的

There was only a ***slim*** chance that they would survive. 他們能存活的機會渺茫。

☐ **slipshod** 〔'slɪp,ʃɑd 〕　☞ slipshodness *n*.

adj.隨便的

The teacher refused to grade a paper with such *slipshod* spelling errors.
老師拒絕批改那份報告，因爲寫得太過隨便，而有許多拼字錯誤。

☐ **slit** 〔 slɪt 〕　☞ slitty *n*.

n.縫隙

Light entered the hall through the *slit* under the door. 光線從門底下的縫隙照進大廳。

☐ **slogan** 〔'slogən 〕　☞ sloganize *v*.

n.標語；
口號

Their popular anti-war *slogans* were displayed all over the city.
他們的反戰標語很受歡迎，張貼在全市各地。
＊ display〔dɪ'sple〕*v*.展示

☐ **slope** 〔 slop 〕　☞ sloping *adj*.

n.斜坡

The ski *slopes* were crowded on that fine morning. 在那晴朗的早晨,滑雪斜坡上擠滿了人。

☐ **sloth** 〔 sloθ,slɔθ 〕　☞ slothful *adj*.怠惰的

n.怠惰；
樹獺

He never seems to be in a hurry; his movements are always *sloth*-like.
他似乎從來不會匆匆忙忙，他的動作總像樹獺一樣遲緩。

☐ **sluggish** 〔 'slʌgɪʃ 〕　☞ sluggishness *n*.

adj.怠惰的

She was always moody and *sluggish* in the morning. 她在早上總是易怒又懶散。
＊ moody〔'mudɪ〕*adj*.易怒的

☑ **smash** 〔 smæʃ 〕 ☞ smashing *adj.*

v. 重擊 ;
使破碎

He ragingly *smashed* his fist down on the
table. 他憤怒地一拳重擊在桌子上 。
* fist 〔 fɪst 〕 *n.* 拳頭

☑ **smolder** 〔 'smoldɚ 〕

v.,n. 悶燒

The wet logs *smoldered* and smoked, but
would not catch fire.
這些濕木頭在悶燒、冒煙 , 但不會著火 。

☑ **smother** 〔 'smʌðɚ 〕 ☞ smothery *adj.*

v. 覆蓋 ;
使窒息

Her grandmother *smothered* her with hugs
and kisses. 她的祖母不停地擁抱親吻她 。

☑ **smug** 〔 smʌg 〕 ☞ smugly *adv.*

adj. 自滿的 ;
得意的

They knew he had done something by the
smug expression on his face.
他們從他臉上得意的表情得知,他一定做了什麼事。

☑ **snack** 〔 snæk 〕

n. 點心

He often got up in the middle of the night
to have a midnight *snack*.
他常常在半夜起牀吃宵夜 。
* *midnight snack* 宵夜

☑ **snag** 〔 snæg 〕 ☞ snagged *adj.* 多障礙的 ; 受阻的

v. 絆住 ;
阻礙

Her coat got *snagged* on a branch and ripped.
她的外套鉤住樹枝 , 就裂開了 。
* rip 〔 rɪp 〕 *v.* 裂開

☐ **snap** 〔 snæp 〕

v. 使發出脆快之聲

The customer in the restaurant **snapped** his fingers to draw the attention of the waiters. 餐廳裏的顧客彈了一下手指，想引起服務生的注意。

☐ **sneeze** 〔 sniz 〕

n. 噴嚏
v. 打噴嚏

She tried, unsuccessfully, to stifle her **sneeze**. 她試著想忍住不打噴嚏，但沒用。

　＊ stifle 〔'staɪfḷ〕*adj.* 抑制；使窒息

☐ **snob** 〔 snɑb 〕　σ snobbish *adj.*

n. 自負的人；勢利者

He was a **snob**; he felt that he was better than everyone else.
他是個自以為了不起的人，總覺得自己比其他人都行。

☐ **soar** 〔 sor 〕　σ soaring *adj.*

v. 翱翔

The eagles **soared** high above them, riding the wind. 老鷹高飛在他們上空，乘風翱翔。

☐ **socialist** 〔'soʃəlɪst 〕　σ socialism *n.*

adj. 社會主義的

The **socialist** bloc countries of Eastern Europe are currently under serious economic stress and civil unrest.
東歐的社會主義集團國家最近正處於嚴重的經濟壓力和社會不安的情況下。

　＊ bloc 〔 blɑk 〕*n.* 集團

☐ **sojourn** 〔'sodʒɝn 〕　σ sojourner *n.*

n. 停留；寄居

Their **sojourn** at the Middle East was very exciting. 他們在中東停留的那段時間非常刺激。

☐ **solemnity** 〔 sə'lɛmnətɪ 〕　♂ solemn *adj.*

n. 嚴肅；
　　莊嚴

Many people view religious holidays with
serious *solemnity*.
許多人以莊重而嚴肅的態度來看待宗教性的節日。

☐ **solicit** 〔 sə'lɪsɪt 〕　♂ solicitor *n.*

v. 懇求

During the elections, everyday someone or
the other, landed up at our home, *soliciting*
for votes.
在選舉期間，每天都會有人到我們家懇請賜票。

☐ **solid** 〔'salɪd 〕　♂ solidify *v.*

adj. 固體的

When water freezes and becomes *solid*, we
call it ice.
水冰凍變成固體時，我們稱之為冰。

☐ **sophisticated** 〔 sə'fɪstɪ,ketɪd 〕　♂ sophisticate *v.*

adj. 複雜的

He did not know how to operate the *sophisti-
cated* machinery.
他不知如何操作複雜的機器。

☐ **sovereign** 〔'savrɪn,'sʌv- 〕　♂ sovereignty *n.*

adj. 至高無
　　上的；
　　至尊的

The *sovereign* queen of Great Britain is the
richest woman in the world.
英國女王是全世界最富有的女人。

☐ **spacecraft** 〔'spes,kræft 〕

n. 太空船

The Apollo *spacecraft* was on display at the
museum. 阿波羅號太空船在博物館展示中。

☆ EXERCISE 63 ☆

1. _____was abolished in the 1800s.   （台大）

   (A) Automobiles   (B) Sketch   (C) Slavery   (D) Delivery

2. A gentle_____ran up from the beach to the entrance of
   the villa.   （淡江）

   (A) envelope   (B) mountain   (C) slogan   (D) slope

3. They are such_____; they think they're better than
   everyone.   （台大,中山）

   (A) knobs   (B) snobs   (C) snacks   (D) sparrows

4. The child's kite_____in the breeze above him. （政大,中山）

   (A) roared   (B) squeezed   (C) sprinted   (D) soared

5. They_____filed out of the funeral service.   （成大）

   (A) riotously   (B) socially   (C) solemnly   (D) rarely

6. She had a good,_____background in art history.

   (A) sojourn   (B) solid   (C) liquid   (D) solicitor   （台大,師大,文化）

7. He did not know how to act around such_____diplomats.

   (A) fiscal   (B) spacecraft   (C) spare   (D) sophisticated.

                                          （台大,中興,淡江,中正）

8. They resigned as_____rulers of the tiny kingdom. （淡江）

   (A) sovereign   (B) soul   (C) superior   (D) span

☑ **span** 〔 spæn 〕

n. 範圍；
距離

She expanded her ***span*** of knowledge by read-
ing many different books.
她藉著閱讀許多不同的書籍來擴充知識領域。

☑ **spare** 〔 spɛr 〕　*σ* spareable *adj.*

v. 節約；撥
出（時間）

Since they were early and had time to ***spare***,
they took the longer but scenic route.
因為時間尚早，還有餘暇時間，所以他們走了比較
長但風景優美的那條路。

☑ **spark** 〔 spɑrk 〕

v. 激發；
散出火花

His controversial statement ***sparked*** off a
quarrel between the two parties.
他具有爭議性的說辭引起雙方的爭辯。

　　＊ controversial 〔͵kɑntrə'vɝʃəl 〕 *adj.* 爭論的

☑ **sparsely** 〔'spɑrslɪ 〕　*σ* sparse *adj.*

adv. 稀少地

Because of its extreme climate, the conti-
nent of Antarctica is ***sparsely*** populated.
由於氣候過於極端，南極大陸居民很少。

☑ **specialist** 〔'spɛʃəlɪst 〕　*σ* specialistic *adj.*

n. 專家

She was a ***specialist*** in that area of law.
有關那方面的法律，她是專家。

☑ **species** 〔'spiʃɪz 〕

n. 種類

Several ***species*** of animals are added to the
list of "Endangered Species" every year.
「瀕臨絕種生物」的名單上，每年都會增加幾種動
物。

☑ **specimen**〔'spɛsəmən〕

n.標本；
樣品

Lab studies on all the ***specimens*** of rocks from moon revealed no life-form on the moon.
從月球上採集回來的各種岩石標本，在實驗裏研究後顯示，月球上並沒有任何生命現象。

☑ **specious**〔'spiʃəs〕 ☞ speciosity *n*.

adj.華而不
實的

Everyone knows him too well to be carried away by his ***specious*** appearance.
每個人都太了解他了，根本不會被他虛偽的外表所矇騙。

☑ **spectacle**〔'spɛktəkl̩〕 ☞ spectacular *adj*.

n.奇觀；
景象

The sunrise as seen from the top of the mountain was such a tremendous ***spectacle***.
從山頂上看日出，眞是一幅壯觀的奇景。

☑ **speculation**〔ˌspɛkjə'leʃən〕 ☞ speculate *v*.

n.推想；
猜測

According to his ***speculations***, the workers would strike again in the near future.
根據他的猜測，那些工人不久又會罷工。

　　* strike〔straɪk〕*v*.罷工

☑ **spherical**〔'sfɛrəkl̩〕 ☞ sphere *n*.

adj.球形的

The X-ray detected a large, ***spherical*** object in her throat.
X光探測出她喉嚨中有一塊很大的球形物體。

☑ **spicy**〔'spaɪsɪ〕 ☞ spice *n*.

adj.辛辣的

India is famous for its ***spicy*** food.
印度以辛辣的食物聞名。

☐ **spider** 〔'spaɪdə 〕
n. 蜘蛛

The ***spider*** scampered across its web, towards the fly which was caught in it.
那隻蜘蛛很快地爬過它的網，朝那隻被抓住的蒼蠅爬去。
　　* scamper〔'skæmpə〕v. 疾走

☐ **spill** 〔 spɪl 〕　☞ spillage n.
n. 溢出；
　流出

The oil ***spill*** caused havoc on ocean life for miles around.
溢出的油對數哩範圍內的海洋生物造成極大的破壞。
　　* havoc〔'hævək〕n. 大破壞

☐ **spin** 〔 spɪn 〕　☞ spinning n., adj.
v. 紡織

She ***spun*** around on her chair when she heard him call her name.
當她聽到他在叫她名字時，她正坐在椅子上紡織。

☐ **spiral** 〔'spaɪrəl 〕
adj. 螺旋形
　　的；
　　盤旋的

The ***spiral*** staircase curved up the middle of the house.
螺旋形樓梯在房子中央盤旋而上。

☐ **spirit** 〔'spɪrɪt 〕
n. 精神

Their ***spirits*** improved after the exams were over. 考完試，他們的精神又恢復了。

☐ **spit** 〔 spɪt 〕
v. 吐出；
　唾吐

The pill was so bitter that I had to ***spit*** it out as soon as I put it in my mouth.
這藥實在太苦了，所以我一放進嘴裏，馬上就吐出來。

☑ **splendid** 〔'splɛndɪd 〕 ☞ splendor *n*.

  adj. 極佳的；
  壯麗的

They gave ***splendid*** performances night after night. 他們每晚都有精采的演出。

☑ **split** 〔 splɪt 〕 ☞ splitting *adj*.

  v. 分裂；
  劈開

The committee was ***split*** evenly between the two sides. 委員會剛好分爲兩邊。

☑ **sponsor** 〔'spɑnsɚ 〕 ☞ sponsorial *adj*.

  n. 贊助者

The orphanage is patronized by ***sponsors*** from all over the world.
這所孤兒院由世界各地的贊助者資助。

  * orphanage 〔'ɔrfənɪdʒ 〕 *n*. 孤兒院
    patronize 〔'petrən,aɪz 〕 *v*. 援助；資助

☑ **spontaneous** 〔 spɑn'tenɪəs 〕 ☞ spontaneity *n*.

  adj. 自然的；
  自發的

They never planned anything out; everything was always ***spontaneous***.
他們從未計畫什麼；每件事都是自然發生的。

☑ **spouse** 〔 spauz 〕

  n. 配偶

She introduced her ***spouse*** to all her friends.
她把丈夫介紹給她所有的朋友認識。

☑ **sprawl** 〔 sprɔl 〕

  v. 仰臥

The drunkard ***sprawled*** on the roadside, oblivious to the world around him.
那個醉漢四肢伸開仰躺在路旁，遺忘了他周圍的世界。

  * oblivious 〔 ə'blɪvɪəs 〕 *adj*. 忘記的

☐ **squash** 〔 skwɑʃ 〕 ☞ squashy *adj.*

v. 壓爛；
壓扁

He **squashed** the bug with the heel of his shoe. 他用鞋跟把小蟲踩扁了。

    * bug 〔 bʌg 〕 *n.* 小蟲

☐ **squat** 〔 skwɑt 〕 ☞ squatter *n.*

v. 蹲踞

They all **squatted** around the fire and tried to get warm. 他們都蹲著，圍在火邊想取暖。

☐ **squeezer** 〔'skwizɚ 〕 ☞ squeeze *v.*

n. 榨汁機

They used a **squeezer** to make fresh orange juice. 他們用榨汁機來榨新鮮的柳橙汁。

☐ **stability** 〔 stə'bɪlətɪ 〕 ☞ stable *adj.*

n. 穩定

What people need in a government is **stability**. 對於政府，人民所需要的是穩定。

☐ **stack** 〔 stæk 〕

v. 堆積
n. 堆

The books were neatly **stacked** in even piles. 這些書很整齊平均地堆成幾堆。

☐ **stadium** 〔'stedɪəm 〕

n. 露天運
動場

Many new **stadiums** were built in preparation for the Olympic Games.
許多新的露天運動場都是為了準備奧運而建。

☐ **stagger** 〔'stægɚ 〕 ☞ staggeringly *adv.*

v. 蹣跚；
搖擺

The drunken man **staggered** back to his home in the early hours of the morning.
那個醉漢在清晨時才搖搖擺擺地走回家。

☆ EXERCISE 64 ☆

1. That_____of bird has been extinct for years.　（逢甲）
   (A) splash　(B) specious　(C) stagnant　(D) species

2. The sunrise today was a splendid_____.　（政大,中興）
   (A) spectacle　(B) obstacle　(C) arrangement　(D) spoilage

3. The morning dew glistened off the_____web.　（台大,師大）
   (A) sponsor　(B) spill　(C) spider　(D) sender

4. The plane_____out of control and crashed.　（台大,政大,文化）
   (A) whirl　(B) spit　(C) sprinkled　(D) spiralled

5. The orchestra gave a_____performance last night.　（師大）
   (A) sporting　(B) splendid　(C) spirit　(D) sponsor

6. There was a_____outburst of laughter from the crowd.
   (A) spontaneous　(B) squat　(C) sprawling　(D) courteous
   　　　　　　　　　　　　　　　　　（台大,中正）

7. The patient was listed as being in_____condition.
   (A) constable　(B) medium　(C) stable　(D) weakened　（台大,中興）

8. She_____the books back on the shelf.　（台大,淡江）
   (A) placement　(B) stadium　(C) stacked　(D) stagger

9. The drunken worker_____home late at night.　（師大,政大）
   (A) sprinted　(B) dagger　(C) triggered　(D) staggered

☑ **stain** 〔 sten 〕   ☞ stained *adj.*
  v. 染汚
  n. 汚點
He *stained* his new shirt with grape juice
out of carelessness.
他一不小心,新襯衫就被葡萄汁弄髒了。

☑ **stake** 〔 stek 〕
  n. 賭注
  v. 以～爲
    賭注
Their very lives were at *stake* in this situa-
tion. 在這個情況下,他們的生命垂危。
    * *at stake* 瀕於危險

☑ **stammer** 〔'stæmɚ 〕   ☞ stammerer *n.*
  v. 口吃
He was so nervous that he kept *stammering*
and stuttering.
他太緊張了,所以一直口吃,說話結結巴巴。
    * stutter 〔'stʌtɚ 〕 *v.* 口吃;結巴

☑ **standardize** 〔'stændɚd,aɪz 〕   ☞ standarization *n.*
  v. 標準化;
    規格化
Standardized products are usually cheaper
than hand-made articles.
規格化的產品通常比手工製造的物品便宜。

☑ **standstill** 〔'stænd,stɪl,'stænstɪl 〕
  n. 停頓
The match was at a *standstill*, neither side
taking the offensive.
這場比賽陷入停頓狀態,雙方都不發動攻勢。
    * *take the offensive* 發動攻勢

☑ **startle** 〔'startl̩ 〕   ☞ startling *adj.*
  v. 使驚愕
She was *startled* by the loud crash outside.
外面巨大的碰撞聲把她嚇了一跳。

☑ **starvation** 〔 stɑr'veʃən 〕　☞ starve *v.*

n. 餓死；　　　Many infants die of ***starvation*** in some of
　　飢餓　　　　the Third World countries.
　　　　　　　　在一些第三世界國家中，有很多嬰孩餓死。

☑ **statesman** 〔'stetsmən 〕　☞ statesmanship *n.* 政治才能

n. 政治家　　　He was an elderly ***statesman*** who was re-
　　　　　　　　spected by most of the political leaders of
　　　　　　　　his time.
　　　　　　　　他是位資深的政治家，在當時大部分的政治領導人
　　　　　　　　物都很尊敬他。

☑ **static** 〔'stætɪk 〕　☞ statically *adv.*

n. 靜電　　　　***Static*** disturbances in the transmission
adj. 靜態的　　caused the picture on the TV screen to
　　　　　　　　flicker.
　　　　　　　　傳送時的靜電干擾使得電視螢幕的畫面閃爍不定。
　　　　　　　　＊ flicker〔'flɪkɚ〕*v.* 搖曳

☑ **stationary** 〔'steʃənˌɛrɪ 〕　☞ stationarily *adv.*

adj. 固定的　　The troops, as ordered, remained ***stationary***
　　　　　　　　and did not leave their posts.
　　　　　　　　軍隊遵照命令按兵不動，堅守崗位。

☑ **statistics** 〔 stə'tɪstɪks 〕　☞ statistic *adj.*

n. 統計學；　　She studied ***statistics*** in summer school.
　　統計數字　　她在暑期學校裏修統計學。

☑ **statue** 〔'stætʃʊ 〕　☞ statuelike *adj.*

n. 雕像　　　　After she died, a ***statue*** was erected in her
　　　　　　　　memory. 在她死後，爲了紀念她而豎立一座雕像。

☑ **stature** 〔 ˈstætʃɚ 〕

n. 身材

His tall *stature* made him a formidable opponent . 他的身材高大，是個強勁的對手 。

* formidable 〔 ˈfɔrmɪdəbl̩ 〕 *adj.* 頑強的

☑ **steer** 〔 stɪr 〕 σ steerer *n.*

v. 駕駛

They had to *steer* the ship carefully around the rocky coast.
他們必須小心駕船，繞過這片多岩石的海岸 。

☑ **sterile** 〔 ˈstɛrəl 〕 σ sterilize *v.*

adj. 消毒的；
　　貧瘠的

They used a new *sterile* needle for each injection.
他們每次注射，都使用新的、消過毒的針頭 。

☑ **stern** 〔 stɜn 〕 σ sternness *n.*

adj. 嚴格的；
　　堅決的

He was a *stern* coach who expected the best from his athletes.
他是位極嚴格的教練，期望他的選手有最好的表現。

☑ **stiffen** 〔 ˈstɪfən 〕 σ stiff *adj.*

v. 使硬；
　　使堅強

Her back *stiffened* from sitting on the hard chair too long.
因為坐硬椅子坐太久，她的背部都僵硬了 。

☑ **stimulate** 〔 ˈstɪmjəˌlet 〕 σ stimulation *n.*

v. 刺激；
　　激勵

He tried to *stimulate* some interest in his proposal . 他設法讓一些人對他的提議感興趣 。

☑ **sting**〔 stɪŋ 〕　☞ stinging *adj.* 刺痛的
　n. 刺傷；螫
A bee ***sting*** can often swell up and be
irritating.
被蜜蜂螫傷之處常常會腫起來，而且很難受。

*　irritating〔'ɪrə,tetɪŋ〕*adj.* 刺激的；惱人的

☑ **stingy**〔'stɪndʒɪ〕　☞ stinginess *n.*
　adj. 吝嗇的
They were very ***stingy*** with their money and
never spent more than what was absolutely
necessary.
他們用錢非常吝嗇，除非必要否則絕不會多花一毛
錢。

☑ **stipulation**〔,stɪpjə'leʃən〕　☞ stipulate *v.*
　n. 約定；
　　規定
Her ***stipulation*** that he go to bed early was
not taken seriously.
她規定他要早睡，但他並沒有嚴格遵守。

☑ **stoical**〔'stoɪkl̩〕　☞ stoicalness *n.*
　adj. 堅忍的
He respected and admired her for her ***stoical***
sojourn. 她寄居時的堅忍令他尊敬又仰慕。

*　sojourn〔'sodʒɜn〕*n.* 寄居

☑ **stoop**〔 stup 〕　☞ stoopingly *adv.*
　v. 卑屈；
　　屈身
He is a man with no moral scruples; he would
stoop to anything just to make money.
他這個人沒有道德上的顧忌；為了賺錢，他可以對
任何事屈服。

*　scruple〔'skrupl̩〕*n.* 顧忌

☑ **strait** 〔 stret 〕

　n. 海峽

The ships passed through the ***Strait*** of Gibraltar. 這艘船通過了直布羅陀海峽。

☑ **strategy** 〔'strætədʒɪ 〕　☞ strategic *adj.*

　n. 戰略

They had to employ a new ***strategy***; the old one didn't work.

他們必須採取新的戰略；舊的戰略無效。

☑ **stray** 〔 stre 〕

　adj. 漂泊的；
　　　迷失的

There are many ***stray*** dogs roaming the streets of Taipei.

有很多流浪的野狗在台北街頭遊蕩。

☑ **strengthen** 〔'strɛŋθən 〕　☞ strength *n.*

　v. 加強

He ***strengthened*** his body by exercising everyday. 他每天運動鍛鍊身體。

☑ **stress** 〔 strɛs 〕　☞ stressful *adj.*

　n. 壓力；
　　強調

She was under too much ***stress***, she needed a break. 她的壓力太大了，她需要休息。

　　＊ break 〔 brek 〕 *n.* 休息時間

☑ **stride** 〔 straɪd 〕　☞ stridingly *adv.*

　n. 大步；
　　邁步

She walked into the room with confident ***strides***. 她以充滿自信的步伐走進房間。

✩ EXERCISE 65 ✩

1. The knock on the door＿＿＿＿＿＿her.　　　（台大,淡江）
   (A) nestled　(B) stammered　(C) startled　(D) rustled

2. After three days without food, they were＿＿＿＿＿＿.
   (A) striving　(B) starving　(C) standstill　(D) surviving
   （台大,政大,中興,文化,東海）

3. Her tall, elegant＿＿＿＿＿＿ made her easy to find in the
   crowd.　　　　　　　　　　　　　　　　（台大,輔大）
   (A) static　(B) status　(C) stature　(D) statue

4. Praise can he a＿＿＿＿＿＿to further efforts.（文化,淡江,輔大）
   (A) stern　(B) stimulus　(C) simulate　(D) stimulate

5. They were very＿＿＿＿＿＿and strict with their children.
   (A) stern　(B) straight　(C) grapple　(D) stiffen　　（台大）

6. The＿＿＿＿＿＿old man would never donate to charity.
   (A) extravagant　(B) miser　(C) stable　(D) stingy　（師大,中興）

7. He was under too much＿＿＿＿＿＿and needed a vacation.
   (A) stress　(B) strengthen　(C) communication　(D) grind
   （台大,師大,政大,淡江,中山,輔大）

8. The soldiers marched in perfectly timed＿＿＿＿＿＿.
   (A) marches　(B) strides　(C) strays　(D) strategy　（台大,政大）

☑ **striking** 〔'straɪkɪŋ 〕 ☞ strikingly *v*.

  adj. 引人注
     意的

Everyone admired him for his ***striking*** appearance and good looks.
每個人都仰慕他引人注意的英俊外表。

☑ **string** 〔 strɪŋ 〕

  n. 線；一串

He gave her a beautiful ***string*** of pearls.
他給她一串很美麗的珍珠。

☑ **strip** 〔 strɪp 〕 ☞ strippable *adj*.

  v. 剝奪；
     脫去

He was ***stripped*** of his rank after they found out about his scandal.
他們發現他的醜行後，他的官階就被取消了。

☑ **struggle** 〔'strʌgl 〕

  v. 努力；
     掙扎

He had to ***struggle*** day and night with his books just to pass the exam.
他必須日以繼夜地努力念書才能通過考試。

☑ **stun** 〔 stʌn 〕 ☞ stunning *adj*.

  v. 使吃驚

He was ***stunned*** to see her again after all these years.
這麼多年後再見到她，令他很吃驚。

☑ **stupid** 〔'stjupɪd 〕 ☞ stupidity *n*.

  adj. 愚蠢的

They rejected his ideas as ***stupid*** and immature.
他們覺得他的想法既愚蠢又不成熟，因而拒絕了他。

    ＊ reject 〔 rɪ'dʒɛkt 〕*v*. 拒絕

☑ **sturdy** 〔'stɜdɪ 〕　☞ sturdiness *n.*

adj. 堅強的

They bought the car for its ***sturdy***, solid construction.

他們買了這部車，因為它構造十分堅固。

☑ **subconsciously** 〔 sʌb'kɑnʃəslɪ 〕　☞ subconsciousness *n.*

adv. 潛意
識地

Subconsciously, they knew what was right for them.

他們潛意識裏知道什麼對他們是對的。

☑ **submarine** 〔 'sʌbmə,rin 〕 *n.*　〔 ,sʌbmə'rin 〕 *adj.*

n. 潛水艇
adj. 海底的

The ***submarine*** remained under water for three months. 那艘潛水艇在水底下停留了三個月。

☑ **submerge** 〔 səb'mɜdʒ 〕　☞ submergence *n.*

v. 淹没

The ship soon got ***submerged*** in sea after it was hit by a missile.

那艘船被飛彈擊中後，很快就沈到海裏了。

☑ **submission** 〔 səb'mɪʃən 〕　☞ submit *v.*

n. 降服；
歸順

Their enemies were brought to ***submission***.

他們的敵人投降了。

☑ **subordinate** 〔 sə'bɔrdnɪt 〕

n. 屬下
adj. 附屬的

His ***subordinates*** showed little respect for his rank. 他的部屬並不太尊重他的地位。

☑ **subscribe** 〔 səb'skraɪb 〕　☞ subscription *n.*

v. 訂閱；
捐助

They ***subscribed*** to several magazines every year. 他們每年都訂閱好幾份雜誌。

☑ **subsidize** 〔'sʌbsə,daɪz 〕 ☞ subsidy *n.* 補助金

v. 資助；
津貼

Her education was ***subsidized*** by the government. 她的教育是由政府補助的。

☑ **subsistence** 〔 səb'sɪstəns 〕 ☞ subsist *v.*

n. 生存；
生活

Subsistence is not possible under such conditions. 在這樣的情況下，要生存是不可能的。

☑ **substantial** 〔 səb'stænʃəl 〕 ☞ substance *n.* 實質；物質

adj. 豐富的；
實際的

She left him a ***substantial*** sum of money.
她留給他一大筆錢。

☑ **substantive** 〔'sʌbstəntɪv 〕

adj. 實際的

She argued that they were avoiding the more
substantive issues.
她爭辯說，他們是在規避更實際的問題。

　　 ＊ issue 〔'ɪʃʊ 〕 *n.* 問題；爭論點

☑ **substitute** 〔'sʌbstə,tjut 〕

n. 代替者
v. 代替

No one paid attention to the ***substitute***
teacher. 沒有人注意代課老師所說的話。

☑ **subtle** 〔'sʌtl 〕 ☞ subtlety *n.*

adj. 敏銳的；
微妙的

He was ***subtle*** in his criticism of the book.
他對那本書的批評敏銳而且細微。

☑ **subtract** 〔 səb'trækt 〕 ☞ subtraction *n.*

v. 扣除；
減損

When we ***subtract*** two from five, we are
left with three. 五減二等於三。

☑ **succession** 〔 səkˈsɛʃən 〕 ☞ successive *adj.*

n. 連續

Her words came out in quick ***succession***.
她說話速度很快。

☑ **suffer** 〔ˈsʌfɚ 〕 ☞ suffering *n.,adj.*

v. 受苦

Many have ***suffered*** at the hands of unjust
political leaders.
很多人因受不公平的政治領袖統治而受苦。

☑ **sufficient** 〔 səˈfɪʃənt 〕 ☞ sufficiency *n.*

adj. 足夠的

That sum of money is ***sufficient*** to live on.
那筆錢足夠生活。

☑ **suffocation** 〔 ˌsʌfəˈkeʃən 〕 ☞ suffocate *v.*

n. 窒息

The autopsy found the cause of death to be
suffocation. 驗屍報告指出死因是窒息。

　　　　* autopsy〔ˈɔtɑpsɪ〕*n.* 驗屍

☑ **sully** 〔ˈsʌlɪ 〕

v. 使玷污
n. 污點

His image was ***sullied*** by the recent scandal.
他的形象被最近的醜聞給玷污了。

　　　　* scandal〔ˈskændl〕*n.* 醜聞

☑ **sultry** 〔ˈsʌltrɪ 〕 ☞ sultrily *adv.*

adj. 性感的；
　　悶熱的

She sang in a low, ***sultry*** voice.
她的歌聲低沈且性感。

☑ **summary** 〔'sʌmərɪ〕 ☞ summarize *v*.

　n.摘要

He never read the book, just the **summary** in the back.

他從未看過那本書，只看過書後的摘要。

☑ **summit** 〔'sʌmɪt〕

　n.山頂

It took them all day to hike to the **summit**.

他們花了一整天的時間才走到山頂。

　　　＊ hike〔haɪk〕*v*.徒步旅行

☑ **summon** 〔'sʌmən〕 ☞ summoner *n*.

　v.召喚；
　　傳喚

She was **summoned** by a phone call to rush to the hospital immediately.

有一通電話打來，要她立刻趕去醫院。

☑ **superficial** 〔,supə'fɪʃəl,,sju-〕 ☞ superficially *adv*.

　adj.膚淺的；
　　表面的

Don't be blinded by such **superficial** details such as clothes and looks.

別被如此表面的細節，如衣服、外表等所矇蔽。

☑ **superiority** 〔sə,pɪrɪ'ɔrətɪ〕 ☞ superior *adj*.

　n.優越

He was despised by his fellow workers for his attitude of **superiority**.

他的同事都鄙視他，因爲他的態度十分高傲。

☑ **superstition** 〔,supə'stɪʃən〕 ☞ superstitious *adj*.

　n.迷信

The Chinese are known to believe in a lot of **superstitions**. 大家都知道中國人非常迷信。

☆ EXERCISE 66 ☆

1. The young man had_____good looks.　　　（師大）
   (A) nominal　(B) safety　(C) striking　(D) figurative

2. The_____dove down deeper into the ocean.　（台大,成大）
   (A) submerge　(B) sample　(C) yacht　(D) submarine

3. He_____his report to his superiors.　　（台大,政大,淡江）
   (A) subscribed　(B) subdued　(C) subordinate　(D) submitted

4. "Sweet and Low" is a_____for real sugar.（師大,中興,淡江）
   (A) smuggle　(B) sponsor　(C) substitute　(D) saffire

5. He did not pick up on her_____hints of flirtation.
   (A) blaring　(B) subtle　(C) naive　(D) simplistic　（台大,政大）

6. A_____of accidents slowed down traffic.　　（政大,中山）
   (A) succession　(B) serious　(C) soothe　(D) numerous

7. Lack of_____funding was one of the greatest diffi-
   culties.　　　　　　　　　　　　　　　　　（淡江,交大）
   (A) sufficient　(B) prosperous　(C) expensive　(D) sully

8. The leader_____all the people for a meeting.　（文化,中山）
   (A) sublimed　(B) summary　(C) summoned　(D) struggled

9. Their_____at the sport was impressive.　　（台大,政大）
   (A) managing　(B) superficial　(C) surmount　(D) superiority

☐ **supervise** 〔 ͵supəˈvaɪz 〕 ☞ supervisor *n*.

v. 監督；　　She **supervised** every part of the project.
指導　　　她指揮監督這項計畫的每一部分。

☐ **supplant** 〔 səˈplænt 〕 ☞ supplantment *n*.

v. 取代　　Solar power may someday **supplant** fossil
　　　　fuels. 太陽能總有一天會取代化石燃料。

☐ **supple** 〔ˈsʌpl̩ 〕 ☞ supplely *adv*.

adj. 柔和的；　He gawked at her **supple** beauty and grace.
柔軟的　　她的柔美優雅使他看呆了。

　　　　　＊ gawk〔 gɔk 〕*v*. 呆看

☐ **supplement** 〔ˈsʌpləͺmɛnt 〕 ☞ supplementary *adj*.

v. 補充　　He took vitamins to **supplement** his poor
　　　　diet. 他吃維他命以補充飲食的不足。

☐ **supplicant** 〔ˈsʌplɪkənt 〕 ☞ supplicate *v*.

n. 懇求者　He came as a **supplicant**, begging for her
　　　　help. 他以懇求者的身份來求她幫助。

☐ **suppose** 〔 səˈpoz 〕 ☞ supposedly *adv*.

v. 假定；　All the players are **supposed** to know the
必須有　　rules of the game.
　　　　所有的選手都應該要知道比賽規則。

　　　　　＊ *be supposed to* ～ 應該要～

☐ **suppress** 〔 səˈprɛs 〕 ☞ suppression *n*.

v. 克制；　She had to **suppress** her feelings for now.
平定　　　她現在必須克制自己的感情。

☑ **supreme** 〔 sə'prim ,su- 〕　☞ supremacy *n.*

　*adj.*至高的

He was given *supreme* reign over the company. 他被賦予對這家公司的最高支配權 。

　　＊ reign 〔 ren 〕 *n.* 支配；統治

☑ **surfeit** 〔'sɝfɪt 〕

　n. 過量

With the warm, humid weather, there has been a *surfeit* of bugs.
由於天氣溫暖、潮溼，而滋生了很多小蟲 。

☑ **surgery** 〔'sɝdʒərɪ 〕　☞ surgical *adj.*

　*n.*外科手術

One of his lungs was removed during a *surgery* a year ago.
他在一年前的外科手術中，切除了一葉肺臟 。

☑ **surmount** 〔 sə'maunt 〕　☞ surmountable *adj.*

　*v.*凌駕；
　　超越

Jim had to *surmount* a lot of obstacles on his way to success.
吉姆在他成功的路上必須超越許多障礙 。

　　＊ obstacle 〔'abstəkl 〕 *n.* 障礙

☑ **surpass** 〔 sə'pæs,-'pas 〕　☞ surpassing *adj.*

　*v.*勝過

She *surpassed* him as the student with highest grades. 她勝過他，成為分數最高的學生 。

☑ **surplus** 〔'sɝplʌs 〕

　n. 過剩
　*adj.*過剩的

They put up a sale in order to get rid of their *surplus* goods.
他們為了出清存貨而舉行拍賣 。

☐ **surrealist** 〔 sə'riəlɪst 〕　☞ surrealism *n.*
　adj. 超現實
　　　主義的

Her *surrealist* writing style became very popular. 她超現實主義的寫作風格十分受歡迎。

☐ **suspect** 〔'sʌspɛkt 〕
　n. 嫌疑犯

The police questioned the *suspect* for a long time. 警方詢問嫌疑犯詢問了很久。

☐ **suspend** 〔 sə'spɛnd 〕　☞ suspension *n.*
　v. 暫停；
　　　懸掛

They *suspended* construction during the strike. 他們在罷工期間停工。

☐ **suspicion** 〔 sə'spɪʃən 〕　☞ suspicious *adj.*
　n. 懷疑

He was under *suspicion* for drug dealing.
他被懷疑涉及毒品交易。

☐ **swampy** 〔'swɑmpɪ 〕　☞ swamp *n.* 沼澤
　adj. 濕而鬆
　　　軟的

Life abounded in the *swampy* wetlands.
在濕而鬆軟的沼澤地裏有許多生物。
　　　＊ abound〔ə'baʊnd〕*v.* 充滿　wetland〔'wɛt,lænd〕*n.* 沼澤地

☐ **swarm** 〔 swɔrm 〕
　v. 蜂擁
　n. 羣

Her fans *swarmed* around her as soon as she got out of her car.
她一下車，她的影迷們就蜂擁地包圍著她。

☐ **swash** 〔 swɑʃ 〕　☞ swashing *adj.*
　v. 潑水

The beach was filled with children, *swashing* around in the water.
海灘上到處都是小孩子，在水裏潑水玩。

☑ **sway**〔swe〕　☞ swayingly *adv*.
v. 搖擺

The trees **swayed** in the breeze.
樹在微風中搖曳。

☑ **swindle**〔'swɪndl̩〕　☞ swindling *n*.
v. 詐騙

He **swindled** every unsuspecting customer he could. 他欺騙了每一個信任他的顧客。

　　＊ unsuspecting〔ˌʌnsə'spɛktɪŋ〕*adj*. 不懷疑的；信任的

☑ **swing**〔swɪŋ〕　☞ swinging *adj*.
v. 搖擺；
　　盪鞦韆

The monkey **swung** from branch to branch.
邢隻猴子在樹枝間盪來盪去。

☑ **swirl**〔swɝl〕　☞ swirly *adj*.
v. 旋捲

The music **swirled** around them almost like in a dream. 音樂圍繞在他們身旁，彷彿置身夢境般。

☑ **syllable**〔'sɪləbl̩〕　☞ syllabic *adj*.
n. 音節

The word "power" has two **syllables**.
"power" 這個字有二個音節。

☑ **symbolize**〔'sɪmbl̩ˌaɪz〕　☞ symbol *n*.
v. 象徵

"What do you think the dream **symbolizes**?"
「你認爲這個夢象徵什麼呢？」

☑ **symmetry**〔'sɪmɪtrɪ〕　☞ symmetrical *adj*.
n. 對稱

Fighter aircrafts flew across the sky in perfect **symmetry** during the air performance.
戰鬥機在空中表演，以完美的對稱隊形飛過天空。

☑ **sympathy** 〔'sɪmpəθɪ 〕　☞ sympathetic *adj.*

　　n. 同情

He had no ***sympathy*** for her, saying it was her own fault.

他並不同情她，他說那是她自己的錯。

☑ **symphony** 〔'sɪmfənɪ 〕　☞ symphonic *adj.*

　　n. 交響樂

The sounds of chirping birds and gurgling streams were ***symphony*** to my ears.

啾啾的鳥叫聲和嘩啦的水流聲，在我聽來都如交響樂一般。

　　＊ chirp 〔 tʃɝp 〕*v.* 鳥叫
　　　gurgle 〔'gɝgl 〕*v.* 嘩啦地流

☑ **symptom** 〔'sɪmptəm〕　☞ symptomatic *adj.*

　　n. 徵候；
　　　徵兆

He had all the ***symptoms*** of the disease.

這個病的徵兆他都有。

☑ **synonym** 〔'sɪnə,nɪm 〕　☞ synonymous *adj.*

　　n. 同義字

" Closed mindedness" is often a ***synonym*** for "ignorance".

心智封閉常是無知的同義字。

☑ **synthesis** 〔'sɪnθəsɪs 〕　☞ synthetic *adj.*

　　n. 綜合；
　　　合成

Their family had a ***synthesis*** of the older generation and the modern generation.

他們的家庭結合了新舊兩代。

☆ EXERCISE 67 ☆

1. He_____construction of the building.　　　（政大,淡江）
   (A) mandated　(B) supervised　(C) supplied　(D) supervisor

2. She had to_____her anger and get the job done.
   (A) impress　(B) depress　(C) suppress　(D) praise　（中興,中正）

3. The Emperor is the_____leader of the nation.（師大,逢甲）
   (A) supreme　(B) surfeit　(C) sausage　(D) highly

4. Her idea_____mine in originality.　　　（中興,成大）
   (A) decreases　(B) elevated　(C) delegates　(D) surpasses

5. The police had three likely_____under investigation.
   (A) doubts　(B) wonder　(C) suspects　(D) suspended　（台大,師大）

6. All air traffic was_____during the emergency.
   (A) commended　(B) suspended　(C) suspected　(D) pretended
   　　　　　　　　　　　（台大,師大,政大,逢甲,淡江,東吳）

7. The whirlpool_____around and around.　　　（台大,淡江）
   (A) swing　(B) waddled　(C) swayed　(D) swirled

8. I feel_____for those who are in trouble.　　（師大,政大）
   (A) sympathy　(B) symptom　(C) symbols　(D) symmetrical

9. The_____two hydrogen atoms with one oxygen atom
   makes water.　　　　　　　　　　　（中興,淡江,交大）
   (A) combine　(B) synthesis　(C) wakes　(D) synthetic

☑ **tactic** 〔'tæktɪk〕 ☞ tactical *adj.*
n. 戰術；
策略

These ***tactics*** are unlikely to help you during the game.
這些戰術在你比賽時可能派不上用場。

☑ **tactual** 〔'tæktʃʊəl〕 ☞ tactuality *n.*
adj. 觸覺的

Blind people have a superior ***tactual*** reflexes than most people who can see.
盲人觸覺上的反射作用比一般人要好。
* reflex 〔'riflɛks〕*n.* 反射作用

☑ **taint** 〔tent〕 ☞ tainted *adj.* 有污點的
n. 跡象

There is ***taint*** of insanity in the family.
這家族有瘋狂的跡象。
* insanity 〔ɪn'sænətɪ〕*n.* 瘋狂

☑ **tangible** 〔'tændʒəbl̩〕 ☞ tangibility 〔,tændʒə'bɪlətɪ〕*n.*
adj. 確實的

The judge had to let the accused free because the prosecutor couldn't come up with any ***tangible*** proof of his crime. 法官必須釋放被告，因為檢查官提不出他犯罪的確實證據。
* prosecutor 〔'prɑsɪˌkjutɚ〕*n.* 檢查官

☑ **tariff** 〔'tærɪf〕

n. 關稅

The cost of foreign goods are very high be-
cause of the high *tariff* imposed on them.
舶來品的價格很高，是由於它們都課了很高的關稅。

☑ **tart** 〔 tɑrt 〕

adj. 尖刻的

The review of the new book was so *tart* that
we all wondered whether the reviewer had
some personal grudge against the author.
這篇新書的評論非常尖酸刻薄，令我們不禁懷疑這
位評論家和作家是否有私人恩怨。

　　* grudge 〔 grʌdʒ 〕 *n.* 怨恨

☑ **tattoo** 〔 tæ'tu〕

n., v. 刺青

The soldier had a ship *tattooed* on his arm.
那士兵手臂上刺了一艘船。

☑ **taxation** 〔 tæks'eʃən 〕　　☞ tax *n.* 稅

n. 課稅

Heavy *taxation* became a great burden to the
people. 重稅對人民造成了很大的負擔。

☑ **technician** 〔 tɛk'nɪʃən 〕　　☞ technical *adj.*

n. 技術人員

The TV set was in such a bad state that
even the *technician* couldn't repair it. 這台
電視機的情況很糟，即使是技術人員也無法修理。

☑ **technique** 〔 tɛk'nik 〕

n. 技術

The painter's unique *technique* made him
famous in the field of painting.
這位畫家獨特的技藝，使得他在畫壇上揚名。

☑ **technocratic** 〔tɛknəˈkrætɪk〕 ☞ technocracy *n.*
  adj. 科技主   All industrialized nations could also be termed
     義的   as ***technocratic*** states.
               所有工業化的國家，都可以稱之為技術主義國家。

☑ **tedious** 〔ˈtidɪəs〕 ☞ tedium *n.*
  adj. 冗長而   The process of moving one's home is a ***tedi-***
     乏味的   ***ous*** affair.
               搬家是件冗長而乏味的事。

☑ **telescope** 〔ˈtɛləˌskop〕 ☞ telescopic *adj.*
  n. 望遠鏡   Through a ***telescope***, one can clearly see the
               giant craters on the surface of the moon.
               用望遠鏡可清楚地看到月球表面上的大坑洞。
                 * crater 〔ˈkretɚ〕*n.* 彈坑；火山口

☑ **temperament** 〔ˈtɛmpərəmənt〕 ☞ temperamental *adj.*
  n. 氣質   The two brothers have entirely different
               temperaments.
               這兩兄弟有完全不同的氣質。

☑ **temperate** 〔ˈtɛmprɪt〕 ☞ temperateness *n.*
  adj. 溫和的   ***Temperate*** climate is best suited for fir trees.
               溫和的氣候最適合樅樹生長。

☑ **temperature** 〔ˈtɛmprətʃɚ〕
  n. 溫度   The typhoon caused the ***temperature*** to drop
               to sub-zero level in the Celsius scale.
               颱風使得溫度降到攝氏零度以下。

☑ **tempestuous** 〔tɛm'pɛstʃʊəs〕　♂ tempestuousness *n.*

adj. 騷動的

During the ***tempestuous*** meeting, members could hardly get down to exchanging opinions about this matter.

在這場混亂的會議裏，會員們都無法靜下心來對這件事交換意見。

☑ **temporal** 〔'tɛmpərəl〕

adj. 世俗的

The Pope has been invested with ***temporal*** power as head of the Vatican State.

教宗已獲得世俗的權力，成爲梵諦岡的領袖。

　　＊ invest 〔ɪn'vɛst〕*v.* 授權

☑ **temporary** 〔'tɛmpə,rɛrɪ〕　♂ temporariness *n.*

adj. 暫時的

These pills can only provide you with ***temporary*** relief, and not permanent cure.

這些藥丸只能暫時緩和病情，並沒有長久的療效。

☑ **tempt** 〔tɛmpt〕　♂ temptation *n.*

v. 誘使

Nothing could ***tempt*** him to take such a step.

沒有任何事能誘使他採取這種行動。

☑ **tend** 〔tɛnd〕　♂ tendency *n.*

v. 傾向

He ***tends*** to start shaking when he gets nervous. 當他緊張時，他就會開始發抖。

☑ **tenement** 〔'tɛnəmənt〕　♂ tenemental *adj.*

n. 租屋

After living in a ***tenement***-house for many years, he finally bought his own apartment.

租了許多年的房子後，他終於買了一間公寓。

☑ **tension** 〔'tɛnʃən〕 ☞ tense *adj.*

n. 拉緊；
緊張

If you increase the *tension* of that guitar string, it will break.
如果你把吉他的弦拉得更緊的話，它就會斷掉。

☑ **tentative** 〔'tɛntətɪv〕

adj. 試驗
性的
n. 試驗

Jim made a *tentative* effort to paint his house by himself, but finally had to call a professional to complete it.
吉姆試著自己動手漆房子，但最後還是得打電話叫油漆工來漆完。

☑ **tenure** 〔'tɛnjɚ〕 ☞ tenurial *adj.*

n. 任期

The *tenure* of office of the President is four years. 總統的任期是四年。

☑ **terminate** 〔'tɝmə,net〕 ☞ termination *n.*

v. 終止

Jim's job contract *terminates* by the end of this year.
吉姆的工作合約簽到今年年底。

☑ **terrain** 〔'tɛren〕

n. 地勢

It is impossible to turn this rocky *terrain* into cultivable land.
要把這片岩石遍布的地區轉變成可耕地是不可能。

☑ **territory** 〔'tɛrə,torɪ〕 ☞ territorial *adj.*

n. 領土

Most wild animals have a strong sense of *territory*.
大部分的野生動物都有強烈的領域觀念。

☐ **terrorism** 〔 'tɛrə,rɪzəm 〕　☞ terrorist *n.* 恐怖分子
　　n. 恐怖主義
Kidnapping is an act of ***terrorism***.
綁架是一種恐怖主義的行為。
* kidnapping 〔'kɪdnæpɪŋ〕*n.* 綁架

☐ **testify** 〔'tɛstə,faɪ〕　☞ testification *n.*
　　v. 作證
No one likes to ***testify*** in court because it
is too troublesome.
沒有人喜歡出庭作證，因為太麻煩了。

☐ **testimony** 〔'tɛstə,monɪ〕
　　n. 證詞
The witness's ***testimony*** is false; he is ob-
viously being paid for it.
這位證人的證詞是假的；他顯然是被人收買了。

☐ **textile** 〔'tɛkstaɪl〕
　　adj. 可織的
　　n. 織物
Both cotton and rayon are ***textile*** materials.
棉和人造絲都是可織的原料。
* rayon 〔'reɑn〕*n.* 人造絲

☆ EXERCISE 68 ☆

1. The team used unfair＿＿＿＿＿to win the game. （政大,成大）
　(A) tactics　　(B) trickery　　(C) method　　(D) taint

2. The British added an extra＿＿＿＿＿on tea being shipped to
　Boston. （中興,輔大）
　(A) export　　(B) import　　(C) tariff　　(D) connection

3. It was a long,_____drive that bored them all. (台大,師大)
   (A) tedious   (B) tired   (C) mechanical   (D) taxation

4. Their stay here was only_____. (中興,逢甲)
   (A) permanent   (B) temporary   (C) tempting   (D) jiggling

5. She could not go out tonight, she had to_____to her
   little brother. (政大,淡江)
   (A) tend   (B) tempt   (C) attempt   (D) contempt

6. I always feel some_____before I take an examination.
   (A) nervous   (B) tension   (C) pensive   (D) tenement   (台大,師大)

7. His association with the group was_____after he broke
   the rules. (台大)
   (A) tenure   (B) tainted   (C) terminated   (D) timber

8. The IRA organizes many_____acts against the British
   government. (淡江)
   (A) terrain   (B) terrify   (C) dentist   (D) terrorist

*   *   *

☑ **theoretical** 〔͵θiəˈrɛtɪkl̩〕 ☞ theory *n*.
   adj. 理論的 ┊ His ***theoretical*** ideas are of no practical use.
   ┊ 他的理論，一點都不切實際。

☑ **therapist** 〔ˈθɛrəpɪst〕 ☞ therapy *n*. 治療
   n. 治療學家 ┊ The radio-***therapist*** uses X-rays for the
   ┊ treatment of his patients.
   ┊ 那位放射線治療學家用 X 光治療他的病人。

☑ **thicket** 〔'θɪkɪt〕

n. 灌木叢

The prisoner hid himself in the *thicket* till all the guards returned back to their posts. 那名囚犯藏身在灌木叢裏，直到所有的警備都回到他們的崗位上。

☑ **thoughtful** 〔'θɔtfəl〕 ☞ thoughtfulness *n.*

adj. 體貼的

It was *thoughtful* of you to warn me of your arrival. 你真體貼，要來之前還會預先通知我。

☑ **threat** 〔θrɛt〕 ☞ threaten *v.*

n. 恐嚇

Jim's empty *threat* had no effect on his opponent. 吉姆出言恐嚇敵手，但沒什麼用。

☑ **thrifty** 〔'θrɪftɪ〕 ☞ thrift *n.*

adj. 節儉的

Being a *thrifty* person, he never buys anything expensive. 他生性節儉，從不買昂貴的物品。

☑ **thrive** 〔θraɪv〕

n. 興盛

Without good management, a business cannot *thrive*. 沒有良好經營，生意就無法興隆。

☑ **throb** 〔θrɑb〕 ☞ throbbing *adj.*

v.,*n.* 悸動

Her heart *throbbed* with excitement as she shook hands with her favorite movie star. 當她和最喜愛的電影明星握手時，她的心因興奮而噗咚地跳。

☑ **thrust** 〔 θrʌst 〕
　v. 挿入

With one swift movement, he ***thrust*** the dagger into his enemy's heart.
他迅速地轉過身來，把匕首刺入敵人的心臟。

> * swift 〔 swɪft 〕*adj*. 快速的
> dagger 〔'dægɚ〕*n*. 匕首

☑ **thumb** 〔 θʌm 〕
　n. 拇指

He lost his left ***thumb*** in a traffic accident.
在一場車禍裏，他失去了左手的拇指。

☑ **thunder** 〔'θʌndɚ〕　☞ thunderbolt *n*. 晴天霹靂
　n. 雷

Thunder and lightning filled the night sky during the storm.
暴風雨來時，夜空裏雷聲和閃電交加。

☑ **thwart** 〔 θwɔrt 〕
　v. 阻撓；
　　反對

He could easily ***thwart*** all the moves made on him by the enemy.
他能輕易地阻撓敵人對他所採取的行動。

☑ **tickle** 〔'tɪkl̩〕　☞ ticklish *adj*. 易癢的
　v., *n*. 搔癢

Pepper ***tickles*** if it gets into the nose.
吸進胡椒會使鼻子發癢。

> * pepper 〔'pɛpɚ〕*n*. 胡椒

☑ **tier** 〔 tɪr 〕
　n. 一排

The beds in most dormitories are two-***tiered***.
大部分宿舍的床舖都是上下舖。

> * dormitory 〔'dɔrmə,torɪ〕*n*. 宿舍

☑ **tilt** 〔 tɪlt 〕
　v.,*n.*（使）
　　傾斜

　If you ***tilt*** the post too much, it would fall down.
　如果你把柱子弄得太斜，它就會倒下來。
　　＊ post 〔 post 〕*n.* 柱子

☑ **timber** 〔'tɪmbɚ 〕
　n. 木材

　The forest fire destroyed thousands of acres of ***timber***.
　這場森林大火燒毀了好幾英畝的林木。

☑ **timid** 〔'tɪmɪd 〕　☞ timidity *n.*
　adj. 膽小的

　He was so ***timid*** that everyone took advantage of him.
　他非常膽小，每個人都佔他便宜。

☑ **tolerate** 〔'tɑlə,ret 〕　☞ toleration *n.*
　v. 容忍

　None can ***tolerate*** his pompous behaviour.
　沒有人能容忍他傲慢的行為。
　　＊ pompous 〔'pɑmpəs 〕*adj.* 自大的

☑ **tonic** 〔'tɑnɪk 〕
　n. 滋補品
　adj. 滋補的

　The good news acted as a ***tonic*** on us all.
　這個好消息對我們大家而言，就像是一劑強心針。

☑ **torment** 〔tɔr'mɛnt〕*v.* ☞ 〔'tɔrmɛnt〕*n.*
　v. 使折磨
　n. 痛苦

　The tragedy of his wife's death ***tormented*** him for years.
　他妻子過世，令他痛苦了好幾年。

☑ **tornado** 〔 tɔr'nedo 〕 ☞ tornadic *adj.*

　n. 颶風

A ***tornado***, as it moves, destroys everything on its way.

颶風會摧毀其行經路線上的所有東西。

☑ **toxin** 〔'tɑksɪn 〕

　n. 毒素

Gasoline contains many ***toxins*** that we breathe every day.

石油含有許多毒素，而我們每天都吸了不少。

☑ **trace** 〔 tres 〕 ☞ traceable *adj.*

　v. 追溯
　n. 形跡

His fear of dogs can be ***traced*** back to an unhappy childhood experience.

他對狗的恐懼，可追溯到童年一次不愉快的經驗。

☑ **track** 〔 træk 〕

　n. 軌道
　v. 追蹤

Everyone should read the newspapers to keep ***track*** of current events.

每個人都應該閱讀報紙以了解時事。

☑ **tract** 〔 trækt 〕

　n. 區域

Nothing much can grow in the wide ***tracts*** of desert land in North Africa.

沒有多少東西能在北非廣濶的沙漠中生長。

☑ **trail** 〔 trel 〕

　n. 痕跡
　v. 拖

The wounded tiger left a ***trail*** of blood in the forest.

受傷的老虎在森林中留下一道血跡。

☑ **trait** 〔 tret 〕

　　n. 特性

Kindness is a *trait* which runs in his family; all his family members are known to be kind-hearted. 仁慈是他家族的特點；他的家人都是出了名的好心腸。

☑ **traitor** 〔'tretɚ〕　　σ traitorous *adj.*

　　n. 叛徒

Muslims regard those who converts to other religions, as *traitors* to their faith.
回敎徒認爲那些改信其他宗敎的人，是他們宗敎信仰的叛徒。

☑ **tramp** 〔 træmp 〕

　　v.,*n.* 行走

He *tramped* up and down the station, waiting for the train. 他在車站走來走去，等火車來。

☑ **trample** 〔'træmpl̩〕

　　v.,*n.* 踐踏

The children *trampled* the flowers in the garden. 孩童們踐踏了園中的花朵。

☑ **tranquility** 〔 træn'kwɪlətɪ 〕　　σ tranquil *adj.*

　　n. 寧靜

After the riots, the city was soon restored to its former *tranquility*.
暴動之後，城市不久就回復從前的平靜。
　　＊ restore 〔 rɪ'stor 〕*v.* 恢復

☑ **transaction** 〔 trænz'ækʃən 〕　　σ transact *v.*

　　n. 處理；
　　　　交易

He made all his business *transactions* by phone and rarely met anyone in person.
他用電話來處理所有的業務，很少親自與人洽商。

☆ EXERCISE 69 ☆

1. Many of Freud's_____were accepted as facts and never
   questioned.   (台大,文化,中正)
   (A) methods   (B) theories   (C) therapy   (D) posters

2. The dark clouds are a_____of rain.   (政大,中興)
   (A) dooming   (B) prairie   (C) thoughtful   (D) threat

3. Mosquitoes_____in warm, humid areas.   (台大,中興,淡江)
   (A) change   (B) servile   (C) thrive   (D) thrill

4. During the storm, there was a magnificent display of____
   and lightning.   (政大,中山,東海)
   (A) thunder   (B) thrust   (C) thwart   (D) thumb

5. The thief escaped without a single_____.
   (A) tolerance   (B) tract   (C) trace   (D) toxin
                                     (台大,中興,文化,中山,輔大)

6. They followed the_____up the mountain.   (台大,淡江)
   (A) map   (B) trail   (C) guidelines   (D) trait

7. He enjoyed the_____setting of the mountains.
   (A) tranquil   (B) traitor   (C) ample   (D) trampled
                                             (台大,政大,東吳)

8. They made their_____over the phone and never met in
   person.   (政大,中興,文化)
   (A) sensation   (B) ascend   (C) condensation   (D) transaction

☐ **transcend** 〔 trænˈsɛnd 〕   σ transcendence *n.*
　　v. 超越

> Martin Luther King's message *transcends* the boundaries of race, religion, and economic background.
> 金恩博士的言辭，超越了種族、宗教和經濟背景的界限。

☐ **transfer** 〔 ˈtrænsfɝ 〕 *n.*   〔 trænsˈfɝ 〕 *v.*
　　n. 調職；
　　　轉移

> His *transfer* to another department of his company came at an unexpected time.
> 他意外地調到另一個部門。

☐ **transform** 〔 trænsˈfɔrm 〕   σ transformation *n.*
　　v. 使變形

> The process of a caterpillar *transforming* into a butterfly is known as "metamorphosis".
> 毛毛蟲變成蝴蝶的過程，就是所謂的「蛻變」。
>
> ＊ caterpillar 〔ˈkætɚˌpɪlɚ〕 *n.* 毛毛蟲
> 　 metamorphosis 〔ˌmɛtəˈmɔrfəsɪs〕 *n.* 蛻變

☐ **transient** 〔ˈtrænʃənt〕   σ transiency *n.*
　　adj. 倏忽的

> The *transient* breeze provided some relief from the summer heat, but we were soon perspiring again.
> 片刻的微風，消除了一些暑氣，但過沒多久我們又汗流浹背了。

☐ **transition** 〔 trænˈzɪʃən 〕   σ transitionary *adj.*
　　n. 變遷

> Adolescence is the period of *transition* between childhood and adulthood.
> 青少年時期是童年和成人期的過渡時期。
>
> ＊ adolenscence 〔ˌædəˈlɛsəns〕 *n.* 青少年期

☑ **translate** 〔 træns'let 〕　σ translation *n.*

  v. 翻譯

The students were required to *translate* these sentences from Chinese to English.
學生必須將這些中文句子翻譯成英文。

☑ **transmit** 〔 træns'mɪt 〕　σ transmission *v.*

  v. 傳達；
    運送

The information was *transmitted* from one computer to another through a telephone line.
透過電話線，就可將資訊從一台電腦中傳至另一台。

☑ **transmute** 〔 træns'mjut 〕　σ transmutation *n.*

  v. 改變(
    性質；
    外觀)

We cannot *transmute* base metals into gold.
我們無法將賤金屬變成黃金。

       * *base metals* 賤金屬 (如鐵，銅，錫等)

☑ **transparent** 〔 træns'pɛrənt 〕　σ transparency *n.*

  adj. 透明的

During geography class, the students used *transparent* papers for tracing the map.
上地理課時，學生用透明的紙描地圖。

☑ **transport** 〔 træns'port 〕　σ transportation *n.*

  v. 運輸

In the old days, horses were used for *transporting* both people and goods.
從前馬匹被用來載運人及貨物。

☑ **trap** 〔 træp 〕

  n. 陷阱
  v. 設陷阱

Our soldiers pretended to run away and the enemy, in pursuing them, fell into a *trap*.
我方的士兵假裝逃走，而敵軍在追趕時，就掉入了陷阱。

☑ **tread** 〔 trɛd 〕
　　v.,*n.* 行走

On entering the room, the mother *trod* light-
ly so as not to wake her baby.
進入房間時，那位母親放輕腳步，以免吵醒她的小
孩。

☑ **treaty** 〔'tritɪ 〕
　　n. 條約

He sold his house by private *treaty*, instead
of by public auction. 他私下和人簽約賣掉房子，
而不是用公開拍賣的方式。
　　　＊ auction 〔'ɔkʃən 〕 *n.* 拍賣

☑ **trial** 〔'traɪəl 〕
　　n. 審判

After a long *trial*, lasting several years, the
jury finally brought in a verdict of guilty.
審判持續了數年後，陪審團最後判決有罪。
　　　＊ verdict 〔'vɝdɪkt 〕 *n.* 判決

☑ **tribe** 〔 traɪb 〕　　☞ tribal *adj.*
　　n. 種族

Dancers from different aboriginal *tribes* par-
ticipated in the program.
有來自各地的原住民舞者參加了這項節目。
　　　＊ aboriginal 〔 ˌæbə'rɪdʒənl 〕 *adj.* 原始的

☑ **tribute** 〔'trɪbjut 〕　　☞ tributary *adj.*
　　n. 表尊敬之
　　　紀念品；
　　　貢物

The people of Taiwan had built a beautiful
park as a *tribute* to the father of their na-
tion, Dr. Sun Yat-Sen.
台灣人民建造了一座美麗的公園，以紀念國父　孫
中山先生。

☑ **trickery** 〔'trɪkərɪ 〕　*☞* trickily *adv.*

　n. 欺騙；
　　　詐欺

After getting all that money from his clients
by ***trickery***, he vanished without a trace of
his whereabouts.

在詐騙了客戶的錢財後，他就消失得不見蹤跡。

　　* whereabouts 〔ˌhwɛrə'baʊts〕*n.* 下落

☑ **trifle** 〔'traɪfḷ〕

　v. 輕視；
　　　玩弄
　n. 瑣事

It's wrong of Jim to ***trifle*** with his girl-
friends affections.

吉姆不應該玩弄他女朋友的感情。

☑ **trigger** 〔'trɪgɚ〕

　v. 引起；
　　　觸發
　n. 板機

No one knows for sure what ***triggered*** off
the fight between the two of them.

沒有人知道什麼是他們二人打架的導火線。

☑ **trim** 〔 trɪm 〕

　v. 修剪

Jim was upset because the barber had
trimmed his hair too short.

吉姆覺得十分不安，因爲理髮師把他的頭髮剪得太
短了。

　　* barber 〔'barbɚ〕*n.* 理髮師

☑ **trivial** 〔'trɪvɪəl〕　*☞* triviality *n.*

　adj. 微不足
　　　道的；
　　　瑣碎的

The objections against the proposal were con-
sidered too ***trivial*** to be of any concern to
the other members.

對這項提案所提出的反對意見太過微不足道，所以
其他與會人士並不太注意。

☑ **truism**〔ˈtruɪzəm〕　☞ true *adj*.

n. 明明白白
的事；
公理

It's a ***truism*** to say that your body was once
much smaller than it is now.
你以前的身體比現在小很多，這是一定的道理。

☑ **trustworthy**〔ˈtrʌstˌwɝ̌ðɪ〕

adj. 可信賴
的；可
信任的

Ben thought the man was ***trustworthy*** enough
to be given the responsibility of that post.
班認為這男人值得信任，可以負責這項職務。

☑ **tumour**〔ˈtjumɚ〕　☞ tumourous *adj*.

n. 腫瘤

The doctor thinks that the only way to save
him is by removing the ***tumour*** through a ma-
jor surgery. 醫生認為救他唯一的方式就是動一次
大手術把腫瘤切除。

☑ **tunnel**〔ˈtʌnḷ〕

n. 隧道
v. 挖隧道

Due to certain geological reasons, it is impos-
sible to build a ***tunnel*** through this mountain.
基於地理上的理由，要在這座山開隧道是不可能的。

☑ **turbulence**〔ˈtɝ̌bjələns〕　☞ turbulent *adj*.

n.（大氣的）
亂流；
動亂

Air ***turbulence*** can sometimes cause inconven-
ience to passengers in an airplane.
空氣中的亂流有時會造成飛機乘客的不便。

☑ **twist**〔twɪst〕

n.,*v.* 纏捲；
扭曲

Ann has the habit of ***twisting*** her hair around
her finger while she talks.
安說話時，習慣用手指纏捲頭髮。

☑ **twitch** 〔 twɪtʃ 〕

v.,n. 抽動

The dog's nose *twitched* as it passed the butcher's shop.

那隻狗經過肉店時鼻子一直抽動著。

　　* *butcher's shop* 肉店

☑ **typeface** 〔'taɪp,fes 〕

n. 鉛字之
　　字體

Usually *typefaces* are made of either wood or metal.

通常鉛字都是由金屬或木頭製造而成。

☑ **typical** 〔'tɪpɪkḷ 〕

adj. 典型的;
　　特有的

It's *typical* of Jim to get upset with trivial matters.

對一些小事都會感到不安是吉姆的特點。

☑ **tyrannical** 〔 tɪ'rænɪkḷ , taɪ- 〕 ☞ tyrant *n.* 暴君

adj. 殘暴的;
　　暴虐的

Life under the *tyrannical* ruler was hell.

生活在暴君的統治之下,猶如置身地獄。

☆ EXERCISE 70 ☆

1. Their relationship would＿＿＿＿＿all bounds of space and time.

　　(A) transport　(B) transpose　(C) transcend　(D) traverse

　　　　　　　　　　　　　　　　　　　(政大,中興,淡江)

2. They made the＿＿＿＿＿from city life to country life quickly.　　　　　　　　　　　　　　　(台大,中興,淡江)

　　(A) changed　(B) transient　(C) transfer　(D) transition

3. She＿＿＿＿＿the funds to a Swiss bank account.　，中興，逢甲）
   (A) switched   (B) turned   (C) transfered   (D) transformed
   （台大，中興，逢甲）

4. The information was＿＿＿＿＿by the use of a modem.
   (A) transmitted   (B) trampled   (C) translation   (D) admitted
   （台大，中興，淡江）

5. The students were responsible for their own ＿＿＿＿＿.
   (A) accompany   (B) transportation   (C) admission   (D) trials
   （政大，中興，淡江，成大，靜宜）

6. ＿＿＿＿＿lightly so as not to wake the baby.（台大，師大，政大）
   (A) Mix   (B) Transmute   (C) Trap   (D) Tread

7. The peace＿＿＿＿＿was signed in Paris.　　　（政大，中興）
   (A) switch   (B) arguement   (C) treaty   (D) annouce

8. The＿＿＿＿＿respected the ways of the ancient ones.
   (A) trial   (B) tribe   (C) portable   (D) tribute　　（師大，成大）

9. ＿＿＿＿＿the two ends of the wire together.（台大，中興，成大）
   (A) Twist   (B) Project   (C) Upset   (D) Diameter

10. The＿＿＿＿＿ruler was feared by all.　　（台大，政大，文化，中山）
    (A) panel   (B) tyrannical   (C) relaxed   (D) ironical

☑ **ulcer** 〔'ʌlsɚ〕 ✿ ulcerous *adj*.

n. 潰瘍

Bad eating habits could lead to *ulcer* of the stomach. 飲食習慣不良可能導致胃潰瘍。

☑ **ultimately** 〔'ʌltəmɪtlɪ〕 ✿ ultimate *adj*.

adv. 最後

The king's cruelty towards his people *ultimately* led to his downfall.
國王對人民的殘暴終於導致他的滅亡。

　　* downfall 〔'daʊn,fɔl〕 *n*. 失勢；滅亡

☑ **unabashed** 〔,ʌnə'bæʃt〕

adj. 無羞恥
心的

He flirted around with all the women in the party, *unabashed* even in front of his wife.
他在舞會中與所有的女人調情，即使在他太太面前，也不感到羞恥。

　　* flirt 〔flɝt〕 *v*. 調情

☑ **uncertainty** 〔ʌn'sɝtn̩tɪ〕 ✿ uncertain *adj*.

n. 不定；
無常

Many people cannot live with the *uncertainly* of life. 許多人無法忍受生活不安定。

　　* *live with* 忍耐

☑ **unconscious** 〔 ʌnˈkɑnʃəs 〕　☞ unconsciousness *n*.

adj. 無意識的

Ben remained ***unconscious*** in the hospital bed for days after the accident.
意外發生後幾天以來，班一直躺在醫院牀上不省人事。

☑ **uncouth** 〔 ʌnˈkuθ 〕　☞ uncouthness *n*.

adj. 粗魯的；
笨拙的

The principal made it clear that he will not tolerate any sort of ***uncouth*** behaviour on the part of his students.
校長明白表示，若學生有任何粗魯的行為，他絕不寬容。

* ***on the part of*** *sb.* 在某人方面

☑ **uncover** 〔 ʌnˈkʌvɚ 〕　☞ uncovered *adj*. 無遮蔽的

v. 揭發

The police ***uncovered*** a plot against the President.
警方揭發了一樁對總統不利的陰謀。

☑ **undergo** 〔 ͵ʌndɚˈgo 〕

v. 經歷；
遭受

Our country has ***undergone*** a great political change during the last decade.
我們的國家過去十年來經歷了重大的政治變革。

☑ **undetected** 〔 ͵ʌndɪˈtɛktɪd 〕

adj. 未被發
現的

He escaped through the border, ***undetected***, with the help of his excellent disguise.
他在精巧的偽裝之下，逃過邊界而未被發現。

* border 〔 ˈbɔrdɚ 〕 *n*. 邊界
  disguise 〔 dɪsˈgaɪz 〕 *n*. 偽裝

☐ **undisputed** 〔͵ʌndɪ'spjutɪd〕

adj. 無疑問的

The king had ruled over his subjects with *un-disputed* power for as long as he lived.
那位國王終其一生都以絕對的權力統治他的臣民。

> * *rule over* 統治
> subject 〔'sʌbdʒɪkt〕*n.* 臣民

☐ **undo** 〔ʌn'du〕

v. 使恢復原狀；取消

It would take days for us to *undo* the mess that you have created.
我們要花好幾天的時間才能解決你所製造的混亂。

> * mess 〔mɛs〕*n.* 混亂

☐ **undue** 〔ʌn'dju〕　☞ unduly *adv.*

adj. 過分的；不當的

The innocent passengers had to go through *undue* harassment at the customs, just because of a simple misunderstanding.
無辜的乘客在海關因為小小的誤解而受到過分的騷擾。

> * harassment 〔hə'ræsmənt〕*n.* 騷擾
> *the customs* 海關

☐ **unearth** 〔ʌn'ɝθ〕

v. 發掘

The archeological team *unearthed* a piece of artifact, which according to them was more than five thousand years old.
那個考古小組挖掘出一個古器，據他們說已有超過五千年的歷史。

> * archeological 〔͵ɑrkɪə'lɑdʒɪkḷ〕*adj.* 考古的
> artifact 〔'ɑrtɪ͵fækt〕*n.* 古器

☑ **unheeded** 〔ʌn'hidɪd〕

adj. 未加注意的

The Weather Bureau's warning went ***unheeded***, and the floods caused widespread destruction to both life and property.

氣象局的警告未受人們注意，結果洪水造成了許多生命與財產的嚴重損失。

＊ ***the Weather Bureau*** 氣象局

☑ **unicorn** 〔'junɪ,kɔrn〕

n. 獨角獸

An ***unicorn*** is not a real creature; it only exists in myths and fables.

獨角獸並非是眞正存在的生物，牠只出現在神話和寓言中。

＊ creature 〔'kritʃɚ〕*n.* 生物
myth 〔mɪθ〕　*n.* 神話

☑ **unimpeachable** 〔,ʌnɪm'pitʃəbḷ〕

adj. 無過失的

Although the senator thought himself to be ***unimpeachable***, his people proved him wrong in the election.

雖然那位參議員認爲自己毫無過失，但他的選民在選舉中證明他錯了。

＊ senator 〔'sɛnətɚ〕*n.* 參議員

☑ **uninhabited** 〔,ʌnɪn'hæbɪtɪd〕

adj. 沒人居住的

After the mysterious death of its last tenant, the house remained ***uninhabited*** for years.

在以前那位屋主離奇死亡後，這棟房子幾年以來都無人居住。

＊ tenant 〔'tɛnənt〕*n.* 居住者

☑ **unique** 〔 ju'nik 〕 ☞ uniqueness *n.*

adj. 獨特的

His **unique** style set him apart from the rest of the writers of his time.

他獨特的風格有別於當時的其他作家。

☑ **universal** 〔 ,junə'vɝsḷ 〕 ☞ universality *n.*

adj. 普遍的;
全世界的

Music is a **universal** language; everyone, regardless of his or her background, can understand and enjoy it.

音樂是一種世界語言,每個人無論背景為何,都能夠了解並享受音樂。

☑ **unjustified** 〔 ʌn'dʒʌstə,faɪd 〕

adj. 不合理的

It would be quite **unjustified** to say that we have done nothing to improve the situation.

如果說我們對於改善這個情形沒有作任何努力,那相當不公平。

☑ **untenable** 〔 ʌn'tɛnəbḷ 〕

adj. 難獲支
持的

Their arguement that the earth is flat is totally **untenable**.

他們認為地球是平的論點已完全無人支持。

☑ **upgrade** 〔 'ʌp'gred 〕

v. 提高品質

In order to cope with the rising standards of living, the industry needs to **upgrade** their products from time to time.

為了要因應逐漸提高的生活水準,製造業必須時常提高產品的品質。

　　 * *from time to time* 時常

☑ **uphold** 〔 ʌpˊhold 〕

v. 支持

It was her faith that *upheld* her in the time of her suffering.

在她受苦的這段時間，完全是信仰在支持她。

☑ **uplift** 〔 ʌpˊlɪft 〕　σ uplifted *adj.*

v. 提高；使
意氣昂揚

The singer *uplifted* the spirit of his audience with his wonderful performance.

那個歌手以精彩的表演激起觀眾的情緒。

☑ **uproariousness** 〔 ʌpˊrorɪəsnɪs 〕　σ uproarious *adj.*

n. 喧囂；
騷動

If it wasn't for his *uproariousness*, everyone would have been bored at the party.

如果不是他在起鬨，宴會上的每個人可能都會覺得很無聊。

☑ **uproot** 〔 ʌpˊrut 〕

v. 將～連根
拔起；
根絕

The mythological hero, Hercules, was supposed to have been able to *uproot* trees with his bare hands.

神話的英雄海克力斯，據說能夠赤手空拳把樹連根拔起。

☑ **upset** 〔 ˊʌpˌsɛt 〕*n.*　〔 ʌpˊsɛt 〕*v.*

n. 傾覆；
出乎意料
的結果
v. 翻覆；
使煩惱

The new-comer caused a sensational *upset* in the tennis tournament, by beating the top seeded player in straight sets.

那個新選手在網球錦標賽中大爆冷門，以直落三的戰績打敗第一種子球員。

　　＊ *top seeded player* 第一種子球員

☑ **uranium** 〔 jʊˈrenɪəm 〕

    n. 鈾

Being a highly radioactive substance, *uranium* is used for the manufacture of nuclear weapons. 由於鈾是一種高放射性物質，因此被用來製造核子武器。

    * radioactive 〔 ˌredɪoˈæktɪv 〕 *adj.* 放射性的

☑ **urge** 〔 ɜdʒ 〕   ☞ urgent *adj.* 急迫的

    v. 驅策；
       激勵

The crowd clapped and cheered to *urge* on the marathon runners as they passed by.
當那些馬拉松選手經過時，觀衆以掌聲和歡呼來鼓勵他們。

☑ **usher** 〔 ˈʌʃɚ 〕

    n. 引人入座
       之人；
       招待員

In the movie theatres of Taipei, there are no *ushers*; the audience have to find their seats on their own.
台北的電影院沒有招待員帶人入座，觀衆必須自己找座位。

☑ **utilize** 〔 ˈjutlˌaɪz 〕   ☞ utility *n.* 有用之物；公共事業

    v. 利用

Only guests of this hotel can *utilize* its facilities. 只有飯店裏的客人才可以使用飯店的設備。

    * facilities 〔 fəˈsɪlətɪz 〕 *n. pl.* 設備

☑ **utmost** 〔 ˈʌtˌmost 〕

    adj. 極限的

Though the slaves did their *utmost* best in serving their master, he was never satisfied.
雖然奴隸們竭盡所能地服侍他們的主人，但他始終不滿意。

☆ EXERCISE 71 ☆

1. The city had＿＿＿＿＿a great change in the past ten years.
   (A) progressed　(B) uncovered　(C) unmade　(D) undergone
   （文化，淡江）

2. What is done cannot be＿＿＿＿＿.　　　　（台大，政大）
   (A) ignorance　(B) undone　(C) undisputed　(D) undetected

3. She has a＿＿＿＿＿way of expressing herself.
   (A) uncanny　(B) unicorn　(C) unique　(D) ultimate
   （台大，政大，淡江，輔大）

4. A smile is＿＿＿＿＿understood.　　　（台大，政大，中興）
   (A) universally　(B) significantly　(C) unjustifiable
   (D) unintended

5. They had their tickets＿＿＿＿＿to first class.　（台大，中正）
   (A) downgraded　(B) withheld　(C) upgraded　(D) downcast

6. Her spirits were＿＿＿＿＿after hearing his voice.
   (A) untidy　(B) uplifted　(C) uproot　(D) uranium　（台大，中興）

7. He＿＿＿＿＿her to hurry up; they were late already.
   (A) upset　(B) beset　(C) urged　(D) ignored　（台大，淡江，靜宜）

8. It will be found to have great＿＿＿＿＿by its users.
   (A) utility　(B) ultimate　(C) utmost　(D) usher
   （台大，淡江，成大）

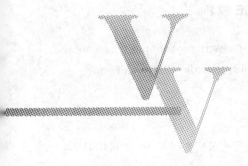

☑ **vacillate** 〔'væsḷ,et〕　☞ vacillating *adj*.

v. 猶豫；
　搖擺

After years of *vacillating* between working for the company and opening his own business, he finally decided on the latter.
他在爲那家公司工作和自己創業二者之間猶豫了數年之後，終於決定了後者。

☑ **vague** 〔veg〕　☞ vagueness *n*.

adj. 不清的；
　模糊的

Having been a science student all his life, he only has a *vague* idea on business.
他一生都在研究科學，對商業沒什麼概念。

☑ **valid** 〔'vælɪd〕　☞ validate *v*.

adj. 有效的

The free lunch coupon is *valid* for only one person. 這張免費午餐優待券只限一人使用。
　　＊ coupon〔'kupɑn〕*n*. 優待券

☑ **valor** 〔'vælɚ〕　☞ valorous *adj*.

n. 英勇；
　勇氣

A veteran of two wars, he had been decorated many times for *valor* in the battle-field.
他是歷經二場戰爭的老將，曾因戰場上的英勇表現而接受多次頒獎。

☐ **vanish** 〔'vænɪʃ〕　☞ vanishment *n*.

　v. 消失

Environmental pollution has caused many species of animals to ***vanish*** completely from the face of the earth.

環境污染已經使得許多種動物完全從地球上消失。

☐ **vapor** 〔'vepɚ〕　☞ vaporize *v*. 蒸發

　n. 蒸氣

Clouds are just mixtures of water-***vapor*** and dust particles suspended in air.

雲是水蒸氣和懸浮在空氣中的灰塵微粒的混合。

☐ **vegetarianism** 〔ˌvɛdʒə'tɛrɪənɪzəm〕　☞ vegetarian *n*. 素食者

　n. 素食主義

Though human beings are essentially omnivorous, many people are turning towards ***vegetarianism***.

雖然人類必須吃各種食物，但有許多人都開始吃素。

　　＊ omnivorous〔ɑm'nɪv(ə)rəs〕*adj*. 雜食的

☐ **veneration** 〔ˌvɛnə'reʃən〕　☞ venerable *adj*.

　n. 尊敬

As a symbol of ***veneration*** for their heroes, the people of the town built a memorial in their honor.

鎮上的人民爲了對他們的英雄表示尊敬，建了一座紀念碑來紀念他們。

　　＊ memorial〔mə'morɪəl〕*n*. 紀念碑

☐ **venom** 〔'vɛnəm〕　☞ venomous *adj*.

　n. 毒液；
　惡毒

The Chinese use snake ***venom*** in a variety of their medicines.

中國人在許多藥材中都使用蛇的毒液。

☑ **vent** 〔 vɛnt 〕

n. 發洩；
出口

Suicide attempts are extreme examples of how some people give *vent* to their frustrations in life.

企圖自殺是有些人遭受挫折時，尋求發洩的極端例子。

☑ **verbal** 〔'vɝbḷ〕　☞ verbally *adv.*

adj. 言辭的

As if their *verbal* onslaughts weren't enough, they soon began to exchange physical blows with each other.

他們言辭上的衝突好像還不夠，馬上又開始互毆。

　　＊ onslaught 〔'ɑn‚slɔt 〕*n.* 攻擊

☑ **verdant** 〔'vɝdn̩t 〕　☞ verdancy *n.*

adj. 青綠的

Man has turned this once *verdant* forest into a lifeless waste land.

人類使這座曾經蒼翠的森林變成了無生命的荒原。

☑ **verdict** 〔'vɝdɪkt 〕

n. 判決

After referring to the juries' *verdict*, the judge declared the accused guilty.

徵詢過陪審團的判決之後，法官宣布被告有罪。

　　＊ jury 〔'dʒʊrɪ 〕*n.* 陪審員

☑ **verge** 〔 vɝdʒ 〕

v. 邊際

Jim was on the *verge* of leaving his apartment when it started raining.

吉姆正要離開他的公寓時，就開始下雨了。

　　＊ *on the verge of* ～　將要～；瀕臨～的邊緣

☑ **verify**〔'vɛrə,faɪ〕　☞ verification *n.*
　v. 證實
> People should *verify* their charges before they accuse anyone of anything.
> 要控告某人時，須先證明你的控訴是事實。

☑ **versatile**〔'vɜsətɪl,-taɪl〕　☞ versatility *n.*
　adj. 多才藝
　　的；會
　　變通的
> A *versatile* fighter always adapts himself under any condition.
> 一個懂得變通的戰士總是能夠適應任何情況。
>
> * adapt〔ə'dæpt〕*v.* 使適應

☑ **version**〔'vɜʃən〕
　n. 說法；
　　譯本
> There were so many *versions* of the incident that Ben didn't know which one to believe.
> 那件事衆說紛云，班根本不知道該相信誰。

☑ **vertical**〔'vɜtɪkl̩〕　☞ vertically *adv.*
　adj. 垂直的
> A pendulum is always *vertical* to the ground when at rest.
> 鐘擺靜止時一定與地面垂直。
>
> * pendulum〔'pɛndʒələm〕*n.* 鐘擺

☑ **vex**〔vɛks〕　☞ vexation *n.*
　v. 激怒；
　　騷擾
> The teacher was so *vexed* with the little brat's mischief that she slapped him right across his face.
> 老師對那個小淘氣的胡鬧感到非常生氣，所以就打了他一巴掌。
>
> * brat〔bræt〕*n.* 小鬼；淘氣鬼
>   mischief〔'mɪstʃɪf〕*n.* 惡作劇

☑ **vice** 〔 vaɪs 〕   ♂ vicious〔'vɪʃəs〕*adj.*

    n. 邪惡

Virtue and *vice* do not go hand in hand; if you're virtuous, you're not vicious and vice versa. 善與惡不可能並行；如果你很善良，你就不可能邪惡，反之亦然。

    * *vice versa* 反之亦然

☑ **vicinity** 〔 və'sɪnətɪ 〕   ♂ vicinal *adj.*

    n. 附近

The increase in the traffic told us that we were in the *vicinity* of a town.
由車流量的增加可知，我們已靠近市鎮了。

☑ **victim** 〔'vɪktɪm〕   ♂ victimize *v.* 使受害

    n. 受害者

All the *victims* of the con man were left with something in common — an empty bank balance. 被那個信用詐欺者所騙的受害者都有一樣相同的東西——空了的銀行帳戶。

    * *con man* 信用詐欺者 (= *confidence man*)

☑ **vigilant** 〔'vɪdʒələnt〕   ♂ vigilance *n.*

    adj. 警戒的

No one can pass through the gate without the notice of the *vigilant* guards posted there. 任何人想通過大門，都會被在那兒站崗的警衛注意到。

☑ **vigor** 〔'vɪgɚ〕   ♂ vigorous *adj.*

    n. 活力；
      元氣

The *vigor* and vitality with which he worked was unmatched by anyone of his age. 他工作時活力充沛，是他這個年紀的人所比不上的。

    * vitality 〔vaɪ'tælətɪ〕 *n.* 生命力；活力

☑ **villain** 〔ˈvɪlən〕　☞ villainous *adj.*

n. 壞人；　The *villain* in the movie　finally gets killed

歹徒　　at the hands of his own men.

電影裏的壞人最後死於他自己部下的手中。

☑ **vindication** 〔ˌvɪndəˈkeʃən〕　☞ vindicate *v.*

n. 證明；　These events, in hindsight, are *vindications*

辯護　　of his judgements.

這些事件在事後證明了他的判斷是正確的。

☑ **vineyard** 〔ˈvɪnjəd〕　☞ vine *n.* 葡萄樹

n. 葡萄園　Grapes, freshly picked from *vineyards* were

packed into boxes, ready for dispatching.

剛從葡萄園裏摘下的新鮮葡萄已裝箱，準備運送。

　　* dispatch〔dɪˈspætʃ〕*v.* 發送

☑ **vintage** 〔ˈvɪntɪdʒ〕　☞ vintager *n.* 採葡萄者

n. 葡萄收　Due to the late arrival of the winter rain,

穫期　　*vintage* was later than usual this year.

由於多雨來得晚，今年的葡萄採收也比平常晚。

☑ **violate** 〔ˈvaɪəˌlet〕　☞ violation *n.*

v. 違反；　Human rights have been severely *violated* in

妨礙　　South Africa.

在南非，違反人權的情形十分嚴重。

☑ **vision** 〔ˈvɪʒən〕　☞ visionary *adj.* 幻想的

n. 夢想；　Ben has *visions* of great wealth and success

視力　　in the future.

班夢想著未來能發財、成功。

☑ **visitation** 〔,vɪzə'teʃən 〕
n. 天譴;
視察

The priest convinced them that the famine was a *visitation* of God for their sins.
牧師說服他們相信飢荒是上帝對他們罪惡的懲罰。

☑ **vista** 〔'vɪstə〕
n. 景色

The church spire at the end of an avenue of trees provided a beautiful *vista*.
在林蔭大道盡頭的教堂尖頂十分美麗。

* spire 〔spaɪr〕*n*. 尖頂
  avenue 〔'ævə,nju〕*n*. 林蔭大道

☑ **vital** 〔'vaɪtl̩〕　☞ vitality *n*. 活力
adj. 極重要
的

His role was of *vital* importance to the operation. 他在這次手術中,扮演極重要的角色。

☑ **vivid** 〔'vɪvɪd〕　☞ vividness *n*.
adj. 生動的;
清晰的

I still have *vivid* recollections of that beautiful summer in Spain. 我對那在西班牙渡過的美麗的夏天仍記憶猶新。

☑ **volcano** 〔vɑl'keno〕　☞ volcanic *adj*.
n. 火山

This *volcano* has remained dormant for years.
這座火山已有數年未曾爆發了。

* dormant 〔'dɔrmənt〕*adj*. 靜止的

☑ **voluntary** 〔'vɑlən,tɛrɪ〕　☞ volunteer *n*. 自願者
adj. 自願的;
自動的

The Center provides *voluntary* service to the poor and needy.
這個中心自動為貧困者提供服務。

☑ **voracious** 〔vo'reʃəs〕 ☞ voracity *n.*

adj. 非常渴　　Being a *voracious* reader, he spends more
　　望的；　　time in the library than at home.
　　貪吃的　　他是個求知慾強烈的讀者，待在圖書館的時間比在
　　　　　　　家裏還多。

☑ **voter** 〔'votɚ〕 ☞ vote *v.,n.* 投票

n. 選民　　The only female candidate had the support of
　　　　　most of the women *voters*.
　　　　　那位唯一的女性候選人受到大部分女性選民的支持。

☑ **vulnerable** 〔'vʌlnərəbl̩〕 ☞ vulnerate *v.* 使受傷

adj. 易受攻　　Being in a *vulnerable* position, there was lit-
　　擊的　　tle he could do to protect himself.
　　　　　由於所處位置易受攻擊，他很難保護自己。

☆ EXERCISE 72 ☆

1. He had a_____recollection that he had met her before.
   (A) solid   (B) valor   (C) vague   (D) valiant 　　　　（台大，輔大）

2. She had a_____excuse for missing the class. 　　　（淡江）
   (A) useless   (B) valid   (C) vacant   (D) vacuum

3. Water_____clouded the mirror in the bathroom.
   (A) vapor   (B) vanish   (C) diminish   (D) substances 　（台大，東吳）

4. He was a very_____player, he could play any position.
   (A) predicative   (B) vertical   (C) vindictive   (D) versatile
   　　　　　　　　　　　　　　　　　　（師大，政大，輔大，東吳）

5. The arrival of the rescue party gave new_____to the troops. （政大，文化，中山，輔大）

(A) vital   (B) vigor   (C) vigilant   (D) vexation

6. She was arrested for_____speeding laws.   （師大，中正）

(A) voicing   (B) vindication   (C) visioning   (D) violating

7. Your heart is a_____organ of your body. （台大，政大，交大）

(A) vital   (B) nervous   (C) mandatory   (D) visit

8. She had a _____dream of what was to come in the future.   （台大，政大，淡江，輔大）

(A) scared   (B) vivid   (C) vista   (D) precocious

9. They were_____ fire fighters for the city.

(A) volcano   (B) preclude   (C) volunteers   (D) voters

（政大，文化，中興，中山，交大）

☑ **waive**〔wev〕　☞waiver *n.* 棄權

v. 放棄；
延攔

Though John was too young for the job, the employer decided to *waive* the age limit in his case, because of his excellent credentials.
儘管約翰年紀太輕，不能做這份工作，但是由於他條件很好，所以雇主特地放寬年齡限制。

　　* credential〔krɪ'dɛnʃəl〕*n.* 資格

☑ **wallet**〔'wɑlɪt〕

n. 皮包；
皮夾

Because of numerous pick-pockets around, we should be careful with our *wallets*, while travelling in a bus.
由於扒手到處都有，所以搭公車時一定要小心保管皮夾。

　　* numerous〔'njumərəs〕*adj.* 極多的
　　　pick-pocket〔'pɪk͵pɑkɪt〕*n.* 扒手

☑ **wan**〔wɑn〕　☞wanness *n.*

adj. 蒼白的；
無力的

The patient put up a *wan* smile to greet the doctor as he came in.
當醫生進來時，那位病人勉強以蒼白的微笑迎接他。

　　* greet〔grit〕*v.* 迎接

☑ **wander** ['wɑndɚ] ☞ wandering *adj.*

v. 徘徊；
　　 閒蕩

It is dangerous to *wander* around the streets late at night.
深夜在街上閒蕩十分危險。

☑ **warfare** ['wɔr,fɛr]

n. 戰爭；
　　 交戰

These days you should equip yourself with the art of pshycological *warfare*.
現在你必須讓自己熟悉心理戰術的技巧。

☑ **warrant** ['wɔrənt]

n. 拘票
v. 擔保

Without a search *warrant*, the police have no right to enter anyone's house.
若無搜索票，警方無權進入任何人的家中。
　　　＊ *search warrant* 搜索票

☑ **wary** ['wɛrɪ]

adj. 機警的；
　　　 小心的

One should be *wary* of muggers when walking alone in the streets. 一個人獨自走在街上時，
一定要小心提防背後偷襲的劫匪。
　　　＊ mugger ['mʌgɚ] *n.* 背後偷襲的劫匪

☑ **weary** ['wɪrɪ]

adj. 疲倦的

By the end of the day, David always had a *weary* look on face.
當一天結束後，大衛總是一臉倦容。

☑ **weave** [wiv]

v. 編織
n. 編織物

These days almost no one *weaves* at home.
現在已經沒什麼人會在家裏編織了。

☑ **weird** 〔wɪrd〕

adj. 怪異的

Because of his *weird* behaviour, everyone felt uncomfortable.

他的行為十分怪異，讓每個人都覺得很不舒服。

☑ **welding** 〔'wɛldɪŋ〕 ☞ weld *v.*

n. 銲接

Protection of one's eyes is a must while doing some *welding*.

銲接時，我們一定要做好眼睛的防護措施。

☑ **welfare** 〔'wɛl,fɛr〕

n. 福利；
福祉

The government has installed many free clinics throughout the country for the *welfare* of its citizens.

政府為了全民的福祉，在全國各地設立許多免費的醫療診所。

 * install 〔ɪn'stɔl〕*v.* 安置；設備

☑ **wholesale** 〔'hol,sel〕 ☞ wholesaler *n.* 批發商

adj. 批發的

The salesman offered to sell me the jacket at a *wholesale* price.

那位售貨員願意以批發價把那件夾克賣給我。

☑ **whoop** 〔hup, hwup〕 ☞ whooper *n.* 喊叫的人

v. 高聲喊叫

The crowd *whooped* with excitement as the diver successfully completed a particularly difficult dive.

當那位跳水選手成功地完成一個高難度的跳水動作時，群眾都興奮地大叫。

 * dive 〔daɪv〕*n.* 跳水

☑ **widow** 〔'wɪdo〕　☞ widower *n.* 鰥夫
　　n. 寡婦

Being a *widow*, she had a hard time raising her children all on her own.

她是位寡婦，必須獨自辛苦地撫養孩子長大。

☑ **wield** 〔wild〕
　　v. 揮舞；
　　　使用

Wielding an axe on one hand and a net in the other, the hunter walked deeper into the jungle.

那獵人一手舞動斧頭，另一手拿著一張網，往叢林深處走去。

☑ **wilderness** 〔'wɪldənɪs〕
　　n. 在野；
　　　不主政

After being in the *wilderness* for years, he came back into active politics with renewed zeal and enthusiasm.

多年不問政事之後，他再度以熱心與赤忱重新活躍於政壇。

> * renewed〔rɪ'njuɪd〕*adj.* 重新的
> 　 zeal〔zil〕*n.* 熱中

☑ **wink** 〔wɪŋk〕
　　n. 轉瞬間
　　v. 眨眼

Last night he was so upset that he couldn't even get a *wink* of sleep.

昨夜他很不安，因此一夜未曾闔眼。

☑ **wisecrack** 〔'waɪz,kræk〕
　　n. 俏皮話

During parties, John loves entertaining everyone with his *wisecracks*.

宴會上，約翰喜歡說些俏皮話來讓大家開心。

☑ **withdraw** 〔 wɪð'drɔ,wɪθ- 〕　☞ withdrawal *n.*

v. 撤退；
收回

After suffering many casualties, the captain had no choice but to *withdraw* his troops from the battle-field.
由於死傷慘重，所以上尉只得將部隊撤離戰場。

 * casualty 〔'kæʒʊəltɪ 〕 *n.* 傷亡
 　captain 〔'kæptɪn〕 *n.* 陸軍上尉

☑ **withstand** 〔 wɪθ'stænd 〕

v. 經得起；
抗拒

This building is designed to *withstand* even the severest of earthquakes.
這棟建築物的設計，耐得起最強烈的地震。

☑ **witness** 〔'wɪtnɪs 〕

n. 目擊者；
證據
v. 目擊

For lack of any *witnesses* against the accused, the judge had to declare him innocent of all the charges.
由於缺乏對被告不利的證據，所以法官只好宣布被告是清白的，所有的指控皆不成立。

 * charge 〔 tʃɑrdʒ〕 *n.* 指控

☑ **witticism** 〔'wɪtə,sɪzəm 〕

n. 俏皮話；
雋語

His *witticism* often drove people to laughter.
他的俏皮話常常惹人發笑。

☑ **workaholic** 〔,wɝkə'hɑlɪk 〕

n. 工作狂
熱者

To a *workaholic*, wasting time without doing anything is an unforgivable sin.
對一個工作狂來說，浪費時間，什麼事也不做，是一項不可饒恕的罪惡。

☐ **wrath** 〔ræθ〕　☞ wrathful *adj.*

n. 憤怒；
　　天譴

"Do not invoke the ***wrath*** of the Gods, lest calamities befall on you!"

「不要觸怒天神，以免災禍降臨在你身上！」

> * calamity 〔kə'læmətɪ〕*n.* 災難
> befall 〔bɪ'fɔl〕*v.* 降臨

☐ **wreckage** 〔'rɛkɪdʒ〕

n. 殘骸

The airplane had exploded with such a force that its ***wreckage*** was found even miles away from the site of accident.

飛機爆炸時威力十分强大，殘骸在出事地點數哩外被發現。

> * site 〔saɪt〕*n.* 地點

☐ **wretchedness** 〔'rɛtʃɪdnɪs〕　☞ wretched *adj.*

n. 悲慘；
　　不幸

When I went for a walk in the suburbs, I was shocked to find myself surrounded by so much poverty and ***wretchedness***.

當我在郊外散步時，四周的貧窮與悲慘，令我十分驚訝。

> * ***go for a walk*** 散步

☐ **wriggle** 〔'rɪgl̩〕

v. 蠕動身
　　體進出

After much struggling, the new-born butterfly was finally able to ***wriggle*** out of its cocoon.

經過極力的奮鬥，那隻新生的蝴蝶終於能夠慢慢破繭而出。

> * cocoon 〔kə'kun〕*n.* 繭

☐ **yardstick** 〔'jɑrd,stɪk〕

　n. 碼尺；
　　判斷的
　　標準

The teacher used the score of an average student as a *yardstick* to judge the performances of all the other students in the class.
老師把中等程度學生的成績當作標準，來衡量班上其他學生的表現。

☐ **yawn** 〔jɔn〕　*☞* yawning *adj.*

　v. 打哈欠

Medical science still hasn't been able to determine what actually causes a person to *yawn*.
醫學上尚無法確定人類打哈欠真正的原因。

☐ **yearn** 〔jɝn〕　*☞* yearning *adj., n.*

　v. 思念；
　　渴望

After being at the front fighting for years, Ben *yearned* to be back with his family.
在前線作戰了數年，班非常渴望能回家。

☐ **yield** 〔jild〕　*☞* yielding *adj.*

　v. 崩壞；
　　屈服

The chair collapsed, *yielding* under the weight of the fat man.
那張椅子崩裂了，因為坐在椅子上的胖子體重過重。

☑ **zeal** 〔zil〕 ☞ zealous *adj.*

n. 熱忱 ;
熱心

Inspite of his old age, he still worked for his cause with great *zeal* and enthusiasm. 儘管他年紀很大，他仍滿懷熱忱，爲達目標努力工作。

☆ EXERCISE 73 ☆

1. His_____was stolen while he was on the bus. (台大,淡江)

   (A) merchant　(B) wan　(C) monetary　(D) wallet

2. Conventional_____is not as threatening as nuclear war.

   (A) wander　(B) warfare　(C) wisdom　(D) warefare　(師大,成大)

3. They had a_____to search the premises and arrest him.

   (A) rampant　(B) waver　(C) warrant　(D) waive　(台大,中興)

4. Being a_____, she had to care for the children on her own.　(中興)

   (A) widow　(B) window　(C) spider　(D) whoop

5. He had to_____from the contest due to a broken leg.

   (A) rewind　(B) prevail　(C) defeat　(D) withdraw

   (台大,政大,中興)

6. The_____from the accident lay in a pile at the junkyard.　(台大,政大)

   (A) mole　(B) wriggle　(C) wreckage　(D) wrath

7. He worked for the cause with great_____.　(淡江)

   (A) zeal　(B) zip　(C) weild　(D) seal

習題解答

A

Exercise ①

1. *D*　2. *B*　3. *A*　4. *B*　5. *C*　6. *D*　7. *D*　8. *C*

Exercise ②

1. *A*　2. *D*　3. *B*　4. *A*　5. *C*　6. *C*　7. *D*　8. *B*　9. *A*

Exercise ③

1. *A*　2. *B*　3. *A*　4. *C*　5. *A*　6. *A*　7. *C*　8. *B*　9. *B*

Exercise ④

1. *B*　2. *C*　3. *D*　4. *A*　5. *C*　6. *A*　7. *A*　8. *D*　9. *B*

Exercise ⑤

1. *C*　2. *A*　3. *B*　4. *C*　5. *B*　6. *D*　7. *D*　8. *A*

Exercise ⑥

1. *B*　2. *D*　3. *A*　4. *C*　5. *A*　6. *B*　7. *C*　8. *C*　9. *D*　10. *A*

B

Exercise ⑦

1. *A*　2. *D*　3. *A*　4. *C*　5. *B*　6. *D*　7. *A*　8. *D*

Exercise ⑧

1. *C*　2. *A*　3. *B*　4. *B*　5. *D*　6. *B*　7. *A*　8. *C*

Exercise ⑨

1. *D*　2. *A*　3. *C*　4. *B*　5. *C*　6. *D*　7. *C*　8. *A*

C

Exercise ⑩

1. *C*　2. *A*　3. *D*　4. *B*　5. *C*　6. *B*　7. *A*　8. *D*

Exercise ⑪

1. *A*　2. *D*　3. *C*　4. *C*　5. *D*　6. *A*　7. *B*　8. *C*

Exercise ⑫

1. *D*　2. *A*　3. *B*　4. *D*　5. *A*　6. *C*　7. *B*　8. *D*

Exercise 13

1. *C*   2. *B*   3. *A*   4. *D*   5. *C*   6. *B*   7. *D*   8. *A*

Exercise 14

1. *C*   2. *D*   3. *B*   4. *D*   5. *A*   6. *B*   7. *C*   8. *A*

Exercise 15

1. *B*   2. *D*   3. *C*   4. *D*   5. *B*   6. *A*   7. *C*   8. *D*

Exercise 16

1. *B*   2. *D*   3. *C*   4. *C*   5. *D*   6. *A*   7. *B*   8. *C*

Exercise 17

1. *D*   2. *C*   3. *A*   4. *C*   5. *B*   6. *D*   7. *A*   8. *C*

D

Exercise 18

1. *A*   2. *C*   3. *B*   4. *D*   5. *C*   6. *A*   7. *B*   8. *C*

Exercise 19

1. *B*   2. *C*   3. *B*   4. *A*   5. *D*   6. *C*   7. *B*   8. *A*

Exercise 20

1. *D*   2. *C*   3. *B*   4. *A*   5. *B*   6. *D*   7. *B*   8. *A*

Exercise 21

1. *A*   2. *C*   3. *D*   4. *B*   5. *A*   6. *C*   7. *D*   8. *D*

Exercise 22

1. *A*   2. *D*   3. *B*   4. *D*   5. *C*   6. *A*   7. *B*   8. *C*

Exercise 23

1. *C*   2. *A*   3. *C*   4. *B*   5. *B*   6. *A*   7. *C*   8. *D*

E

Exercise 24

1. *A*   2. *D*   3. *C*   4. *B*   5. *D*   6. *C*   7. *A*   8. *A*

Exercise 25

1. *D*   2. *C*   3. *A*   4. *C*   5. *B*   6. *A*   7. *A*   8. *C*   9. *B*

Exercise 26

1. *C*   2. *D*   3. *C*   4. *A*   5. *D*   6. *B*   7. *A*   8. *C*

Exercise 27

1. *A*   2. *C*   3. *D*   4. *A*   5. *C*   6. *C*   7. *D*   8. *B*

F

Exercise 28

1. *A*   2. *D*   3. *C*   4. *A*   5. *C*   6. *B*   7. *A*   8. *D*

Exercise 29

1. *C*   2. *A*   3. *D*   4. *B*   5. *C*   6. *A*   7. *B*   8. *D*

Exercise 30

1. *C*   2. *A*   3. *B*   4. *C*   5. *D*   6. *A*   7. *C*   8. *B*

G

Exercise 31

1. *A*   2. *D*   3. *B*   4. *B*   5. *B*   6. *D*   7. *C*   8. *C*

Exercise 32

1. *A*   2. *C*   3. *A*   4. *B*   5. *D*   6. *C*   7. *B*   8. *C*

H

Exercise 33

1. *D*   2. *C*   3. *A*   4. *D*   5. *B*   6. *B*   7. *C*   8. *D*

Exercise 34

1. *A*   2. *D*   3. *A*   4. *C*   5. *B*   6. *D*   7. *A*   8. *D*

I

Exercise 35

1. *A*   2. *A*   3. *B*   4. *C*   5. *D*   6. *B*   7. *A*   8. *B*

Exercise 36

1. *B*   2. *A*   3. *A*   4. *C*   5. *C*   6. *D*   7. *B*   8. *B*

Exercise 37

1. *A*   2. *A*   3. *D*   4. *C*   5. *B*   6. *D*   7. *A*   8. *B*

Exercise 38

1. *C*   2. *D*   3. *A*   4. *B*   5. *B*   6. *A*   7. *D*   8. *A*

Exercise 39

1. *A*   2. *B*   3. *C*   4. *D*   5. *C*   6. *D*   7. *B*   8. *A*

J

Exercise 40

1. *B*   2. *C*   3. *D*   4. *A*   5. *C*   6. *B*   7. *D*

K L

Exercise 41

1. *D*   2. *C*   3. *D*   4. *A*   5. *C*   6. *D*   7. *C*   8. *A*

Exercise 42

1. *A*   2. *D*   3. *C*   4. *B*   5. *D*   6. *A*   7. *C*   8. *A*

M

Exercise 43

1. *D*   2. *A*   3. *B*   4. *B*   5. *B*   6. *C*   7. *A*   8. *A*

Exercise 44

1. *B*   2. *C*   3. *D*   4. *A*   5. *A*   6. *B*   7. *C*   8. *A*

Exercise 45

1. *C*   2. *C*   3. *A*   4. *C*   5. *B*   6. *D*   7. *A*   8. *A*

Exercise 46

1. *A*   2. *B*   3. *C*   4. *B*   5. *C*   6. *A*   7. *B*   8. *D*

N

Exercise 47

1. *B*   2. *D*   3. *C*   4. *B*   5. *A*   6. *C*   7. *C*   8. *A*

O

Exercise 48

1. *A*   2. *B*   3. *D*   4. *B*   5. *C*   6. *D*   7. *A*   8. *A*

Exercise 49

1. *A*   2. *B*   3. *A*   4. *C*   5. *B*   6. *D*   7. *D*   8. *A*

P

Exercise 50

1. *A*　2. *B*　3. *C*　4. *D*　5. *B*　6. *B*　7. *D*　8. *C*

Exercise 51

1. *A*　2. *A*　3. *C*　4. *D*　5. *A*　6. *A*　7. *D*　8. *B*

Exercise 52

1. *B*　2. *C*　3. *C*　4. *D*　5. *A*　6. *B*　7. *C*　8. *D*

Exercise 53

1. *C*　2. *D*　3. *A*　4. *A*　5. *B*　6. *C*　7. *A*　8. *D*

Exercise 54

1. *B*　2. *D*　3. *C*　4. *C*　5. *A*　6. *D*　7. *B*　8. *C*

Exercise 55

1. *A*　2. *A*　3. *C*　4. *B*　5. *D*　6. *C*　7. *D*　8. *B*

R

Exercise 56

1. *D*　2. *B*　3. *B*　4. *C*　5. *D*　6. *A*　7. *B*　8. *C*

Exercise 57

1. *D*　2. *A*　3. *A*　4. *D*　5. *B*　6. *C*　7. *A*　8. *D*

Exercise 58

1. *A*　2. *C*　3. *B*　4. *C*　5. *B*　6. *A*　7. *D*　8. *C*

Exercise 59

1. *D*　2. *B*　3. *C*　4. *A*　5. *B*　6. *A*　7. *C*　8. *A*

Exercise 60

1. *D*　2. *D*　3. *B*　4. *C*　5. *B*　6. *C*　7. *B*　8. *B*

S

Exercise 61

1. *A*　2. *D*　3. *B*　4. *C*　5. *C*　6. *D*　7. *A*　8. *B*

Exercise 62

1. *A*　2. *D*　3. *C*　4. *A*　5. *B*　6. *C*　7. *D*　8. *D*

Exercise 63

1. *C* 2. *D* 3. *B* 4. *D* 5. *C* 6. *B* 7. *D* 8. *A*

Exercise 64

1. *D* 2. *A* 3. *C* 4. *D* 5. *B* 6. *A* 7. *C* 8. *C* 9. *D*

Exercise 65

1. *C* 2. *B* 3. *C* 4. *B* 5. *A* 6. *D* 7. *A* 8. *B*

Exercise 66

1. *C* 2. *D* 3. *D* 4. *C* 5. *B* 6. *A* 7. *A* 8. *C* 9. *D*

Exercise 67

1. *B* 2. *C* 3. *A* 4. *D* 5. *C* 6. *B* 7. *D* 8. *A* 9. *B*

Exercise 68

1. *A* 2. *C* 3. *A* 4. *B* 5. *A* 6. *B* 7. *C* 8. *D*

Exercise 69

1. *B* 2. *D* 3. *C* 4. *A* 5. *C* 6. *B* 7. *A* 8. *D*

Exercise 70

1. *C* 2. *D* 3. *C* 4. *A* 5. *B* 6. *D* 7. *C* 8. *B* 9. *A* 10. *B*

Exercise 71

1. *D* 2. *B* 3. *C* 4. *A* 5. *C* 6. *B* 7. *C* 8. *A*

Exercise 72

1. *C* 2. *B* 3. *A* 4. *D* 5. *B* 6. *D* 7. *A* 8. *B* 9. *C*

Exercise 73

1. *D* 2. *B* 3. *C* 4. *A* 5. *D* 6. *C* 7. *A*

・心得筆記欄・

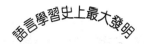

☆☆☆ 全國最完整的文法書 ☆☆☆
文法寶典全集

劉 毅 編著/售價990元

　　這是一本想學好英文的人必備的工具書，作者積多年豐富的教學經驗，針對大家所不了解和最容易犯錯的地方，編寫成一本完整的文法書。

　　本書編排方式與眾不同，**第一篇就給讀者整體的概念**，再詳述文法中的細節部分，內容十分完整。文法說明以圖表為中心，一目了然，並且**務求深入淺出**。無論您在考試中或其他書中所遇到的任何不了解的問題，或是**您感到最煩惱的文法問題，查閱「文法寶典全集」均可迎刃而解**。

　　哪些副詞可修飾名詞或代名詞？(P.228)；什麼是介副詞？(P.543)；**哪些名詞可以當副詞用？**(P.100)；倒裝句(P.629)、省略句(P.644)等特殊構句，為什麼倒裝？為什麼省略？原來的句子是什麼樣子？在「文法寶典全集」裏都有詳盡的說明。

　　可見如果學文法不求徹底了解，反而成為學習英文的絆腳石，只要讀完本書，您必定信心十足，大幅提高對英文的興趣與實力。

Editorial Staff

● 編著／謝靜芳

● 校訂

　劉　毅・陳瑠琍・鄭明俊・張玉玲
　黃馨週・蔡琇瑩・黃慧玉・黃麗妃

● 校閱

　Timothy Lobsang・Sean Carr
　Thomas Deneau

● 封面設計／張鳳儀

● 版面設計／張鳳儀

● 版面構成／周國成・白雪嬌

● 打字

　黃淑貞・蘇淑玲・倪秀梅・吳秋香

研究所英文字彙

編　　著／謝　靜　芳

發　行　所／學習出版有限公司　　　☎ (02) 2704-5525

郵 撥 帳 號／05127272 學習出版社帳戶

登　記　證／局版台業 *2179* 號

印　刷　所／裕強彩色印刷有限公司

台 北 門 市／台北市許昌街 10 號 2 F　　☎ (02) 2331-4060

台灣總經銷／紅螞蟻圖書有限公司　　　☎ (02) 2795-3656

本公司網址　www.learnbook.com.tw

電 子 郵 件　learnbook@learnbook.com.tw

售價：新台幣三百八十元正

2016 年 7 月 1 日新修訂

ISBN 957-519-273-7